KB143130

배우,
시간여행자

배우, 시간여행자

The Actor, a Time-traveller

김준삼 지음

자유로운 배우
상상하는 배우
반응하는 배우
아름다운 배우

도서출판 동인

자유로운 배우, 상상하는 배우, 반응하는 배우, 아름다운 배우

첫 책 『메소드연기로 가는 길』을 출판한 지도 벌써 10년이 넘는 세월이 지났습니다만, 이런저런 현실적인 문제들로 아직 개정판도 내지 못하고 있어서 늘 마음에 걸립니다. 삶과 예술에 관한 생각이라는 것이 절대 고정되어 있을 수 없기에, 실천의 시간들을 거치며 수정되고 확장되고 발전해야 하는 것이기에 더더욱 그러합니다. 머지않은 시간에 새로운 버전으로 만나보실 수 있도록 하겠습니다. 개정판을 준비하는 작업과는 별도로 첫 책에는 담지 못한 생각들, 새로운 발견과 깨달음, 연기에 대한 저만의 관점과 노하우들, 그로부터 태어난 실천적 훈련법들을 별도의 책으로 엮는 작업을 해왔습니다. 매우 더딘 작업이었지만, 되돌아보면, 긴 시간에 걸쳐 슬로우푸드처럼 천천히 조리하면서 깊은 맛이 우러나기를 바랐던 것 같습니다.

배우이자 연출가로서, 그리고 연기 선생으로 살아오면서, 무수한 배우들을 만나고 그들과 함께 훈련하고 작업해오면서, 자유로운 배우, 상상하고 반응하는 배우, 아름다운 배우를 꿈꾸어 왔습니다. 기계적인 짜 맞추기가 아니라 어떻게 하면 연기를 상상의 예술이 되게 할 수 있을까, 어떻게 하면 배우들이 순간을 자유롭고 아름답게 살아가는, 그러면서도 순간에 영원을 부여할 수 있는 존재가 되게 할 수 있을까? 어떻게 하면 현실의 경험에서부터 초월적 경험에 이르기까지 인간의 경험을 진실하고 아름답게 그려낼 수 있을까? 어떻게 하면 연기훈련을 통해 배우 자신의 고귀함을, 그리고 배우들의 연기를 통해 관객들이 인간의 고귀함을 가슴 깊이 새길 수 있을까? 이런 질문들이 지금까지의 여정과 행보에 늘 함께 해왔습니다. 『배우, 시간여행자』는 바로 그 여정에서 만나게 된 깨달음들을 기록한 것입니다. 예술의 길을 가는 이상 종착역이란 있을 수 없기에 이 기록은 다음에 올 기록을 위한 예고가 될 것입니다.

인위적인 연기, 가볍고 얕은 연기, 추상적인 연기, 진부하고 상투적인 연기와의 싸움은 쉽게 끝날 것 같지 않습니다. 재주와 기술만 있고 예술적 혼이 없어서 연기를 돈벌이나 인기를 얻기 위한 수단으로 대하는 안타까운 경우도 무수히 봐왔습니다. 아직도 연기는 배울 필요가 없다는 어처구니없는 생각을 하는 이들도 많습니다. 그런 풍토 속에 투박함, 치기, 자극적 과시만 스크린과 무대에 넘쳐납니다. "연기가 과연 예술일까?"라는 회의감마저 들기도 합니다. 배우들이 처한 작업 현장은 예술의 현장이라기보다는 기계적으로 작품을 찍어내는 방식의 환경이거나 여전히 수직적 위계질서 속의 숨 막히는 억압의 장인 경우가 많아서 젊은 세대에게 배우라는 자긍심을 갖게 하기 어렵습니다.

그럼에도 불구하고 인간에 의한, 인간을 위한, 인간의 예술인 연기가,

한 제자의 표현을 빌리자면, "사람이 없이는 할 수 없고 사람이기 때문에 할 수 있는"[1] 연기가 우리가 사는 세상에 인간성에 대한 존중을 깊이 뿌리내리게 하고 인간적 가치를 널리 확산시켜주기를 바라는 마음 간절합니다. 물질 만능과 고착화된 사회구조 속에서 숨 막혀 하는 많은 이들에게 숨 쉴 수 있는 자유를, 상처 입고 파괴된 이들에게 위로와 응원을, 혼란과 방황에 빠진 이들에게 빛과 영감을, 삶의 의미와 희망을 잃은 이들에게 사랑과 열정과 용기를 줄 수 있는 아름다운 존재가 배우이기를 바랍니다. 연기훈련과 관련된 모든 것들이, 그리고 배우를 둘러싼 모든 작업환경이 배우를 그런 존재로 이끌어주기를 간절히 바랍니다.

부족한 글이지만, 이 책을 선택하신 많은 분들이 상상과 반응의 훈련 여정을 통해서 자유롭기에 진실하며, 진실하기에 아름다운 존재로 거듭나실 수 있다면 그보다 더 큰 기쁨은 없을 것입니다.

2019년 1월
대학로에서

---

[1] 경희대학교 연극영화학과 이환희 인스타그램 https://www.instagram.com/ppa_n2

감사의 글

첫 책을 내면서 무심하게 아무런 감사의 말씀도 남기지 못하는 우를 범했습니다. 살면서 너무나 많은 사랑을 받았으면서도, 제대로 된 보은도 하지 못하고 있음이 늘 부끄럽습니다. 제가 지금 여기에 있기까지는 셀 수 없을 정도로 많은 소중한 분들의 사랑과 격려와 지지와 응원이 있었기에 가능했습니다. 그중에서도 다음 분들께는 이 기회를 빌려서 꼭 감사의 말씀을 드리고 싶습니다. 일일이 호명하지 못함을 너그러이 이해해주시기 바랍니다.

제게 드라마가 무엇인지를 가르쳐주신, 고려대학교 대학원 영어영문학과 석사과정 지도교수셨던 송옥 교수님,
뉴욕 The Lee Strasberg Theater & Film Institute와 The Actors Studio Drama School에서 큰 가르침을 주신 선생님들,
연기의 기초를 세워주신 故 Hope Arthur,
예술가로서 배우의 길을 가르쳐주신 故 Barbar Poitier,

반응하면서 순간적 진실을 창조할 수 있게 해주신 Marcia Haufrecht, 프로페셔널 배우의 길을 가르쳐주신 Ellen Barkin, 스피치코치로서 제가 제대로 말을 할 수 있게 해주신 Susan Cameron, 알렉산더테크닉을 통해 자연적 몸을 되돌려주신 Judith Grodowitz, 주연배우의 길을 제시해주신 제 멘토 Gigi Van Decktor, 함께 극단 블루바이씨클프러덕션을 설립한 배은영 공동대표 겸 상임 연출,

저를 배우로 알아 봐주시고 연기할 무대를 마련해주신 연극집단 뛰토스 오경숙 선생님, 극단 TNT 이지훈 선생님, 극단 물결 송현옥 선생님, 연극집단 반 박장렬 연출님, 극단 ETS 김혜리 연출님, 극단 피오르 임후성 연출님과 김성민 작가님, 김가람 PD님,

제 연극적 영감과 상상과 열정의 원천인 고려대학교 영어영문학과 연극반 선·후배·동기들, 이화여대 영어영문학과 강태경 교수님, 경희대 연극영화학과 김학민 교수님, 한국예술종합학교 연극원 연극학과 김미희 교수님, 고려대학교 영어영문학과 전준택 교수님, 한국예술종합학교 연극원 연기과 김수기 교수님, 주성우 MBC 드라마본부장님,

제게 연기와 연극을 가르치고 그를 통해 예술적 원리들을 발견할 기회를 제공해주신 경성대학교 연극영화학과 한진수 교수님, 국민대학교 연극영화학과 이혜경 교수님, 김인준 교수님, 서강대학교 영상대학원 김학순 감독님, 서울사이버대학교 문화예술경영학과 이의신 교수님, 성균관대학교 연기예술학과 김현희 교수님, 한양대학교 영어영문학과 이미선 교수님,

연기와 연극의 여정에서 만나 한결같이 저를 지지하고 응원해주시는 한양대학교 연극영화학과 김미혜 명예교수님, 이하영 대표님, 심혜진 배우님, 이철하 감독님, 엄진선 무대디자이너님, 강수진 음악감독님, 이야기사운드 김희선 보컬프로듀서님,

어려운 사정에도 불구하고 부족한 글을 출판할 기회를 주신 도서출판 동인 이성모 사장님, 30년이 넘는 세월 동안 한결같이 친절과 응원을 보내주시는 고려대학교 정경대학 후문 현대문화사 류진 사장님,

사랑하는 극단 블루바이씨클프러덕션 단원들과 공연에 참여해준 모든 배우분들과 디자이너·스텝분들, 그리고 서울예술대학교 연기과 이은지 교수님,

메소드연기워크샵을 통해 함께 울고 웃으며 저만의 배우훈련체계를 정립하는 데 가장 큰 기여를 한 배우들,

경성대, 경희대, 고려대, 국민대, 서강대, 성균관대, 세종대, 한국예술종합학교 연극원에서 훈련하며 함께 성장해온 제자들,

늘 사랑으로 제 길을 걸어갈 수 있게 응원해주신 부모님, 장인어른과 장모님, 동생들, 처제와 처남,

그리고 인생의 모든 힘겨운 순간들을 함께 견뎌온 동반자인 사랑하는 아내에게 이 책을 바칩니다.

1부

배우라는 이름의 예술가

The Actor as an Artist

"연기는 공감이다. 그리고 그를 통한 인간성의 확장이다."

— 말론 브란도

사진 1. 경희대 연극영화학과 정기공연 뮤지컬 〈스프링 어웨이크닝〉(2011). 경희대 A&D홀.
벤들라의 무덤을 내려다보고 있는 테아(김유리)와 안나(최선경).

1 _ 순수와 사랑의 발견을 향한 여정

    배우가 되기 위해 연기훈련을 받는다는 것은 끊임없는 도전에 나서는 일이다. 그 도전은 모든 인위적이고 상투적이고 가식적이고 진부한 사고방식, 상상의 방식, 표현방식에 대한, 그리고 변화하지 않으려는, 움직이지 않으려는 몸과 마음의 견고한 습관에 대한 철저한 거부이자, 자유로운 상상에 근거한 예술적 원리를 온몸과 마음으로 터득하고자 하는 몸부림이자 아우성이다. 쉽게 끝날 것 같지 않은 긴 싸움이 시작된 것이다.

    배우가 되기 위한 도전과 싸움은 자신을 깨뜨리고 다시 자신을 되찾는 과정의 연속으로 향한다. 연기훈련은 자신을 부정함으로써 인정하고 인정함으로써 부정하는 역설의 시간에 자신을 온전히 내놓는 일이다. 그 역설의 싸움 끝에 배우는 비로소 자신이 가장 두려워하는 것, 하지만 그토록 오래 갈망해온 바로 자기 자신의 참모습과 마주하게 된다. 영화 <블랙 스완>에서 흑조를 연기하기 위해 자신의 가장 깊고 어두운 부분을 자신의 일부로 받아들이는 니나 세이어(나탈리 포트먼 粉)처럼 말이다. 순수하다는 것은 이렇게 나와 다른 사람들의 보이지 않는, 잘 드러내지 않는, 꼭꼭 감춰진 혹은 지극히 사적인 모습까지 인정하고 포용하는 일이다. 그 모습들을 외면하거나 부정하는 것은 순진하게 보일 수는 있으나 전혀 순수하지 않다. 순수는 부정이 아니다. 순수는 인정이자 포용이다. 소꿉놀이가 모태가 되는 연기는 순수의 예술이기에 아이와 같이 모든 것을 포용하는 순수성의 회복으로 배우를 향하게 한다.

    사실 진정한 자아발견의 여행은 이때부터 시작된다. 왜냐하면 사람은 누구나 지금의 나를 정직하게 볼 수 있게 되었을 때, 이후의 나, 즉 아직은 만나지 못한 나를 상상하고 찾게 되기 마련이기 때문이다. 진정한 자아는 세상을 살아가는 인간으로서의 자아이기 때문에 그렇게 되면 자신을 향하던 배우의 눈은 다시 밖을 보기 시작한다. 미지의 나, 혹은 새로운 나, 내가 모르는 나는 밖과의 소통과 상호작용 속에서 만나게 될 것이다. 이 **미지의 나를 찾아 미완의 나를 완성시키고자 하는 것이 바로 연기, 배우의 길이다.** 그런 관점에서 배우는 자신의 현재와 과거에만 머무르려고 하지 않을뿐더러, 자기 자신의 안만 들여다보고 있지 않는다. 자신의 밖을 보는 것이 자신의 안을 보는 것이 되고, 안을 보기에 다시금 밖으로 시선을 돌려야 하는 것이 배우의 예술적 시선이다.

사진 2. 〈슬로우 웨스트〉(2015). 존 맥클린 감독. 배우 코디 스밋 맥피, 마이클 패스벤더.

그와 같은 도전의 과정을 통해서 배우는 자신이 눈부시게 순수한 영혼의 소유자라는 것을 깨닫게 되고, 자신의 심장에 담긴 놀라운 사랑과 마주하게 된다. 그 순수와 사랑으로 배우는 세상과 사람을 바라본다. 이때가 진짜 연기의 시작이다. 영화 <슬로우 웨스트>에서 "인생에는 생존 (survival)보다 중요한 것이 있다"고 하면서 남들과는 달리 사랑의 여정을 떠나는 제이(코디 스밋 맥피 粉)와 사일러스(마이클 패스벤더 粉)처럼,

배우라면 순수와 사랑을 향한 꽃길을 걸어야 한다. 배우는 온몸으로 상상하고 사랑하며 그 사랑을 마음껏 나누는 존재이다. 자유롭게 상상하고 세상 어떤 존재도 내 몸과 마음에 담아낼 수 있는 존재이다. 그 벅찬 여정에 대한 상상만으로도 눈은 빛나고 심장이 뛴다.

2 _ 배우라는 이름의 예술가

박상하는 그의 저서 『배우예술: 자신으로 행동하는 자연인』의 시작을 "배우, 누구이며 무엇을 하는 사람인가?"(23)라는 질문을 하는 것으로 시작하고 있다. 이 질문은 필자가 배우가 되고자 하는 이들에게 늘 묻고 싶은, 실제로도 묻게 되는 질문이다. "배우는 과연 예술가인가? 예술가라면 어떤 예술가인가? 무엇을 하는 예술가인가?" 물론, 이런 질문에 대한 답을 찾는 일은 예술관을 정립하는 일이기에 어쩌면 평생이 걸릴지도 모르는 일이지만, 배우가 되고자 하는 이들 중에 의외로 배우란 존재를 예술가로 인식하지 못하고 있는 경우가 많다 보니 자주 묻게 되는 것 같다.

연기와 관련된 이야기들은 연기를 어떤 예술로 바라보느냐에 따라서 많은 것들이 달라진다. 예술의 길에 한 가지 길만이 정도(正道)일 수 없기에, 연기의 길도 하나의 길만 있는 것은 아니다. 자신의 예술적 비전에 따라서 평생에 걸쳐 연기에 대한 접근과 실천의 방법들을 모색한 많은 선인(先人)들의 숭고한 노력이 있었기에, 그들이 그토록 철저하게 연기의 예술적 가능성을 보고 실제로 구현하고자 했기에 오늘날 우리는 여기에 와있을 수 있을 것이다. 그들의 족적을 따르면서도 동시대의 예술가들은 지금 여기에 있는 우리에게 연기가 예술로서 어떤 기여를 할 수 있으며,

그러기 위해서 어떠한 우리만의 연기적 체계와 방법들이 필요한지를 계속 모색해갈 것이다. 모색의 방향과 길들이 획일적이지 않고 다양하고 각기 다른 만큼 연기예술의 폭은 더 커질 것이고 깊이는 더욱 깊어질 것이다.

연기와 관련된 문제들의 본질과 구조를 꿰뚫고 체계적으로 사고하고 과학적으로 실험하는 일, 연기라는 예술은 무엇에 관한 것이고 어떻게 가능한 것인가에 대한 질문과 사유와 탐색과 실천을 멈추지 않는 일, 배우의 길을 가고자 하는 이들에게는 운명처럼 따르는 일이다. 김수기는 2018년 12월 한국예술종합학교 연극원 연기과에서 열린 심포지엄에서 "자기실현"을 "바람직한 연기자가 지녀야 할 최고의 덕목"으로 꼽으면서, 자기실현이란 "인간이 잠재되어 있던 자아의 본질을 완전히 실현하고자 하는 욕구"(4)라고 하였다.

자기실현을 통한 행복의 추구는 모든 인간에게 내재된 본질적 욕구로서 연기 자체를 보편적 현상이 되게 하는 근거이다. 우리는 현실의 삶속에서 그때그때 자신이 생각하고 느끼는 것을 마음껏 표현하지 못하는 채로 한정된 역할만을 하면서 살아가고 있기에, 누구나 연기를 접하게 되면, 자신이 좀 더 크고 다른 존재가 될 수 있다는 희열감을 맛보면서 모두 연기와 사랑에 빠지게 된다. 연기를 해보고 싶고 해본 적이 있는 사람이라면 누구나 되찾게 되는 자기실현의 욕구는 '지금 현재의 내가 절대 나의 전부일 수 없다'는 존재론적 인식을 전제로 한다. 지금의 나는 나이지만, 완전한 나가 아닌 것이다. 배우의 길을 걸어가는 것은 **완전한 나를 찾아 떠나는 여정이자 고행(苦行)의 순례(巡禮)**이다.

그러나 자기실현은 자기만족과는 다른 것이다. 지금의 나에 쉽게 만족할 수 없기에 완전한 나를 찾게 되는 것이다. 자연인으로서만이 아니라 전문적인 예술가로서 자기실현의 상태에 도달한 배우는 어떤 모습일까?

그리고 어떤 과정을 거쳐서 잠재되어 있는 자아의 본질에 도달할 수 있는 것일까?

연기라는 예술은 '극'과의 관계 속에서 이루어진다. '극' 혹은 '드라마'라는 것은 사람들이 집단적으로 "위험스러운 극단성을 탐구"하는 예술이다. 배우는 그 속에서 주체적인 행동가 혹은 실천가가 된다. "함께 꿈을 꾸는 곳"인 극장은 배우에게 위험한 탐구를 위한 "안전한 틀"을 제공한다 (도넬란 17). '위험한 극단성'이 담겨있지 않은 극들은 대중들이 보고 싶어 하는 것만을 보여주는 상업극에 지나지 않는다. 보이지 않는 것을 관객에게 보여주어야 하는 극예술에서 어떤 식으로든 위태로움에 대한 탐구가 없다면 예술적인 극이라고 보기는 어렵다. 자본주의 사회에서 모든 것이 돈의 가치에 의해, 그리고 대중적 어필에 따라 그 수준과 의미가 정해지고 있지만, 예술은 항상 그것에 저항할 운명을 타고났다. 그 저항을 포기한다면 배우는 예술가에서 멀어져 엔터테이너로서만 존재하게 된다.

예술적인 극들이 위태롭게 그리고 지독하게 탐구하고 있는 것은 다양한 인간 존재의 조건들 속에서 인간이 하는 사고와 판단과 선택, 그에 따른 언술과 행동, 그리고 그 와중에 인간 영혼에 일어나는 모든 일들에 관한 실험이다. 따라서 배우란 **인간에 관한 모든 것을 탐구하는 예술가**이다. 자신이 살아오면서 자신 안에 축적한 이미지들, 즉 기억을 바탕으로 극적·배우적 상상을 통해, 대개 극단적이거나 고양된 상태이거나 압축된 시간 속에서, 경계선상에 위치한 인간들의 위태로운 사고와 판단과 행동을 탐구하는 예술가이다.

이를 위해 배우들에게 필요한 덕목은 편견과 선입관으로부터 벗어난 인간 자체에 대한 관심과 인간애이며, 스스로를 편협한 혹은 제한된 틀 속에 가두지 않고 자유롭게 상상하고 기억하고 사고하고 말하고 행동하고 느낄 수 있는 자유로움이다. 이와 같은 덕목과 자질을 갖추기 위해 배우는 예술적이고 전문적인 훈련을 받아야 한다.

모든 예술가가 그러하듯이, 배우에게도 예술가로서의 상상력이 중요하다. 연기적 상상은 인간의 모든 경험에 대한 상상이며, 인간의 경험이 인간의 몸과 마음에, 더 나아가 영혼에 어떠한 영향과 반응을 일으키는가에 대한 상상이기에 그것을 거뜬하게 해낼 수 있는 상상력이 배우에게 요구된다.

3 _ 상상, 나의 빛과 색깔

'상상'(想像, imagination)은 '상'(像)을 '상'(想)하다, 즉 '이미지를 떠올리다'라는 뜻의 말이다. 우리의 심장이 결코 멈추지 않는 것처럼, 상상은 우리가 살아있는 동안 한순간도 멎지 않고 계속해서 일어난다. 맥박만큼이나 상상은 우리가 살아있다는 신호이자 증거이다.

그런데, 이미지를 떠올린다는 것은 우리 안에 '이미' 이미지들이 존재한다는 것을 전제로 한다. 우리 모두는 우리 안에 우주의 별만큼 많은 이미지들을 가지고 있고 우리의 상상력은 빛의 속도로 그 이미지들을 오가며 상상을 한다. 이 이미지들은 애초에 어떻게 생겨나고 또 어떻게 우리 안에 저장이 된 것일까?

이 이미지들은 삶의 시간을 거치면서 우리가 한 경험들로부터 '기록'된 것들로서 기본적으로 '오감'의 이미지들이다. 왜냐하면 우리의 경험은 오로지 오감을 통해서 이루어지기 때문이다. 이 이미지들은 우리 각자의 '삶의 역사'라고도 할 수 있다. 이렇게 자기 자신 안에 저장되어 있는 이미지들의 총합을 우리는 '**기억**'이라고 부른다. 기억이 없다면 상상은 불가능하다. 기억의 이미지들이 없다면 상상은 결코 일어나지 않는다.

상상

像을 想하다 ⇒	이미지를 떠올리다 ⇒	내 안에 이미 이미지들이 존재한다는 것을 의미한다
⇑	**像想**	⇓
인간의 상상력은 기억에 저장된 이미지들을 빛의 속도로 이동하면서 이미지들이 떠오르게 하고, 서로 결합하게 하고, 이미지들을 변형시킨다	imagination	내 안에는 우주의 별만큼 많은 이미지가 존재한다 · 이미지들은 생성과 소멸을 거듭하며 우주처럼 팽창한다 ⇓
←	기억 ⇐	내 안에 존재하는 이미지의 총합

표 1. 상상의 정의

상상하는 예술가로서 배우도 자신 안에 저장된 자신만의 이미지들을 바탕으로 상상을 한다. 어느 누구도 타인의 이미지들을 가지고 상상할 수는 없다. 자신만의 이미지들을 가지고 자신만의 상상을 하기에 배우는 **고유하고 대체가 불가능한 존재**가 된다. 내가 가진 기억의 이미지들은 나를 남들과 다르게 하는, 곧 '나'와 다름없는 나의 본질이자 정수이다. 모든 사람들은 삶을 살아가고 그 속에서 인간으로서 감각적·신체적·정신적·정서적 경험을 하면서 자신 안에 자신만의 이미지들을 저장해간다. 각각의 이미지들은 그 자체의 고유한 에너지와 빛깔을 가지고 시간이 압축되어 저장된다. 그 이미지들이 되살아나고 자유롭게 결합하는 것이 바로 '상상'이다. 상상을 강조한 미하일 체홉조차도 상상이 기억의 이미지들로부터 비롯된다고 인정하였다. 미하일 체홉은 "창조적 상상의 순수한 결과물"로서의 이미지들은 기억의 이미지가 기반이 되어 발생하며 "이미지들은 서로 관계를 형성"하고 "그 이미지들이 '연기'하고 '공연'을 시작"하면서 "마음이 완전히 깨어나고 활발히 움직인다"(86)고 하였다. 배우 안에 저장된 각각의 이미지들은 그것이 일깨워졌을 때, 고유한 에너지와 빛깔을 발생시키며 배우의 눈과 온몸을 가득 채우게 된다. 이미지가 떠오른 배우는, 즉 상상하는 배우는 자신만의 에너지와 빛깔로 빛나는 존재가 된다.

배우로서의 재능은 그 이미지의 많고 적음에 근거한 것이 아니라, 그 이미지들이 얼마나 자유롭게 떠오르고 결합하는가의 여부에 달려있다. 다시 한번 강조하지만, 모든 사람은 자신 안에 우주의 별만큼이나 많은 이미지들을 **이미** 가지고 있다. 그리고 별이 탄생하고 소멸하듯이, 내 안의 이미지들도 내가 살아감에 따라 계속 태어나고 소멸하면서 우주가 팽창하듯이 계속해서 늘어간다. 배우가 되려고 하는 많은 이들은 배우가 되기에 자신의 경험이 혹시나 부족하지는 않을까 하는 불안과 의심에 빠지는 경향이 있는데, 자신 안에 이미 우주가 존재함을 알지 못하기 때문이다. 그도 그럴 것이, 우리 안에 저장된 이미지들은 그 수가 너무나 많아서 우리가 일일이 그 이미지들을 의식할 수 없기 때문이기도 하고, 중요한 이미지들은 삶에서 겪은 아픈 경험들과 관련이 있기 때문에 무의식적으로 기억하고 싶지 않아서 그 이미지들이 떠오르지 않게 **잠금장치**들을 마련하기 때문이기도 하다.

우리가 삶에서 하는 경험들은 우리가 의식적으로 하는 경험도 많지만, 무의식적으로 배우는 것이 훨씬 많다. 그냥 보고 들으며 배운 것들, 유아기·아동기에 부모와의 관계에서 보고 들으며 무의식적으로 한 경험들은 우리 안에 깊숙이 자리 잡아 우리를 가장 크게 움직이는 이미지들로 남아있다. 그 외에 다양한 경로를 통한 간접 경험도 직접 경험만큼 풍부하고 또 중요하다. 무엇보다 중요한 경험은 우리가 매일 밤 '꿈'을 꾸면서 한 경험들이다. 잠이 든 동안, '~은 하면 안 돼'라는 심리적 긴장과 억압이 사라지면서, 우리의 상상력은 우리 안에 저장된 모든 이미지들을 자유롭게 되살아나게 한다. 천문학적인 숫자의 이미지들을 가지고 우리의 상상력이 매일 밤 시뮬레이션을 하는 것이 바로 꿈이다. 이 시뮬레이션들을 통해서, 우리가 잠에서 깨어났을 때 기억하지는 못하지만, 우리는 거의 해보지 않은 경험이 없는 상태가 된다. 우리는 꿈을 통해 매일 밤 연극과 영화를 만들고 직접 연기하면서 자신 안에 저장된 이미지들의 의미를 되새기고, 장차 닥칠지도 모르는 모든 가능한 상황에 자신을 미리 대비시키는지도 모른다.

경험과 이미지가 부족해서 연기를 하기 어렵다는 것은 스스로를 가두는 족쇄가 되는 생각에 지나지 않는다. 경험의 유한성에 집중하기보다는 **무한한 이미지들을 가진 가능성의 존재**로서의 자기 자신을 믿어야한다. 우리 안에는 인간으로서 자신이 한 모든 경험들이 자신만의 특별한 이미지로 저장되어 있고, 그 이미지들이 자유롭게 떠오르게 내버려 두면서 자신만의 빛과 색깔을 발하며 배우적 상상을 하게 된다. 스스로 빛을 발하는 별을 가리키는 말인 '스타'가 많은 사랑을 받는 배우를 뜻하게 된 것도 자신만의 빛과 색깔을 발하는 배우에게 관객들이 반하기 때문이다. 관객은 배우의 빛이 필요하다.

내 안에 저장되어 있는 이미지들은 나만의 이미지이기는 하지만, 나역시 '인간'이기에 '인간'으로서 한 경험들에서 생성된 이미지들이다. 그이미지들은 즐거움과 기쁨, 희열, 아픔과 슬픔, 혼란과 분열, 모순, 분노, 주저와 망설임, 부끄러움과 수치심, 좌절과 방황, 본능적 충동과 욕구, 욕

사진 3. 블루바이씨클프러덕션 제작. 〈꽃샘추위〉(2011). 김준삼 연출. 아르코예술극장 소극장.
배우 김보정.

망과 탐욕, 콤플렉스, 신체적·정신적·정서적·심리적 외상(트라우마)과
고통, 죄의식, 환상, 망상, 공상, 측은지심, 동정과 공감, 감정이입, 이타적
사고, 지적 호기심과 탐구, 실존적 고민, 그리고 사랑과 상처 등과 관련된
이미지들로, 하나 같이 극적 상황 속의 인간을 연기하기에 필수불가결한
이미지들이다. 인간으로서 자신이 한 경험에서 비롯된 이미지들은 수학에
서 말하는 공통분모 같은 것으로서 우리가 타인을 이해하기 위한, 아니
이해할 수 있는 근원적 토대가 된다. 이 공통분모가 없다면 연기와 연극
은 불가능할 것이다.

　　타인의 이미지를 상상할 수 없기에 인물을 연기한다는 것은 인물이
보고 듣고 떠올리는 이미지들에 상응하는 자신만의 이미지들을 의식적으
로 무의식적으로 찾음으로써 인간으로서 같은 경험을 하는 토대를 마련하
는 것에서 시작할 수밖에 없다. 인물들은 극적 시간 속에서 매 순간 자신
을 뒤흔드는 이미지들에 사로잡힌다. 따라서 "예술가로서의 배우 그리고
이미지 창조자로서의 배우"(스타니슬라프스키 『성격구축』 44)는 주어진

조건하에 놓인 극적 인물들이 인간으로서 하는 경험은 진정 무엇이며 그 와중에 어떤 이미지들에 사로잡히는가를 찾는 존재이다. 그래서 다음과 같은 상상의 공식이 필요하다.

4 _ 연기적 상상의 공식

연기는 예술이기 때문에, 수학이나 과학과는 거리가 먼 것처럼 생각하기 쉽지만, 사실 수학과 과학은 우주적·근원적·보편적 진리를 발견하고자 하는 노력이기에, 의외로 수학과 과학이 예술로서의 연기에 있어서 발생하는 문제들을 선명하게 바라볼 수 있는 혜안을 제공하기도 한다. 연기라는 예술 역시 진리를 발견하고자 하는 인간적인 노력이기 때문이다. 사실 살아있는 생명체로서의 우리의 몸은 우주의 원리를 그대로 구현하고 있다. 우주의 신비를 우리가 온전히 분석하고 이해할 수 없는 것처럼, 살아있는 생명체로서의 우리의 몸과 그 안에 쉬지 않고 끊임없이 일어나는 상상을 온전히 분석하고 이해할 수는 없다. 그냥 우리가 살아있고, 마지막 숨이 끊어지기 전까지 한순간도 상상은 멈추지 않으며, 살아서 하는 모든 의식적·무의식적 상상의 경험들은 '그 자체로 우주다'라는 점을 인정하는 것이 건강한 출발점을 제공해줄 뿐이다. 수학에서 찾아낸 간단한 진리의 방정식 하나가 여기에 있다.

$$a : b = c : d,\ a \cdot d = c \cdot b$$
$$a : d \neq c : d,\ a \neq c,\ b \neq d$$
(a = 배우, c = 인물)

a를 배우(actor)라고 하고 c를 인물(character)이라고 해보자. 배우와 인물은 다르다($a \neq c$). 배우와 인물이 흡사한 경우가 있을 수는 있지만, 어떠한 경우에도 배우와 인물이 완전히 일치하는 경우는 없다. 따라서 근원적으로 배우인 내가 인물과 완전히 똑같은 이미지를 떠올릴 수는 없다. 그것은 내가 타인이 상상하는 것을 똑같이 상상할 수 없는 것과 마찬가지이다. 서로 안에 저장되어 있는 이미지들 자체가 다르기 때문이다.

인물이 떠올리는 이미지를 d라고 하고 배우가 떠올리는 이미지를 b라고 해보자. 배우와 인물이 다른 이상, b와 d는 다를 수밖에 없다($b \neq d$). 중요한 것은 등식이 성립하게끔 두 항의 값이 같아지게 하는 것이다. b와 d의 값이 같아지게 함으로써 a와 c, 즉 배우와 인물이 하나인 상태가 되는 것이다. 따라서 인물과 d의 관계를 파악해서 그것에 상응하는 배우만의 b의 값을 찾아가는 것이 일차적인 연기적 상상의 시작이자 길이다. 배우가 달라지면 당연히 b의 값도 달라지기 마련이다. 각각의 배우가 가진 이미지 자체가 다르기 때문이고, 자신만의 이미지가 자신을 대체 불가능한 존재가 되게 하기 때문이다.

'a : b = c : d'라는 공식이 성립할 때 비로소 'a · d = c · b', 즉 배우와 인물의 이미지, 인물과 배우의 이미지가 하나로 겹쳐지고 합쳐진 상태가 가능해진다. 흔히들 연기라는 것이 배우가 인물이 되는 것이라고들 생각하지만, 타인의 기억의 이미지들을 갖지 않는 이상, 타인이 되는 것은 불가능하다. 인물이 된다기보다 배우가 인물의 이미지에 **상응**하는 자신만의 이미지를 상상하면서 인물의 상태에 **도달**한다고 보는 것이 맞다. 배우와 인물이 포개지고 합쳐지고 배우의 이미지와 인물의 이미지가 겹쳐지고 포개지고 합쳐지는 과정이 인물이 되어가는 과정이다. 그런 과정을 통해서 새롭게 태어난 인물은 대본상의 인물도 아니고 배우 자신도 아닌, 제3

의 생명체가 되는 것이다.

'a·d = c·b'의 상태가 되면, 전혀 예상치 못한 일들이 일어나면서 배우의 연기는 다른 차원으로 옮겨가게 된다. 'a·d = c·b'는 마치 **촉매**나 **마중물**의 역할을 하면서 일일이 의식적으로는 떠올릴 수 없는 수많은 이미지들이 순식간에 그리고 한꺼번에 **빛의 속도**로 떠오르는 상태로 이행하게 된다. 진정한 상상과 반응은 빛의 속도로 일어나야 하고, 그 상태에 도달하기 위해 우리는 의식적인 노력을 기울이는 것이다. "의식적 테크닉을 통한 잠재의식적 창조"(『배우수업』 70)를 연기의 기본 원리로 삼은 스타니슬라프스키는 배우가 일깨워진 무의식과 직관적인 것을 "쫓아버리지 않는 법을 터득해야 한다"(『배우수업』 27)고 했는데, 의식적인 이미지를 떠올리는 것이 어떠한 물리적 작용이나 화학작용을 통해 무의식적으로 이미지들이 샘솟는 상태를 낳는다. 이 상태에 도달하게 되면, 배우는 정말로 보고 듣고 생각하고 느끼며 말하고 행동하는 상태, 즉 살아있는 인간의 상태로 극적 시공간 속에 존재하게 된다.

많은 배우들은 여전히 막연한 상상을 하면서 인물이 되었다고 착각을 한다. 배우와 인물은 같지 않기 때문에 인물이 말하는 것을 곧이곧대로 떠올린다고 해서 인물이 되지 않는다. 왜냐하면 배우에겐 d가 자신의 것이 아니기 때문에 인물이 d를 생각·기억·상상할 때 저절로 그리고 한꺼번에 빛의 속도로 인물에게 떠오르는 많은 연관 이미지들과 그 이미지들이 불러일으키는 느낌과 감정들이 떠오르지 않기 때문이다. 예를 들어, 뜨레쁠레프가 호수를 떠올린다고 배우가 그대로 호수를 상상한다고 해서 뜨레쁠레프 안에 순식간에 떠오르는 많은 이미지들이 같이 떠오르지는 않는다. 뜨레쁠레프의 이미지들은 저절로 뜨레쁠레프에게 정서적 반응이 일어나게 한다. 하지만 그런 이미지가 떠오르지 않는 배우는 단순히 호수를 떠올린 다음 가짜 억지 감정을 짜내게 된다.

촉매와 마중물의 역할을 하는 이미지들은 히니같이 **감각의 이미지**들이다. 인간이 하는 모든 경험은 오로지 감각의 경험을 통해서만 시작되고 가능하기 때문이다. 인간의 상상력은 인간의 경험을 감각의 이미지를 그 열쇠로 해서 우리 안에 압축·저장한다. 스타니슬라프스키의 표현을 빌리자면 "경험에 대한 하나의 커다란, 농축된, 보다 깊고 넓은 감각이 형성된다. 그것은 일종의 기억의 대규모 합성이다. 그것은 실제 사건보다 순수하고, 농축되고, 간결하고, 실속 있고, 예리한 것이다"(『배우수업』 209).

열쇠가 되는 감각의 이미지들을 떠올리게 되면, 압축·저장된 삶의 이미지들이 순식간에 펼쳐진다. 그 이미지들이 펼쳐지면서 우리는 저절로 생각하고 기억하고 상상하고 또한 감정적으로 반응하게 된다. 예를 들어, 만약 배우가 과거와 현재를 통틀어 자신에게 가장 영향을 많이 주는 사람, 가장 중요한 사람, 가장 사랑하는 사람의 냄새를 기억하거나 상상하게 되면, 그 사람과 관련된 모든 이미지들이 저절로 떠오르는 경험을 쉽게 할 수 있을 것이다. 훈련을 통해서 배우의 심신에 신체적·심리적·정서적 긴장과 억압이 없고 방어기제가 작용하지 않는다면 그와 같은 작용은 누구에게나 순식간에 일어날 것이다. 이와 같은 상태에 도달한 배우만을 **상상하는 배우**라고 부를 수 있다. 이렇게 상상하는 배우는 살아있는 존재가 되기 때문에 대사를 어떻게 말해야 하고 어떻게 움직여야 하는지 고민할 필요가 없다. 그것은 상상하는 배우의 관심사가 아니다. 왜냐하면 자신의 상상이 저절로 말하고 움직이게 할 것이기 때문이다. 살아있기에 어떤 것도 진실하며, 인위적이거나 상투적이거나 진부하지 않다. 자신만의 상상으로 충만한 존재, 그 빛나도록 자유롭고 아름다운 존재를 관객은 목격하게 된다.

사진 4. 블루바이씨클프러덕션 제작. 〈5필리어〉(2018). 김준삼 연출. 산울림소극장.
　　　배우 윤이나 최영신 최배영 고다윤 신진경(가운데부터 시계 방향).

5 _ 배우, 시간여행자

극은 **플롯**, 즉 "**시간구조**"에 의해 짜여있다. "사건과 에피소드의 배열 양상 또는 연결 순서는 논리적 연관과 감정적 흐름을 통해, 그 이야기가 말하려는 주제를 부각시키며 이의 표출을 구조적으로 지탱해준다"(강태경 68). 배우 입장에서는, 플롯이라는 불분명한 용어보다는 **시간구조**라는 용어가 배우의 상상을 더 용이하게 하며, 배우 자신이 어떤 존재인가를 쉽게 그리고 끊임없이 상기시켜 준다.

배우는 극 구조가 형성하고 지탱하고 있는 시간 속을 자유롭게 여행하는 **시간여행자**이다. 자유로운 상상은 배우의 시간여행 자체를 가능하게 하고 또 비할 데 없이 즐겁게 해주는 타임머신 같은 것이다. 다양한 작품들의 각기 다른 시간대를 자유자재로 왔다 갔다 할 수 있는 민첩한 상상력과 순간이동이 가능한 집중력이 없다면 배우는 극 속을 불필요하게 헤매게 된다.

극의 시간은 선형적으로 진행되지만은 않는다. 즉, 물리적 시간순으로만 이어지는 것은 아니다. 해롤드 핀터의 <배신>(*Betrayal*)처럼 시간이 거꾸로 가는 작품도 있고, 데이빗 오번의 <프루프>(*Proof*)처럼 회상과 상상의 시간이 계속 현재의 시간을 침범하는 작품도 있으며, 다이아나 손의 <스탑 키스>(*Stop Kiss*)처럼 처음부터 끝까지 과거와 현재가 교차하면서 진행되는 작품도 있고, 영화 <버드맨>(*Birdman*)처럼 현실의 시간과 극중극의 시간, 그리고 상상 혹은 환상의 시간이 롱테이크를 통해 물 흐르듯이 하나의 시간으로 이어지는 작품도 있으며, 영화 <디 아워즈>(*The Hours*)처럼 각기 다른 시간대가 서로에게 영향을 주며 한 작품 안에 공존하기도 하고, 뮤지컬 <라스트 파이브 이어즈>(*Last Five Years*)처럼 여자주인공의 시간은 현재에서부터 5년 전 과거로, 남자주인공의 시간은 5년 전 과거로부터 현재로 흐르는, 그래서 두 인물은 유일하게 시간이 만나고 교차하는 결혼식 순간에만 함께할 수 있을 뿐, 나머지 순간에서는 엇갈려 서로를 만날 수 없는 작품도 있다. 이와 같은 작품들은 극이 견지하는 시간구조 자체가 바로 극의 주제가 되고, 그로 인해 시간을 연기할 수 있고 시간을 자유자재로 왔다 갔다 할 수 있는 연기력을 가진 배우를 절대적으로 필요로 한다. 고차원·고밀도의 작품일수록 시간을 연기하는 것은 더 고난도의 연기력이 된다.

시간이 선형적으로 흐르는 경우엔, 셰익스피어의 낭만극들에서처럼 한 작품 안에서 수십 년의 세월이 흐르는 작품이 있는가 하면, <오이디푸스 왕>과 같은 고전 비극에서는 단 하루 동안의 시간만이 흐르기도 한다. 물론 후자의 경우엔, 인물의 인생 전체가 하루에 집약되는 것이기 때문에, 지나온 시간들이 모두 합쳐져서 현재의 삶을 지배하고 있기 때문에, 단순히 물리적인 시간으로서의 하루라고만 볼 수 없다.

물리적인 시간 이상으로 인물의 **심리적인 시간**이 중요하다. 대표적인 작품이 물리적 시간은 아침에서 한밤중으로 진행되지만 인물들의 심리적 시간은 현재에서 과거로 꾸준히 퇴행해 마침내 현재의 삶을 낳은 그 근원에 도달하는 <밤으로의 긴 여로>(*A Long Day's Journey into Night*)이다. 이런 작품은 시간여행에 능숙한 배우 없이는 공연이 불가능하다.

시간여행을 하는 배우는 늘 극적 시간의 흐름 속에서 지금 이 순간을 충실히 살아간다. 앞선 장면의 여파나 장면 전환의 숨 가쁨, 이어질 장면에 대한 염려 등이 지금 이 순간의 집중을 흐트러뜨리지 않는다. 순간을 긴박하고 착실하게 살아가는 능력은 시간여행자로서 배우에게 우선적으로 요구되는 능력이다. 그렇지만 순간만으로는 충분하지 않다. 왜냐하면 지금의 순간에는 항상 지나온 시간이, 즉 인물들의 역사가 동행하고 현존하기 때문이다. 시간과 역사가 담겨있지 않다면 삶도 담겨있지 않은 것이다. 삶의 시간이 담겨있어야 배우의 예술은 시(詩)가 된다.

드니 빌뇌브 감독의 영화 <컨택트>(*The Arrival*)는 시간이란 결코 선형적이지 않으며 우주의 시간구조는 우리의 기억 속 시간구조와 같다고 말한다. 지나온 삶의 시간은 우리의 기억 속에 압축되어 저장되는데, 기억의 시간들은 우리에게 순서대로 떠오르지 않는다. 기억은 물리적 시간의 순서에 얽매이지 않고 현재의 삶 속에 늘 동행한다. 영화 <와일드>의 주인공 셰릴 스트레이드가 내딛는 발걸음 하나하나에 그녀의 지나온 삶이 함께하며, 그녀의 기억과 역사는 그녀가 포기하지 않고 계속 걸을 수 있게 하는 원동력이다. 기억의 시간은 배우이기 이전에 자연인으로서 우리 모두가 이미 시간여행자임을 말해준다.

극 속 시간을 살아가는 인물들도 마찬가지이다. 인물들의 기억은 지나간 과거가 아니라 현재를 낳고 현재를 해석하고 미래를 상상하면서 현재를 긴박하게 살아가게 하는 원동력이다. 기억이 있기에 현재는 항상 지나온 시간들의 축적이자 집약이다. 그래서 기억을 활용한 상상의 훈련들이 배우로 하여금 시간을 여행하는 것을 가능하게 해주고 자신의 시간여행에 관객들을 동행할 수 있게 해준다. 시간을 집약하고 시간을 순간이동할 수 있는 상상력은 최고난도의 연기력이다.

시간여행자로서 배우에게 필요한 연기력은 극 속의 삶을 살아가는 데에만 필요한 것이 아니라, 실제 작업 현장에서도 요구되는 실용적인 능력이다. 막이 올라가면 절대 중단되지 않는 연극 속 시간을 자유롭게 상상하며 살아가는 연극배우들이 전 세계적으로 영화에서도 두각을 나타낼 수밖에 없는 이유는, 영화나 드라마의 촬영이 극적 시간순에 따라 이루어지기보다는 촬영지(로케이션) 중심으로 이루어지기 때문이다. 극적 시간이나 사건의 추이에 따라 연기를 하지 않더라도 전체적인 인물의 구도와 변화과정에 흔들림이 없는, 인물의 관통선(through-line)이 뚜렷한 것은 배우가 시간여행자로서 갖게 되는 넓고 깊은 시야, 즉, **퍼스펙티브**(perspective) 덕분이다. 라이브 공연을 통한 시간여행의 풍부한 경험은 영화 촬영에 필요한 순간집중력과 유연한 상상력, 전체와 부분을 유기적으로 연결하는 능력, 삶을 보는 눈, 카메라에 선명하게 포착되는 존재감을 길러준다. 영화배우가 되기 위해 필요한 것은 카메라 테크닉이 아니다. 그것은 짧은 시간에 익힐 수 있는 작은 기술에 불과하다.

그렇다면 배우는 시간여행 속에서 과연 누구를 그리고 무엇을 만나게 될까? 애초에 그 여행은 어디로 향해가는 것일까? 그 여행의 의미는 무엇일까?

6 _ 근원(根源)을 보는 눈

연기는 행동에 관한 것이고 행동을 찾고 실행하는 것이라는 믿음을 가진 이들이 많다. 특히 스타니슬라프스키가 후기에는 신체행동으로 연기의 주안점을 옮겨갔다는 사실에 고무되어 그와 같은 생각들은 확산되고 있다. 배우를 나타내는 영어단어 actor도 배우가 '행동하는 사람'이라는 인상을 강화시켜준다. 행동을 실행한다는 의미의 performer로서 배우를 바라보고, 배우의 몸의 현존(現存) 자체를 강조하면서 신체가 만들어내는 움직임과 행동 그리고 조형성(造形性)을 중요시하는 신체연극(physical theater), 움직임연극(movement theater), 포스트모던 이미지연극들이 중요한 연극의 한 장르로 굳게 자리 잡아가고 있다.

개인적으로도 무척 좋아하는 이와 같은 연극들은 "조형적이고 표현적인 몸"(『성격구축』 56)을 강조한 스타니슬라프스키의 연기시스템과 결코 상충하는 것이 아니다. 신체와 정신, 몸과 마음은 하나이기에 "어떤 신체 행동에도 심리적 요소가 들어 있는 것이요, 어떤 심리적 행동에도 신체적 요소가 들어있는 것이다"(스타니슬라프스키, 『배우수업』 173). 그 둘을 분리해서 보는 관점들은 타당하지 않다. 상상과 표현을 분리해서 생각하고 이야기하는 것은 심신의 유기적 연결을 부정하는 태도이다. 스타니슬라프스키는 "신체와 정신 사이에 너무 분명한 경계선을 그으려 하지 마라"라고 충고한다(『배우수업』 151). 하나여야 하는 신체와 정신이 삶 속에서의 억압과 스트레스로 인해 분리된 상태가 되기 때문에, 배우훈련을 통해 신체와 정신의 합일 상태를 되찾아야 하는 것이다. 모든 상상에는 그것에 적합한 신체적 반응이 반드시 즉각 뒤따르며, 모든 신체적 움직임과 행동은 그것이 불러일으키는 상상을 동반한다.

행동 중심의 연극들 그리고 그를 위한 연기 접근법들은 나름대로의 오랜 전통과 타당성과 의미를 가지고 있다. 신체와 행동 중심의 연기에 관심이 있다면 다른 뛰어난 전문가의 작업들을 들여다보기 바란다. 다만 필자가 상상을 중요시하는 글을 쓰고 있는 이유는 모든 행동은 그 자체로 이미 존재하는 것이 아니라 상상과 그에 따른 반응으로서 발생한다고 보기 때문이다. 스타니슬라프스키도 "상상력은 능동성이 극히 중요하며 우선 내면적 행동이 있어야 외적 행동이 뒤따르는 것이다"라고 하였다(『배우수업』 80). 말도 행동이다. "말한다는 것은 행동하는 거야. 행동은 우리가 자신의 내부에서 보고 있는 것을 다른 사람에게 전해주어야 한다는 목적을 설정해주지"(『성격구축』 141). 그래서 우리는 '행동'이라고 말할 때 항상 말을 하는 행동을 포함해서 '언행'으로 이해하여야 한다. 언행은 생각과 기억을 포함한 상상의 결과물이자 오감에 의한 지각에 대한 반응으로 생겨난다. 즉, 언행에는 항상 지각과 상상이 선행한다. 그리고 촉발된 언행은 지각과 상상과의 연쇄반응적인 상호작용을 통해 지속되고 변화한다.

극은 근원을 향해가는 여정이다. 배우의 시간여행은 인간행동의 근원을 찾아가는 여행이다. 삶과 인간에 대한 이해는 그 근원과 마주하게 될 때 최종적으로 가능해질 것이다. 그렇기에 연기라는 것은 인간의 행동 자체를 모방하거나 탐구하는 예술이라기보다는 행동의 근원을 탐구하고 행동의 인과관계를 밝히며 언술이 발화되고 신체 행동이 유발되는 데 작용하는 변인들을 규명하는 예술이다. 연기이론의 발달이 많은 경우 심리학의 발달과 궤를 같이하는 것은 둘 다 인간행동의 근원적 원인을 밝히고자 하기 때문이다. 슈타이너의 인지학이 있기에 미하일 체홉의 연기론이 탄생할 수 있었던 것처럼 말이다.

언행, 즉, 대본상에 명시되어 있는 말과 행동은 전부 표면적으로 드러난 현상(現像)이자 결과이다. 대사의 서브텍스트를 읽는 것, 즉 인물의 말이 무엇으로부터 비롯되었고 표면적인 말 밑에 무엇이 놓여있는가를 밝히는 것이 대사가 있는 극을 연기할 때 배우의 숙명이듯이, 행동의 서브텍스트, 즉 행동을 낳은 원인과 행동을 실행하게 하는 동인(動因)을 읽어내는 것 또한 배우의 과업이다. 즉 현상과 결과를 통해서 근원적 원인과 동인을 상상하는 것이 배우의 본업인 셈이다. 근원과 동인은 겉으로 드러나 있지 않기 때문에 그것을 볼 수 있는 눈과 상상력이 배우에게는 요구되는 것이다.

원인과 결과를 연결하는 인과관계를 파악할 수 있어야 인간·인물의 현재의 행동을 제대로 이해할 수 있고, 배우는 인물의 언행을 비로소 수행할 수 있게 된다. 원인이 즉각적인 결과로 나타난다면 우리는 인과관계를 쉽게 볼 수 있다. 그러나 현상으로서의 인간행동 대부분은 그 행동을 낳은 근원과 시간적으로 멀리 떨어져 있어서 인과관계가 쉽게 드러나지 않는다. 그럴 경우 극에서 일어나는 일들은 언뜻 필연보다는 우연처럼 보인다. 그러나 극에 우연은 없다. 폴 토마스 앤더슨 감독의 영화 <매그놀리아>에는 우연처럼 보이지만 결코 우연이 아닌 필연적인 이야기들을 통해서 시간의 간극에 따라 원인을 볼 수 없게 된 우리의 시각을 꼬집고 있다. 그리고 자신이 의식도 못 한 사이에 극 속 인물들의 삶이 얼마나 서로서로 얽혀있고 서로의 행동에 근원이 되는지를 밝히고 있다.

한 친구가 있다. 언제나 재미있는 이야기를 잘해서 친구들 사이에 인기가 높다. 어찌나 이야기를 잘하는지 다들 그의 유머감각과 능력이 부럽다. 친구들은 그 친구가 밝고 활달한 성격의 소유자라고 생각한다. 하지만 그 친구가 웃긴 이야기를 끊임없이 하는 것이 사실은 자신의 고통을 잊기 위해서라는 것을 알아봐 주는 친구는 없다. 그래서 그 친구는 외롭다. 지어낸 이야기가 아니라, 실제로 필자가 만난 어느 배우의 이야기이다. 그 친구가 웃긴 이야기를 늘 하면서 살게 만든 원인을 보지 못한 상태로 그 친구의 성격에 대해서 안다거나 행동을 이해한다고 할 수 없다.

또 다른 예가 있다. 평소에 선머슴처럼 하고 다니는 여배우가 있었다. 실제로는 무척 예쁜 그 배우는 자신의 아름다움이 어디에도 드러나지 않게 하고 다녔다. 헤어스타일, 옷 입는 스타일, 말투, 행동방식 모두 투박하기 그지없었다. 겉모습만 본 사람들은 그녀가 털털한 남성적인 성격의 소유자라고 생각했다. 하지만, 그 여배우가 그렇게 자신을 포장하고 다닌 것은 어려서부터 자신의 미모로 인해서 남자들이 보인 시선과 관심,

관심을 넘어서서 끊임없이 자신을 괴롭힌 경험들로부터 비롯된 것이었다. 남자들이 자신을 여자로 보지 않기를 바랐던 것이다. 배우들이 자신이 연기하는 인물들을 이해할 때에도 근원을 보지 못해서 오류에 빠지는 경우가 많다. 인간과 인물의 삶을 볼 수 없는 상태에서 파악하는 인물의 성격이나 행동은 그 자체로 오류이다. 근원을 보아야 그것이 현재와 어떠한 인과관계를 맺고 있는지를 알 수 있는 것이다. 배우가 시간여행을 떠나게 된 주된 이유도 시간의 연결고리가 끊어져서 인과관계를 파악할 수 없어서 **지금**을 이해하기 위해 탐험에 나선 것이다.

배우들이 인물을 이해하기 위해서 자주 하는 작업 중의 하나가 인물의 전사(前史)에 대한 연구이다. 개인적으로는 전사란 말보다는 역사란 표현이 더 좋지만, 전사에 대한 작업이 형식적 절차에 그치거나 본질을 잊어버린 것이 되어서는 안 되겠다. 인물의 전사를 파악하는 것은 인물의 현재 행동을 낳은 근원을 상상하고자 하는 노력이다. 단 하나 주의할 점은, 인물의 역사는 오로지 인물의 기억으로만 존재한다는 점이다. 기억이 되어 현재 인물의 행동에 영향을 줄 때에만 전사의 파악이 의미 있는 작업이 된다. 그렇지 못한 전사에 대한 연구는 쓸데없는 짓이다. 기억이 된 인물의 역사는 인물의 현재에 동행하는 시간이다.

인과관계를 파악할 수 없을 때 우리는 공포에 휩싸이게 된다. 우리가 사이코패스에게 기겁하게 되는 이유는 그의 행동에서 설명 가능한 적절한 원인을 찾을 수 없기 때문이다. 영화 <다크 나이트>에 나오는 조커 역이 대표적인 사례가 될 것이다. 그래서 많은 경우 사람들은 밝힐 수 없는 진짜 원인 대신에 그럴듯한 가짜 이유를 붙여서 그 공포에서 벗어나려고 한다. 김의석 감독의 영화 <죄많은 소녀>에서 극 중 인물들은 예정된 자살로 끝나는 두 소녀의 삶에는 관심이 없다. 대신 부모, 학교, 경찰(국가)은 첫 자살한 소녀의 죽음의 원인을 그 소녀와 삶의 마지막 순간에 함께 있어 준 다른 소녀의 탓으로 돌리며 자신들의 책임을 전가하고 비난의 화살을 날려 주인공을 '죄많은 소녀'로 낙인찍는다. 진실보다는 자신의 마음의 평정이 더 우선하기 때문이다. 남의 탓을 해서 자신과는 무관한 죽음임을 강변함으로써 자신의 마음의 위안을 찾으려고만 할 뿐, 죽은 소녀의 삶에는 관심이 없다. 삶이 어떠했길래 삶의 마지막을 자살로 마감했는지 알려고 하지 않는다. 그래서 어느 누구도 이미 예정되어 있던 주인공 죄많은 소녀의 자살도 막지 못한다. 주인공은 오히려 아무도 알아듣지 못하는 수화로(어차피 말로 한다고 해서 귀 기울여 듣지 않을 것이기 때문에) 자신의 완벽한 자살계획을 말하고, 자신을 그렇게 몰아간 인물들이 자신이 죽고 나서 자신이 한 경험을 그대로 하도록 자신과 밀접한 관계로 만들어놓는다. 영화의 엔딩에서 친구가 죽은 곳에서 똑같이 자살하러 가는 주인공이 잠시 뒤를 돌아보지만, 예상대로, 어느 누구도 자신을 막기 위해 혹은 붙잡기 위해 거기에 있지 않다. 주인공은 예정된 자살을 감행하면서 극 속 인물들이 지금 대한민국을 살아가는 사람들의 모습임을 고발한다. 그 무감각과 무관심과 자기합리화를 섬찟하게 고발하고 있다. 무감각(callousness), 무관심, 자기합리화는 인물의 친구일 수는 있지만 배우의 적이다.

배우들이 인물을 파악할 때도 쉽게 그럴싸한 이유를 찾고 그것으로 인물을 이해한다고 치부하는 경우가 부지기수이다. 행동의 근원은 인물의 성격이라기보다는 인물의 삶이다. 배우라면 삶을 들여다보는 눈을 가져야 한다. 배우의 상상은 근원을 보는 상상이며, 배우의 시간여행은 근원으로의 여행이다. 배우가 궁극적으로 도달해야 하는 근원은 과연 무엇일까?

7 _ 연기, 영혼의 고행(苦行)

배우의 시간여행은 다양한 공간들을 방문하는 것으로 이어지고 배우를 **공간탐험가**가 되게 한다. 극이 설정하고 있는 각기 다른 공간들은 그 자체로도 시간여행자의 관심을 끌기에 충분하다. 하지만 시간여행은 애초에 관광을 위한 것이 아니다. 시간여행자의 탐험은 그 공간을 살아가는 사람들을 찾고 만나는 것으로 향한다. 그 공간과 사람들이 서로 어떤 관계에 있는가를 알고 싶어 한다. 특히 시간여행자·공간탐험가의 눈길을 끄는 사람들은 어떤 이유에서든 그 공간과 충돌하는 인간들이다. 그 충돌의 이유가 무엇보다 궁금하다.

가장 고귀한 인간부터 가장 동물적인 인간까지, 가장 밝은 인간부터 가장 어두운 인간까지, 가장 깨끗한 인간부터 가장 더러운 인간까지, 가장 아름다운 인간부터 가장 추한 인간까지, 가장 따뜻한 인간부터 가장 차가운 인간까지, 가장 똑똑한 인간부터 가장 어리석은 인간까지, 가장 강한 인간부터 가장 약한 인간까지, 가장 기이한 인간부터 가장 평범한 인간까지, 가장 대범한 인간부터 가장 소심한 인간까지, 절규하는 인간부터 침묵하는 인간까지, 행동하는 인간부터 부동의 인간까지, 살고자 하는 인간부터 죽고자 하는 인간까지, 시간여행에서 배우가 만나게 되는 인간들은 가장 위태로운 경계에 위치한 인간들이고, 배우의 존재 이유는 그런 인간들을 거침없이 그려내고 **화신**(化身)이 되는 것이다. 관객이 볼 수 있도록, 그래서 알 수 있도록 말이다.

드라마 속 주인공들은 경계선상에 놓여있기 때문에 있기 때문에 그 경계선을 넘어가야 할지, 말아야 할지에 대해 정신과 마음이 **양분화**된 상태 혹은 **분열**된 상태로 존재한다. 대한민국에서 가장 인기가 높은 뮤지컬

<지킬 앤 하이드>에서 지킬과 하이드는 그와 같은 분열의 상태를 가장 쉽게 이해할 수 있는 예이다. 또한, 세상에서 가장 유명한 말인 햄릿의 "삶 아니면 죽음, 그게 주어진 물음이다"(강태경 90)는 경계선상에 놓인 인물의 존재상황을 가장 잘 말해주는 원형(原形)적 대사로, 거의 모든 주인공 인물들의 존재상황을 정확히 대변하고 있다. 흔히들 '내적 갈등'이라고 일컫는 그와 같은 양분화·분열된 상태는 인물의 영혼을 크나큰 고통에 빠뜨린다.

"인물의 영혼을 짜나가는 직공(織工)"(스타니슬라프스키, 『배우수업』 213)으로서 배우에게 가장 중요한 연기력은 영혼의 고통을 이해하고 감당해내는 능력이다. 고통이 크면 클수록, 그리고 그 고통을 감당해내려는 노력이 크면 클수록 큰 인물과 큰 배우가 탄생한다. 시간여행을 통해 배우가 도달하고 보아야 하는 가장 중요한 근원은 바로 영혼의 고통이다. 인물의 고통을 온전히 이해하는 배우는 인물의 고통이 자신이 실제 삶에서 겪었던 자신의 고통보다 결코 작지 않다는 것을 안다. 인물의 고통을 연기함에 있어서 최소한 배우 자신이 삶에서 실제로 아파했던 것만큼은 아파할 수 있어야 인물을 제대로 연기한다고 인정받을 수 있다. 고통을 회피하는 배우는 진정한 배우라고 할 수 없다.

모든 위대한 드라마는 인간 영혼의 고통을 담고 있다. 인물들의 영혼에 무슨 일이 일어나는지가 위대한 드라마로부터 관객이 보아야 하는 것이기에 그것이 배우가 극에서 해야 할 가장 중요한 역할이다. 그것이 시간여행의 이유이다. 그래서 많은 경우 연기는 **영혼의 고행**이 된다. 하나의 캐릭터를 만나서 자신과 캐릭터를 합쳐가면서 배우는 고행의 길을 나선 순례자나 다름없는 존재가 된다. 영혼은 모든 인간의 근원이다. 근원과 근원, 즉 자신의 영혼과 캐릭터의 영혼을 맞닿게 하는 것이 배우가 제일 먼저 해야 할 일이다. 배우와 인물의 결합은 그렇게 시작되는 것이다.

사진 5. 블루바이씨클프러덕션 제작. 〈5필리어〉(2018). 김준삼 연출. 산울림소극장.
　　　 배우 신진경.

8 _ 두 가지 상상, 몸의 원리

고통을 받는다는 것은 인물이 상상하는 모든 것이 인물의 영혼에까지 강력한 영향을 미친다는 것을 의미한다. 따라서 배우가 상상의 이미지를 선택함에 있어서 자신의 영혼까지 영향을 미치는 이미지들을 선택할 때 예술적 선택을 한다고 말할 수 있다.

경계선상에 위치한 인물은 한 가지를 보거나 상상하지 않고 항상 최소한 두 가지를 보고 상상한다. 경계선 너머와 경계선 안을 동시에 보고 상상한다. 두 가지를 보고 상상하기에 인물은 양분화 혹은 분열되고 영혼의 고통까지 겪게 되는 것이다. 따라서 배우가 무엇을 상상하든 항상 최소한 두 가지를 찾고 보고 생각하고 상상해야 한다.

살아있는 인물이 항상 최소한 두 가지를 보고 듣고 상상한다는 것은 살아있는 인간의 몸이 그렇게 하도록 요구하기 때문이다. 상상은 살아있는 몸의 우주적 구성원리를 그대로 구현하고 있다. 우리의 몸은 둘로 되어있다. 우선 우리의 몸은 횡격막을 기준으로 위아래 둘로 나뉘어 있다. 그래서 의식과 무의식, 의식적 상상과 무의식적 상상이 함께 발생한다. 뇌도 심장도 모두 두 쪽으로 되어있다. 좌뇌와 우뇌는 서로 다른 것을 보고 다른 것을 상상한다. 심장의 좌우는 서로 다른 것을 느낀다. 두 심장이 오로지 하나만을 상상할 때 우리는 마음이 모였다고 생각한다. 자신과 다른 사람의 마음이 하나가 될 때, 우리는 두 사람의 심장이 포개졌거나 하나가 되었다고 생각한다. 우리는 두 눈, 두 귀, 두 개의 콧구멍으로 보고 듣고 냄새 맡도록 운명지어져 있다. 하나로만 본다면 그것은 맹목이다. 내몸 안으로 받아들이는 구멍이 있다면 그것을 반드시 밖으로 배설하는 구멍도 함께 있다. 우리는 두 다리로 땅을 밟고 있다. 그래서 넘어지지 않을 수 있을 것이다. 두 팔은 두 심장이 대상에게 닿고 싶어서 뻗어 나온 것이다. 그래서 '팔 길이'를 나타내는 영어 단어 'reach'가 '어딘가에 도달하다'라는 뜻을 함께 가지고 있는 이유일 것이다. 손바닥은 몸 밖에 있는 심장이다. 합장, 즉 손바닥과 손바닥을 마주하게 하는 것은 마음을 하나로 모으고자 하는 바람이다. 로미오와 줄리엣이 '손바닥을 맞대고'(palm to palm) 사랑에 빠지는 것도 서로의 심장이 연결되었기에 가능한 것이다.

신체 중에 하나로 되어있는 부분들은 다른 원리가 작용하고 있을 것이다. 폐와 신장을 제외하고 하나의 장기로 되어있는 오장육부가 흔히 **감정**의 영역으로 간주되는 것은 두 가지가 인지되고 몸 안으로 받아들여져 하나로 된 장기에 도달해서 서로 불꽃을 튀기며 충돌할 때 감정이 발생하기 때문일지도 모른다. 몸에 하나의 성기만을 가지고 있기에 우리는 자신을 완성시켜줄 나머지 한쪽을 영원히 찾게 되는 것인지도 모른다.

상상, 몸, 소리는 사실 하나이다. 셋이 따로따로 노는 상태는 긴장과 억압으로부터 자유롭지 못한, 훈련이 되지 않은 배우의 상태일 뿐이다. 살아있는 상상은 항상 살아있는 감각과 몸과 연동된 것이고, 살아있는 상상과 살아있는 몸에서 나오는 소리만이 진실한 소리이다. 그렇기에 살아있는 상상을 하고자 하는 배우는 어떻게 자연적인 몸, 생명체로서의 몸이 스스로 상상하고 반응하고 표현하는가를 잘 이해하여야 한다.

관객은 오로지 배우의 몸과 소리(몸이 만들어내는 울림)만을 통해서 인물을 보고 듣고 이해할 수 있다. 배우의 상상을 절대 직접적으로 볼 수 없다. 배우의 상상이 배우의 몸에 일으키는 반응을 관객이 감지함으로써 인물을 이해할 수 있을 뿐이다. 우리가 삶에서 다른 사람들을 이해하는 것과 똑같은 방식이다. 그렇기에 자연적인 몸을 이해하고 습관과 억압으로부터 자신의 몸을 해방시켜서 갑옷을 벗고 자연의 몸으로 돌아가는 것은 관객과 소통하기 위한 전제이다. 그런 몸을 갖지 않는다면, 관객이 오로지 나의 몸을 통해서 보고 들을 수 없다면, 배우의 어떠한 상상과 표현도 무용하고 억지에 지나지 않는다.

9 _ 광기와 위태로움, 그리고 배우(俳優)의 어원

경계선상에 위치한 분열된 존재로서 극심한 영혼의 고통을 겪는 극 속 인물들은 모두, 정도의 차이는 있으나, 비정상성과 일탈을 경험한다. 자신이 알고 있던 친숙한 세상은 더 이상 알 수 없는 낯설고 부조리한 세상이 되고, 상대인물은 믿기지 않을 정도로 전혀 다른 사람처럼 보이며, 자신이 알고 있던 나는 사라지고 모르던 생소한 나와 조우하게 된다. 이와 같은 인물들의 상태는 연기를 하는 존재를 가리키는 '배우'라는 단어의 어원에 대해 새삼 생각해보게 만든다.

'배우'라는 단어의 한자 구성을 살펴보면, 사람 인(人)과 아닐 비(非)가 합쳐져서 '배'라는 단어를 형성하고 있다. 그리고 '넉넉하다'는 뜻을 가진 '우'가 결합해서 배우가 됨을 알 수 있다.

'배우'라는 말이 '사람이 아니다'와 '넉넉하다'라는 뜻을 담고 있다는 것은 연기의 근원적 본질에 대해 생각해보게 한다. 먼저 '사람이 아니다'라는 표현은 '사람처럼 보이지 않는다', '사람이 달라진 것 같다', '평소와는 딴판이다', 혹은 '미친 것 같다' 등의 의미를 내포하는 것처럼 보인다. 한문학자에게 문의를 한다면 다른 해석이 나올지도 모르지만, 배우 입장에서 보기에 그렇게 읽힌다. 극 속의 여러 인물을 변화무쌍하게 연기하는 배우라는 존재가 평소 현실 속 사람의 모습과는 확연히 다른 모습으로 존재하기에 '사람이 아니다'라는 인상을 낳았을 수 있다. '넉넉하다'는 뜻의 '우'는 그와 같은 배우의 변신의 폭이 크고 다양하다는 의미를 가진 것처럼 보인다. 평소의 자신과는 확연하게 달라 보이는, 정상적인 사람처럼 보이지 않은 인물들을 폭넓게 구현하는 존재가 다름 아닌 배우라는 것을 어원은 시사하고 있다.

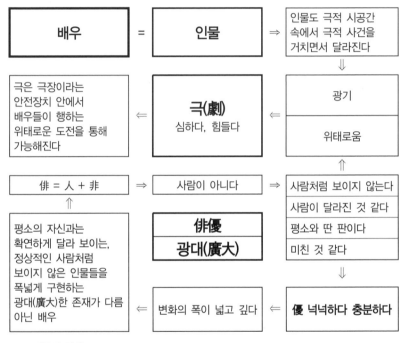

표 2. 배우의 정의

조금만 더 깊이 들여다보면, '배우'라는 표현은 배우에게만 해당되는 말이 아니라, 배우가 연기하는 인물에게도 적용되는 말이라는 것을 알 수 있다. 배우가 연기하는 인물들은 극 속 상황과 사건들을 거치면서 모두 변화하는데, 많은 경우 그 변화는 비정상적인 수준과 차원으로까지 거침 없이 나아간다. 그와 같은 인물들에게서는 모두 **광기**가 느껴지며, 무대에 **위태로운 긴장감**을 낳는다. 햄릿과 오필리어, 맥베스와 맥베스부인, 리어왕과 에드거, 오셀로 같은 셰익스피어의 주요 인물들은 하나같이 모두 광기에 휩싸이거나, 정상과 광기의 경계선을 넘나든다. 이 인물들은, 현실을 사는 관객의 입장에서 보게 되면, 많은 경우 미친 사람처럼 보일 수밖에 없기에 '사람이 아니다'라는 표현이 태어난 것인지도 모른다.

그런 관점에서 '배우'라는 표현은 애초에 배우와 인물을 하나의 같은 존재로, 통합적으로 일컫는 표현일 수도 있다. 박상도 "배우가 '사람이 아니다'라기보다는 사람인 동시에 사람이 아님을 의미한다"고 해석하면서, "사람이라는 말은 자연인, 일상인, 보통인이라는 뜻이고, 사람이 아니라는 말은 무대라는 특수한 공간에서 사람과 사람을 넘나드는 초월적 존재, 또는 비정형적인 생물을 암시"(24-25)한다고 보았다. 배우는 인물과 하나로 합쳐지기 위해 운명적으로 **경계선을 넘어서는 위태로운 시도들을** 하여야 하는 존재이다. 그래서 배우는 그 모든 시도들을 마음껏 할 수 있기 위해 **자유로운 존재**가 되어야 한다. 안전하고 평범한 시도를 하는 자를 배우라고 부를 수 없는 이유가 거기에 있다. 안전장치는 연극과 극장 자체이다. 배우는 극장이라는 안전한 공간 속에서 위험한 도전을 마다하지 않아야 비로소 예술가로 불릴 수 있다.

삶은 우리로 하여금 일정한 규범과 질서 혹은 한계 내에서 머물 것을 요구한다. 그리고 어떤 식으로 그 선을 넘는 이들은 비정상적인 인간으로 간주되곤 한다. 그러나 진정한 자아실현, 실존, 자유, 정의, 소통, 사랑 등을 갈망하는 우리는 그러한 규범이나 질서, 한계와의 충돌을 자주 느낀다. 때로는 그 충돌이 너무나 커져서 삶에 질식할 것처럼 숨 막혀 하기도 하고 그에 따른 고통과 내적 분열을 경험한다. 또 다른 이들은 그와 같은 충돌 앞에 자신에게 요구되는 모든 것들을 거부하거나 그 권위에 도전하거나 저항하기도 한다. 사실 드라마의 주인공들은, 특히 비극의 주인공들은 하나같이 극적 세계가 인물들에게 요구하는 모든 도덕적 금기와 제약들에 도전하는 존재들이다. 많은 경우 극의 주인공들은 자신을 희생하면서까지 그와 같은 금기와 제약이 정말로 타당한 것인지 관객들에게 깊은 물음을 던진다.

삶과의 투쟁 관계에 있는 우리는 드라마의 주인공처럼 보이지 않는 저지선 안에 머무르기를 거부하며, 삶과의 싸움에서 입은 상흔이나 삶에서 우리가 열망하는 모든 것들로 인해 '광기'를 가지게 되고, 그 광기를 무기로 규범과 질서와 한계를 넘어서는 존재, 진정 살아있는 인간이 되기를 꿈꾼다. 프로젝트 아일랜드가 제작하고 서지혜가 연출한, 2018년 서울연극제 대상 및 동아연극상 작품상 수상작인 <일상의 광기에 관한 이야기>는 광기로 삶과 싸우면서 사람들이 하나하나 '시'(詩)가 되어간다고 말한다. 그와 같은 광기의 사람들을 알아보고 인간적 연민을 느끼며 그들로부터 영감과 열정과 용기를 얻으면서 관객인 우리도 '시인'(詩人)이 된다고 이야기한다.

인간의 광기는 인간이 시가 되게 하는 힘이다. 영화 <라라랜드>도 세상을 자신만의 색깔로 칠할 수 있기 위해, 그래서 삶을 상상을 통해 자신만의 삶으로 만들어가기 위해 필요한 것이 "약간의 광기"(a little bit of madness)라고 말한다. 자연인으로서든 배우로서든, 정상성과 비정상성을 모두 가지고 있을 때 우리는 모두 지극히 정상적인 시인이 된다. <일상의 광기에 관한 이야기>의 주인공이 마지막에 주변의 사람들로부터 얻은, 그들의 광기로부터 기인한 물건들을 챙겨서, 시를 쓰기 위해, 자기 자신을

가장 큰 광란의 장인 전쟁터로 보내는 것처럼, 배우는 아름다운 시인이
되어 거친 삶 속으로 용감하게 뛰어든다.

사진 6. 프로젝트 아일랜드. 〈일상의 광기에 관한 이야기〉(2018). 서지혜 연출. 아르코예술극장 소
극장. 배우 김귀선 남동진. (사진 제공: 프로젝트 아일랜드)

10 _ 오감

　　스타니슬라프스키는 "인간에게는 실제로는 없는데도 심상을 만들어
서 사물을 보는 능력이 있다"고 하였다(『배우수업』 87). 박상하는 배우가
"몸의 감각기관을 이용하여 자신의 예술작품을 수행한다"(27)고 보고 "배
우는 무대적 몸을 소유하기 위해" "감각을 새롭게 인지하고 단련해야 한
다. 만약 허구의 무대에서 자신의 신체기관을 정확하게 구체적으로 작동

시켜 행할 수 있도록 만든다면 일상의 몸은 무대의 몸으로 바뀌게 될 것이다'(11)라고 하였다. 배우의 감각은 허구의 세계인 극과 무대를 허구에만 머무르지 않고 관객에게 실체로 인지되게 하는 마법의 열쇠이다.

우리는 다섯 가지 감각기관을 가지고 있다. 이 감각기관들을 통해 우리는 세상과 세상에 존재하는 것들을 보고 듣고 냄새 맡고 맛보고 만지고 느낄 수 있게 된다. 그리고 아주 중요하게, 감각의 인식을 통해 세상에 존재하는 것들을 **알 수 있게 된다.** 감각기관이 없다면 우리는 아무것도 알수가 없다. 세상은 우리가 오감을 통해서 인식하는 만큼만 우리에게 존재하는 것이다.

그런데 흥미로운 점은 우리 몸 밖에 존재하는 것들을 인식하고 알수 있게 해주는 오감이 정작 우리 자신을 아는 데에는 그다지 유용하지 않다는 것이다. 눈이 있지만, 우리는 스스로를 볼 수 없다. 코가 있지만, 자신의 몸에서 나는 냄새는 거의 알지 못한다. 귀가 있지만, 자신이 듣는 목소리와 남이 듣는 목소리는 다르다. 그래서 녹음을 통해서 듣는 자신의 목소리나, 촬영한 영상 속에 자신의 모습이 너무나 낯설게 느껴지는 것이다. 입이 있지만, 자신을 먹는 데 사용하지 않는다. 자신의 몸을 자신의 피부에 댔을 때와 타인의 몸이 같은 부분에 닿았을 때의 느낌은 다르다. 감각기관을 통해서만 우리는 무언가를 알 수 있게 되는데, 감각기관이 우리 자신을 아는 데에는 별로 쓸모가 없다는 사실, 이 점은 아주 중요한 바를 시사한다. 바로 **인간은 누구나 자기 자신에 대해서 완전히 알 수가 없다**는 점이다. 우리 자신의 감각기관으로 우리 자신을 온전하게 인식할 수 없기 때문에, 인간은 겸허해야 한다. 우리 자신을 절대 제대로 보고 듣고 느낄 수 없는데, 자신을 다 안다고 생각하는 것만큼 큰 인간적 오만은 없기 때문이다.

인간이 자기 자신을 온전하게 인식할 수 없다는 것은 배우들에게 연기적으로 몇 가지 중요한 의미를 가진다. 첫째로, 사람들이 살면서 매 순간순간 자신이 어떤 표정을 짓고 어떤 소리를 내며 어떤 행동을 어떻게 하는지, 그리고 그것이 보는 이에게 어떤 인상을 남기는지를 객관적으로 알 수 없듯이, 배우는 자신이 연기하는 동안 자신이 어떻게 연기하고 있는지를 절대 다 알 수 없다는 것이다. 자기 자신을 밖에서 보면서 연기하지 않는 이상 배우는 자신이 순간순간 어떤 표정을 지으며 어떤 소리를 내는지 객관적으로 알 수 없다. 자신이 어떻게 연기했는지를 안다고 생각하는 배우들은 자신을 볼 수 없는 상태에서 자신을 볼 수 있는 것처럼 여기는 매우 중대한 인식의 오류에 빠져있는 것이다. 그것은 지극히 주관적인 판단에 지나지 않는다. 여기서 보다 중요한 문제는, 자신이 의식하지 못하는 상태로 자신이 표현하고 있는 부분을 어떻게 훈련을 통해 더 나아지게 할 수 있는가의 문제이다. 더구나 우리의 몸은 자율신경계와 비자율신경계로 되어 있어서 자율신경계에 속한 몸의 부분들은 우리가 의식적으로 통제할 수 없기에 이 문제는 생각보다 크고 중대하다. 자율신경계에 속한 부분들은 오로지 우리의 진정한 상상에만 동하고 반응한다. 거짓 상상에는 반응하지 않는다. 위대한 배우들은 하나같이 무의식적으로 하는 모든 표현들이 남다르다. 그런 연기가 훈련을 통해서 불가능하다고 믿는 사람들은 배우란 무릇 타고나는 것이라고 여기고 만다. 자기도 모르게 무의식적으로 하는 표현들을 극적 상황과 극적 인물에 적합하게 하는 것은 매우 정교한 훈련과정을 요한다. 위대한 배우를 꿈꾼다면 기꺼이 그 여정에 올라야 한다.

둘째로, 사람이 자기 자신을 온전하게 알 수 없듯이, 극 속 인물들도 모두 자기 자신을 완전하게 알지 못한다는 점이다. 대본과 인물을 논리적으로 분석해서 인물에 대해 모든 것을 알 수 있는 것처럼 접근하는 배우들이 있다. 그들은 인물에 대해 의식적으로 논리적으로 알 수 있는 부분만을 분석해낼 수 있을 뿐이다. 그러나 살아있는 어떤 존재에 대한 의식적이고 논리적인 분석은 그 존재에 대한 극히 부분적인 분석에 불과하다. 살아있는 생명체로서의 인간에게는 무의식, 본능, 느낌, 감정, 충동, 영감 등 논리적으로 완전하게 분석할 수 없고 말로 온전하게 표현할 수 없는 영역이 훨씬 더 많이 있기 때문이다. 그렇다면 자기 자신을 완전히 알 수 없는 배우가 어떻게 자신을 완전히 알지 못하는 인물을 연기할 수 있는 가? 지극히 어렵지만 그만큼 위대한 예술의 길을 배우는 찾고 있는 것이다.

앞의 질문에 대한 답 혹은 열쇠는 바로 **상상과 반응**에 있다. 본격적으로 이 문제를 논하기에 앞서 먼저 거울에 대해 이야기하고자 한다. 인간이 볼 수 없는 자신을 보고 싶어서 만들어낸 것이 거울과 사진이다. 거울을 통해서 우리는 우리 자신의 모습을 눈으로 확인할 수 있다. 어느 정도는 말이다. 그런데 거울을 많이 보면 볼수록 사람은 자아도취적이 된다. 눈은 밖을 보라고 있는 것인데 자기 자신을 보는 데 열중하다 보면, 거울은 어느 순간부터 자신의 참모습을 비춰주기보다는 자기 환상 혹은 허상을 만들어내기 때문이다. 거울에 비친 모습 그대로를 보기보다 인간의 상상력이 개입하면서 거울 속의 모습은 실제와는 다른 이미지를 진짜 이미지인 것으로 착각하는 지점에 도달하게 되는 것이다. 그만큼 인간의 상상력은 강력하다.

그렇게 거울 속 이미지가 주는 환상에 사로잡히고 나면 거울을 보는 상태에서 벗어날 수 없는 상태에 빠진다. 거울에게 "거울아, 거울아, 세상에서 누가 제일 예쁘니?"라고 묻는 동화 속 인물은 이와 같은 거울의 속성을 너무나 여실히 잘 보여주고 있다. 자신을 보라고 있지 않은 눈을 자신을 보는 데 지나치게 사용하는 것은 자신의 몸이나 동족을 먹지 않게 만들어진 입을 자신을 먹는 데 활용하는 것이나 다름없다. 요즘 젊은 배우지망생들은 이렇게 거울이나 사진 속 자기 이미지에 빠져있는 경우가 많다. 자기 이미지에 빠져있는 배우는 훌륭한 배우가 되기 힘들다. 세상과 세상 속에 존재하는 인간과 사물을 향해 자신의 감각기관을 열지 않고 자신에게로만 향하게 하는 것은 매우 **자폐적**인 일이다. 자폐적 상태는 다양한 인간을 연기해야 하는 배우의 존재방식과는 상극을 이루는 상태이다.

우리의 감각기관이 우리 자신이 아니라 외부세계를 향해 열려있다는 것은 애초에 우리 자신을 알 수 있는 길이 우리 안이 아닌 우리 밖에 있음을 말해주는 것인지도 모른다. 다음은 김훈의 소설 <개>의 일부분이다.

> "개의 공부는 매우 복잡해. 개는 우선 세상의 온갖 구석구석을 몸뚱이로 부딪치고 뒹굴면서 그 느낌을 자기의 것으로 삼아야 해. 그리고 눈, 코, 귀, 입, 혀, 수염, 발바닥, 주둥이, 꼬리, 머리통을 쉴 새 없이 굴리고 돌려가면서 냄새 맡고 보고 듣고 노리고 물고 뜯고 씹고 핥고 빨고 헤치고 덮치고 쑤시고 뒹굴고 구르고 달리고 쫓고 쫓기고 엎어지고 일어나면서 이 세상을 몸으로 받아내는 방법을 익히는 것이지." (24-25)

"개의 공부"가 곧 인간이 그리고 배우가 자기 자신을 알아가는 길이다. 인간은 지각, 상상, 그리고 반응을 통해 바깥세계와 끊임없이 상호작용하는 존재이기 때문이다. 역설적으로, 우리는 우리 자신을 알기 위해서 우리 자신을 들여다보는 것이 아니라 외부세계를 보고 또 보아야 한다. 감각기관을 통해서 외부세계에서 인식한 것들은 인간의 상상력에 의해 이미지의 형태로 저장이 되면서 기억이 되고, 기억이 쌓여가는 만큼 우리는 하나의 존재로서 형성되어가기 때문이다.

　우리가 죽을 때까지 이와 같은 과정은 중단되지 않고, 따라서 우리는 고정된 상태로 존재하는 것이 아니라, **끊임없이 변화하는 존재**로 세상에 존재하는 것이다. 감각의 인식에 의한 이미지의 축적이 없다면 우리의 몸은 아무것도 그려지지 않은 빈 도화지, 아무것도 저장되지 않은 하드디스크나 다름없다.

　감각인식에 의해 기억(의 이미지들)이 형성되고 나면, 인간의 상상력은 **마음의 거울** 혹은 **마음의 창**에 끊임없이 이미지들을 비추게 된다. 이 이미지들이 생각, 사고, 연상, 환상, 상상, 꿈 등의 이미지들이 된다. 인간이 살아가는 동안 한순간도 중단되지 않고 마음의 거울에 비친 이미지를 보는 상태가 지속된다. 심지어 잠이 든 동안 이와 같은 이미지를 보는 상태는 더욱 활발해진다. 그 이미지들을 통해 인간은 사유 혹은 성찰을 하게 되며, 이와 같은 사유와 성찰을 통해 **마음의 소리**가 형성되며 세상과 자신에 대한 이해를 키워가게 되는 것이다. 세상과 인간에 대한 호기심으로 자신의 밖을 바라보면 바라볼수록 인간은 마음의 거울에 비친 이미지들을 통해 세상과 인간과 자신을 알아가게 되는 것이다.

　마음의 거울에 비친 이미지와 마음의 소리는 머리끝에서 발끝까지 사람의 몸 전체를 지배하면서 이미지에 대한 반응을 내비친다. 우리가 완전하게 의식할 수 없는 몸의 무의식적 표현을 훈련할 수 있는 길은 바로 이 마음의 거울, 마음의 소리에 있다. 마음의 거울에 비친 이미지에 우리 몸은 반드시 반응한다. 이 반응이 저절로 그리고 제대로 표현이 되게 내버려 둔다면 배우에게는 아무런 표현의 문제도 없다.

　하지만, 인간이 2차 성징과 사춘기를 거치며 성장하고 삶을 살아가면서 사회적 규율과 교육, 그리고 삶의 경험들이 안겨주는 불안, 혼란, 스트레스, 상처 등을 거치면서 인간의 몸은 상상에 반응하지 않게끔 잠겨버리거나 굳어버린다. 뛰어난 연기력을 보인 많은 아역배우들이 성인이 되었을 때는 예전 같은 연기를 하지 못하는 것도 그와 같은 이유에서이다.

우리가 거울을 보면서 살 수 없듯이 배우는 거울을 보면서(자기 자신을 보거나 들여다보면서) 연기하지 않는다. 연기의 순간들이 배우가 거울을 보는 시간은 더더욱 아니다. 배우가 보는 것은 극적 환경(극적 시공간과 그 시공간에 존재하는 대상)에 대한 감각적 이미지들, 그리고 그 이미지들이 마음의 거울에 비추는 이미지들이어야 한다. 끊임없이 이어지는 그 변화무쌍한 이미지들을 보고 있는 상태가 바로 **상상**의 상태이며 **집중**된 상태이다. 그 이미지들에 온몸이 **반응**하는 상태가 **표현**하는 상태이다. 그 이미지들만을 보고 반응하는 집중된 배우는 자신이 어떻게 연기하는지 전혀 알지도 못하고, 또 알 수도 없다.

일찍이 햄릿은 극 중 배우들에게 연기에 대해 이야기하면서 연기와 연극이라는 것이 자연, 즉 세상의 본질을 거울에 비춰주는 것이라고 했다. 배우가 하나의 작품에서 하나의 인물을 만나서 연습시간을 거치며 그 인물이 되어가는 과정은 작품과 인물이라는 거울을 통해서 자신을 들여다보는 과정이다. 작품과 인물을 거울삼아 가식과 환상 없이 자신을 들여다볼 수 있는 만큼 배우는 자신의 몸과 마음으로 매우 정직하게 그 인물을 연기할 수 있게 되는 것이다. 연극은 삶을 비춰주는, 인간을 비춰주는, 자기 자신을 비춰주는 거울이다. 마음의 거울이자 상상의 거울이다.

대본이 배우의 거울이라면, 연극 공연은 관객의 거울이다. 공연은 각각의 관객에게 거울이 되어 그들의 모습을 비춰주게 된다. 그 거울 속에서 무엇을 보게 되는지는, 연극이라는 거울이 관객의 마음의 거울에 어떤 이미지를 비춰주는지는 관객마다 제각각 다르다. 관객의 상상력이 제각각이기 때문이기도 하고, 자신이 보고 싶어 하는 모습, 보기 싫어하는 모습, 어느 쪽이든 각각의 관객은 자신이 볼 수 있는 만큼만, 볼 마음의 준비가 된 만큼만 볼 수 있게 되기 때문이다. 연극은 극장이라는 안전한 공간에서 관객이 거울을 통해서 자신의 참모습을, 자신의 인간성을, 인간관계를, 자신의 인생을 들여다보는 시간이다. 그리고 극 세계 속에서 '특정 역할을 하는 인물'(player)들을 통해 자신이 사는 세상 속에서 자신이 어떤 player인지를 깨달아가는 시간이다.

11 _ 경험과 연기의 상관관계

배우들을 훈련하다 보면 무척 자주 듣게 되는 말이 있다. 바로 "모르겠어요", "해본 적이 없어서 모르겠어요", "몰라서 못 하겠어요", "경험이 없어서 못 하겠어요", "어려워요" 등등. 마치 인물이 극한 상황 속에서 하는 경험들을 삶에서 자신이 직접 경험해 보아야만 비로소 연기할 수 있을 것처럼 착각하는 데서 나온 말들이다. 이런 배우들은 연기훈련의 부족이 그 원인임에도 불구하고, 연기를 잘하기 위해서 본인이 해야 할 일은 삶에서 더 많은 경험을 하는 것이라고 생각하는 경향이 있다.

경험이 많을수록 연기를 잘할 수 있고, 경험해 보지 않은 것들은 연기할 수 없거나, 하더라도 잘할 수 없다는 생각이 전적으로 그르다고는 할 수 없을지도 모른다. 시간이 지날수록 연기가 깊어지는 경우들을 보면서, 역시 "연륜"이나 "경험"이라는 것이 연기의 깊이와 질감과 불가분의 관계에 있다는 것은 부정할 수 없는 바이다.

하지만, '경험'이라는 것이 정말로 무엇이고 어떤 것인지 되짚어 볼 필요는 있다. 이 세상 어느 누구도 모든 사람들이 하는 모든 경험을 해볼 수는 없다. 한 번 사는 인생에서 시간적 제약, 공간적 제한을 뛰어넘어 모든 인물들이 하는 모든 경험들을 자신의 삶에서 모두 경험해볼 수 있는 사람은 없다. 대다수의 배우들은 직접 경험 없이 간접 경험과 무경험으로부터 인물을 연기해야 한다. 연기를 잘하는 배우들이 그 경험을 직접 해보았기 때문에 잘하는 것은 더더욱 아니다. 도대체 알 수 없는 연기와 경험의 상관관계를 어떻게 보아야 하는 것인가?

우리는 모르는 상태, 인물이 되기에는 턱없이 부족한 상태에서 인물을 만나게 된다. 무지와 부족의 상태로 출발선에 섰다는 것이 무척 불안하게 느껴지기 마련이다. 우리에게 필요한 것은 **호기심과 용기**이다. 이제부터 우리가 해야 할 일은 **모르기 때문에 알고 싶어 하는 것이다. 알고 싶기 때문에 알려고 드는 것이다.** 덤비고 찾고 발견해 가는 것이다. **알아서 하는 것이 아니라, 몰라서 하는 것이고, 하면서 알아가는 것, 그것이 인물이 되어가는 과정이다.**

이 발견의 과정은 실제로 인물이 되어감에 있어서 매우 중요한, 반드시 경험해 보아야 하는 과정이다. 왜냐하면 인물들도 극적 갈등과 혼란의 순간에 직면해서 어떻게 해야 할지 모르는 상황에서 자신이 예전에는 한 번도 한 적이 없는 말과 행동들을 하기 때문이고, 그러면서 자기 자신에 대해서 새롭게 알아가기 때문이다. 평면적인 인물이 아닌 이상, 모든 인물들은 혼란의 소용돌이 속에서 자신이 무지하고 무능하다고 생각하면서도, 절대 포기하지 않고 어떻게든 상황을 돌파하려고 한다. 알아서 하는 것이 아니라, 인물들도 하면서 알게 되는 것이다. 진정 인물이 되려고 하는 배우라면 인물이 아는 것을 알고 싶어 하는 것만큼이나 인물에게도 인물 자신이 모르는 면, 극적 상황을 거쳐 가면서 비로소 알게 되는 면들이 있다는 것을 받아들여야 한다. 변화하는 인물에 대해 고정된 분석과 해석을 가하는 것은 부당하다.

뛰어난 연기는 극적 상황의 전개 속에서 인물이 시간대별로 보이는 현저한 혹은 섬세한 변화들을 잘 반영한 연기이다. 영화 <대부>를 보면, 처음 한두 번은 말론 브란도의 연기에 감탄하게 된다. 이태리인이 아니면서도 이태리 사람을 더 리얼하게 연기했다는 평가를 받은 브란도의 연기는 정말 경이롭다. 그러나 <대부>를 되풀이해서 보면 볼수록, 첫인상으로 브란도의 연기에 감탄하는 시기를 지나고 나면, 알 파치노의 연기가 얼마나 뛰어났는지가 눈에 들어오게 된다. 마이클이라는 인물은 매 장면을 거치면서 시시각각 변화한다. 그 변화가 워낙 섬세하게 연기되다 보니, 자극적으로 한눈에 안 들어오겠지만, 영화 시작에서의 마이클과 영화가 끝났을 때 마이클은 거의 다른 인물이 되어 있다. 한 명의 인물이면서도 극적 상황을 거치면서 조금씩 변화해서 결국은 다른 인물처럼 변화하는 연기를 해낸 알 파치노의 연기는 개인적으로는 브란도의 연기보다 훨씬 뛰어나다고 생각한다.

사진 7. 영화 <대부>(1977). 마이클 역 알 파치노.

배우들은 의외로 자신들의 경험이 인물을 살려냄에 있어서 충분하다는 것을 모르는 경우가 많다. 연기가 삶에 관한 것인 한, 그리고 삶 속에서 살아있는 인간들에 관한 것인 한, 배우가 연기를 한다는 것은 자신의 예술에 자신의 삶을 최대한으로 담아내려고 하는 것이다. 모든 극적 상황, 모든 대사들을 자신이 삶에서 한 인간적 경험에 빗대어 이해하고 상상하려고 해야 하는데도, 자신의 삶 전체가 인물의 삶을 이해할 수 있는 영감이자 상상의 토대가 되어야 함에도 불구하고, 배우들은 자기와는 다른 인물이 되어야 한다는 생각에 사로잡혀, 자신의 삶의 경험은 제쳐놓고 무작정 극적 상황과 인물을 이해하려고 든다.

손쉬운 예로, <햄릿>의 첫 대사는 보초와 교대자 간의 역할이 뒤바뀐 채로 시작된다. 보초를 서고 있는 자가 첫 대사를 하는 것이 아니라 보초를 교대하러 오는 자가 "거기 누구냐?"라고 외치고, 거기에 반응해서 보초를 서고 있는 자가 "그러는 너는 누구냐?"라고 되묻는다. 이 간단한 두 마디는 <햄릿>이라는 작품이 역할의 뒤바뀜과 정체에 관한 극임을 섬뜩하리만치 훌륭하게 예고하고 있다. 왜 삼엄한 경계를 서고 있어야 할 보초가 아니라, 교대를 하러 오는 자가 먼저 "누구야?"라고 외치는가에 대한 이유를 물어보면, 배우들은 자신의 경험과는 무관하게 "<햄릿>이라는 엄청난 명작 고전에 그럴만한 이유가 있어서 그렇겠지"라고 생각하고, 정말 알지도 못하는 이유를 찾아내느라 분주하다.

그러나 군대를 갔다 온 남자라면 사실 이 장면에 필요한 경험들을 자신들이 이미 충분히 했다는 사실을 알 수 있다. 살을 에는 추위 속에서 밤에 경계근무를 서본 자들이라면, 교대시간이 가까워졌을 때, 자신의 상태가 어떻고 어떤 행동을 했는지를 떠올려 본다면, <햄릿>의 첫 장면이 절로 상상이 될 것이다. 군대를 다녀온 남자배우들에게 물었을 때, 교대시간 직전에 똑바른 자세로 한 치의 흐트러짐도 없이 경계근무를 서본 배우는 한 명도 없었다. 특히 추운 겨울날이었다면 더더욱 제대로 근무를 서지 않았다고 답했다.

그런 자신의 경험을 되돌아보았을 때, <햄릿>의 보초근무자는 제대로 보초를 서고 있지 않았을 가능성이 크다. 추위와 졸음과 싸우느라 딴짓을 했을 가능성이 훨씬 큰 것이다. 더구나 <햄릿>의 첫 장면이 진행되면서 밝혀지지만, <햄릿>의 병사들은 한 달 가까이 계속되는 엄한 경계태세와 전쟁 준비로 극심한 불안과 스트레스에 시달리고 있으며 심신이 매우 피곤한 상태이다. 보초근무자의 흐트러진 자세나 엉뚱한 행동 등등이 교대하러 오는 병사의 눈에는 순간 전날에 본 유령처럼 보였을 수 있기에 놀라서 "거기 누구냐?"라고 먼저 외치게 된 것이다. 그리고 그 외침에 더욱 놀라서 보초근무자가 "그러는 너는 누구냐?"라고 반응하고 있는 것이다.

<햄릿>의 예에서 우리가 알 수 있는 것은, 배우들이 희곡의 상황들을 자신의 삶과 연관시켜 상상하지 않고, 혹은 자신의 경험들을 정말로 기억하지 않고, 막연히 자신의 경험이 없거나 부족하다고 느낀다는 것이다. 연기를 위해 우리가 필요한 경험을 했다고 할 때의 그 '경험'은 정말 무엇일까? 그 경험은 **인간적 경험**을 말하며, 인간적 경험은 단순히 극적 상황에서 일어나는 일과 똑같은 일을 경험한 것을 말하는 것이 아니다. 만약 똑같은 일을 경험하는 것이 배우의 할 일이라면 배우는 범죄자에 지나지 않게 될 것이다. 왜냐하면 배우가 연기해야 하는 경험의 대부분이 극적 상황이 아닌 현실세계에서는 범죄행위에 지나지 않기 때문이다. 직접 경험해보고만 연기한다면 연기는 예술이 아니다. 상상이 전혀 개입되거나 발휘될 필요가 없기 때문이다. 술 취한 연기를 하기 위해 직접 술을

마시고 연기하는 것은 가장 상상력이 떨어지는 연기이다. 그것은 리얼한 것이 아니다. 술 마시는 연기를 한 것이 아니라, 그냥 술을 마신 것이다. 그런 것을 두고 리얼하다고 하지 않는다.

연기에 필요한 인간적 경험은 기본적으로는 희노애락애오욕(喜怒哀樂愛惡慾)의 경험이다. 무엇이 되었든, 자신이 기뻐하고 분노하고 슬퍼하고 즐거워하고 사랑하고 미워하고 욕망한 경험이 있다면, 그 희노애락애오욕과 관련해서 아파하거나 혼란스러워하거나 주저하거나 부끄러워하거나 초조하고 불안해하거나 망설여본 경험이 있다면, 생각과 마음이 왔다 갔다 한 적이 있다면, 긍정적이든 부정적이든 미칠 것 같은 기분을 느낀 적이 있다면, 지울 수 없는 상처를 입고 죽도록 힘들어 본 경험이 있다면, 죄를 짓고 고통받고 용서를 구해본 적이 있다면, 우리는 연기를 할 수 있는 기본적인 인간적 경험을 한 것이다.

사진 8. 블루바이씨클프러덕션 제작. 〈5필리어〉(2018). 김준삼 연출. 산울림소극장. 배우 윤이나.

연기에서 필요한 삶의 경험이란 얼마나 디테일이 일치하는 경험을 했는가의 문제가 아니라, **인간 영혼에, 인간의 몸과 마음에 얼마나 영향을 주는 경험을 하였는가의 문제인 것이다.** 무슨 경험이 되었든, 하늘과 땅이 흔들리는 경험을 해본 적이 있다면, 내가 가진 모든 가치를 부정하게 하는 혼란을 경험해본 적이 있다면, 암흑과 빛을 경험해본 적이 있다면, 누군가에 대한 생각에 자다가 깨어난 적이 있다면, 혹은 어떤 생각에 잠 못 이룬 적이 있다면, 누군가를 마음에 품어본 적이 있다면 우리는 이미 연기를 할 수 있는 아주 훌륭한 인간적 토대를 가지고 있는 것이다.

자신의 삶의 경험을 온전하게 연기에 담아내려고 하는 배우라면, 경험이 없어서 연기를 할 수 없다는 변명은 늘어놓지 않을 것이다. 그런 배우는 알면 아는 대로, 모르면 모르는 대로, 설렘과 떨림을 가지고 발견과 변화의 여정을 기꺼이 떠나려고 할 것이기 때문이다. 여행이 즐거운 이유는 그 여정에서 내가 무엇을 만나고 무슨 경험을 할지 알 수 없는 부분이 있기 때문이다. 미지의 나를 포함해서, 미지의 것들을 만나는 경험, 그것이 여행의 본질이고, 그대로 연기의 본질이 된다. 이미 다 알고 있는 여정이라면, 그 여행에 무슨 즐거움이 있겠는가?

12 _ 듣기

만약에 삶에서 우리가 의식적으로 노력을 기울여서 어떤 경험을 한다면, 무엇이 연기하는 데 진정 도움이 되는 경험이 될 수 있을까? 배우들은 마치 마약이니 섹스니 하는 것들이 연기에 중요한 것처럼 집착하지만, 정말로 그런 경험들이 좋은 배우가 되기 위한 필요조건일까?

사실 삶에서 길러지는 연기력이 있고 길러지지 않는 연기력이 있다. 삶에서 이미 충분히 길러진 연기력은 훈련할 필요가 없다. 연기에 자유자재로 적용하는 연습만이 필요할 뿐이다. 연습 없이 삶을 살고, 즉흥적으로 생각하고 말하고 행동하고, 누구와 함께 있느냐에 따라 그리고 언제 어디에 있느냐에 따라 다르게 말하고 행동하는 것은 삶에서 길러지는 매우 중요한 연기력이다. 또한 자신의 생각과 느낌을 표현하지 않고 참거나 숨기는 것, 거짓말을 하는 능력 역시 삶에서 길러지는 연기력이다. 매일 밤 꾸는 꿈은 자신 안에 저장된 무한한 경험의 이미지들을 가지고 하는 연기와 연출 놀이이다. 이처럼 연기력이란 우리가 삶을 살아감에 있어서 항상 발휘해야 하는 생존능력이나 다름없다. 연기는 이미 우리와 불가분의 관계에 있는 존재의 본질인 것이다.

상상은 집중력과 불가분의 관계에 있는데, 연기에 필요한 집중력도 우리는 이미 가지고 있다. 학창시절 수업 시간에 자기만의 생각과 상상에 빠져 선생님의 강의 소리가 더 이상 귀에 들리지 않는 경험, 몸은 현실의 교실 안에 있지만 마음과 정신은 다른 곳에 가 있는 경험을 누구나 해보았을 것이다. 연기라는 것도 몸은 무대라는 현실적인 공간에 있지만, 마음과 정신은 딴 데 가 있는 것이나 다름없다. 귀에 이어폰을 꽂고 음악을 듣다가 자신만의 생각에 깊이 빠지게 되면 음악 소리가 더 이상 귀에 들리지 않는 경험도 해보았을 것이다. 오로지 자신의 생각과 상상만 보고 있기에 귀에 꽂은 음악도 안 들릴 정도의 집중력을 우리는 이미 가지고 있는 것이다. 우리는 우리가 정말로 중요하게 생각하는 것들을 정말로 중요하게 보고 듣고 있을 때 온전히 그것에 집중한다. 연기할 때 집중이 안된다고 하는 것은 집중력이 부족해서 생기는 문제가 아니라, 사실은 본인이 다른 것을 더 중요하게 여기고 다른 것에 집중해 있었기 때문에 발생하는 문제이다.

삶이 연기에 필요한 핵심적 능력을 절로 개발시켜 주지만 삶에서 길러지는 연기력만 가지고는 프로배우가 되기에 부족하다. 연기란 모든 인간이 할 수 있는 모든 생각을 하고 인간이 느낄 수 있는 모든 느낌을 느끼고 말하고 표현하는 것인데, 삶 속에서는 순간순간 자신의 생각과 느낌을 표현할 수 없기 때문에 표현력보다는 감추고 숨기고 참는 능력만 더 길러지기 때문이다. 특히나 극이 요구하는 혼란과 갈등과 싸움과 상처와 고통과 관련된 표현들은 더더욱 제대로 하지 못하면서 우리는 삶을 산다. 연기훈련은 이렇게 표현하지 못하는 나를 자유롭게 상상하고 표현하는 나로 체질 개선시키기 위한 것이다. 참고 숨기는 것에 익숙해진 몸과 마음을 무엇이든 상상하고 표현할 수 있도록 체계적이고 지속적인 훈련을 통해 나를 해방시켜야 한다.

연기에 필요한 삶의 경험이 무엇인지 알고 싶다면, 연기가 무엇에 관한 것인지 생각해보면 쉽게 답을 찾을 수 있다. 연기는 나의 몸과 마음으로 내가 아닌 다른 존재를 담아내는 일이다. 배우는 연기의 폭이 넓을수록 다양한 사람들을 자신의 몸과 마음으로 빚어낸다. 배우에게 교과서는 다름 아닌 세상을 살아가는 다양한 살아있는 사람들이다. 죽어도 기억되는 사람들이다. 캐릭터는 작가가 그런 사람들을 극 속에 구현해놓은 것이다. 다른 사람을 내 몸과 마음으로 가져오는 것은 매우 신성한 일이다. 참된 인간애에 기반하지 않으면, 타인을 연기하는 것은 자칫 그들을 조롱하거나 모욕하는 일로 전락할지도 모른다. 연기는 그들을 흉내 내는 일이 아니다. 내가 그들이 될 때까지 나를 바꾸고 또 바꾸는 일이다. 나의 고행이 연기를 신성한 예술이 되게 한다.

진정 다른 사람들을 구현하고 싶은 배우라면, 배우가 삶 속에서 적극

해야 하는 경험은 편견 없이 따뜻한 시선으로 사람들을 바라보고 그들의 이야기를 듣는 것이다. 가까운 사람들의 이야기부터 개인적으로 모르는 사람들의 이야기까지 듣고 또 들어야 한다. 다른 사람이 되고자 하면서 평소 다른 사람의 이야기를 듣지 않는다면, 그들의 삶과 이야기에 관심이 없다면, 어떻게 다른 사람을 이해하고 더 나아가 그들을 자신의 몸과 마음에 담아낼 수가 있단 말인가? 그래서 자신에 대한 생각, 즉자적 고민, 자기애에만 빠져있는 사람은 좋은 배우가 될 수 없다. 자기 생각만 하고 자기중심적인 사람은 타인의 생각, 말, 행동이 이해되지 않기 때문이다. 배우가 되고자 한다면서 세상사와 사람들의 삶에 관심을 갖는 젊은이들이 극소수에 불과한 현실이 안타깝고 개탄스럽다.

거듭 강조하거니와, 연기를 하기 위해 삶에서 우리에게 진정 필요한 경험은 바로 "듣기"이다.

듣지 않으면 말할 수 없다.
듣지 않으면 볼 수 없고 그래서 알 수도 없다.
듣지 않으면 이해할 수 없다.
듣지 않으면 상상할 수 없다.

무엇보다 듣지 않으면 **연결**할 수 없다. **연결(connection)**은 연기의 근본 원리이다. 배우는 듣는 것을 통해 세상 사람들과 연결되고 캐릭터와 연결되며 그를 통해 관객과 연결된다. 자기 자신을 표현하는 것이 배우에게 큰 즐거움과 만족감을 주는 것은 당연하겠지만, 배우에게 있어 진정 자신을 표현하는 길은 자기 자신 자체를 표현하는 것이 아니라, 자신이 귀 기울여 들은 다양한 사람들과 연결된 상태에서 그들과 자신을 결합해서 표현하는 것이다. 그것은 내가 아는 나를 표현하는 것과는 근본적으로 다르며, 내가 모르는 나, 새로운 나와의 만남을 향하는 길이기도 하다. 편견 없이 듣기에 따뜻한 인간애를 가진 아름다운 존재, 그것이 배우이다. 듣자. 가만히 듣자.

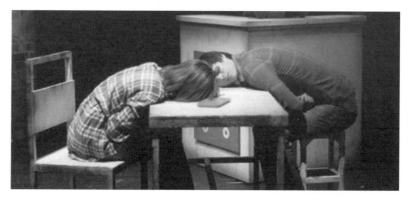

사진 9. 블루바이씨클프러덕션 제작. 〈꽃샘추위〉(2011). 김준삼 연출. 아르코예술극장 소극장.
배우 김보정 현태호.

13 _ 무의식적 경험의 바다, 꿈

연기에 필요한 경험을 이야기할 때, 배우들은 자신이 '의식적'으로 기억하는 경험만을 가지고 이야기하는 경향이 있다. 즉, 자신이 기억하고 있다는 것을 '아는' 경험에 국한해서 생각하고 있는 것이다. 그러면서 배우들은 경험의 유한성으로 인해 좋은 배우가 될 수 없을 것 같은 불안감에 빠지거나, 심할 경우, 자신이 배우가 되기에 턱없이 부족하다는 자괴감에 허우적대게 된다.

잘 알려진 그림에서 알 수 있듯이, 우리의 의식은 수면 위에 떠오른 빙산의 일각에 불과하다. '0.917'이란 숫자가 있다. 빙산에서 수면 밑에 잠겨있는 부분의 비율을 나타내는 숫자이다. 한마디로 말해, 수면 위에 떠오르는 부분의 비율은 8.3%에 불과한 것으로, 이것은 그대로 의식에 적용된다. 수면 밑에 놓인 91.7%는 잠재의식·무의식이 차지하고 있다. 만약 의식적인 것만을 연기에 활용한다면, 수면 아래 놓인 대부분의 잠재의식·무의식적인 경험은 내버려 두고 극히 피상적인 부분만을 연기에 활용하는 수준에 놓이게 된다.

경험과 연기의 상관관계는 한 개인의 역사를 완전하게 파악하고 있지 않은 이상, 명확하게 그 관계를 규명하기 어렵다. 둘의 관계를 정확하게 파악하는 것이 거의 불가능한 것으로 여겨지는 것은 연기와 관련된 인

생 경험에서 가장 중요하고 근본적인 경험이 우리가 의식적으로 알 수 있는 영역에서 벗어나 있다는 데서 기인한다.

우리의 경험은 우리가 의식할 수 있는 경험과 의식할 수 없는 경험으로 나뉘며, 의식할 수 없는 경험은 우리의 잠재의식과 무의식 속에 자리 잡고 있다. 이와 같은 경험들은 우리 안에 깊이 기억되어 자리 잡아 우리 영혼의 중요한 일부분을 차지하지만, 그 기억들은 우리가 기억하고 있다는 것을 알 수 있는 기억이 아니라, 우리가 기억하고 있다는 것을 모르거나 부정하거나 두려워하는 기억으로서 배우들이 의식적으로 연기에 활용하기 어렵기 때문에 자신의 경험이 부족하다고 느끼는 원인이 된다.

잠재의식·무의식의 거대한 바다에는 배우가 연기에 필요한 모든 경험들이 저장되어 있다. 이 거대한 경험의 자원을 자유자재로 연기에 활용할 수 있는 상태에 도달한다면 배우가 경험 부족을 이유로 연기가 어렵다고 하소연하는 일은 사라질 것이다. 잠재의식·무의식과 잠재의식적·무의식적 기억을 일깨우는 체계적인 연기훈련을 거친다면 다 해결될 문제이지만, 전문가에 의한 도움 없이 스스로 잠재의식·무의식이 자유롭게 작용하는 연기 수준에 다다르기는 매우 어렵다.

의식적인 노력을 통해 무의식에 다가가려고 하는 스타니슬라프스키의 혁명적 훈련시스템은 미국의 리 스트라스버그에 의해 메소드연기훈련에서 더욱 발전되고 정립되었다. 메소드배우들의 연기가 뛰어난 것은 그들의 모든 의식적인 노력이 그들의 잠재의식·무의식을 자극하기 때문이고, 그만큼 깊고 복잡한 인물을 창조했기 때문이다.

잠재의식적·무의식적 기억들은 잠금장치를 통해 우리 안에서 깨어나지 않고 '안전하게' 자리 잡고 있는데, 그 잠금을 열 수 있는 열쇠는 대개 감각적인 몸의 기억이다. 리 스트라스버그는 메소드연기훈련에 핵심을 이루는 일련의 감각훈련, 혹은 오감의 기억훈련을 통해서 배우의 영혼 가장 깊숙이 놓인 잠재의식적·무의식적인 기억을 일깨우고 배우들이 그것을 '소리'내게 함으로써 자신을 꽁꽁 묶어두고 있는 잠재의식적·무의식적 기억의 족쇄로부터 자유로워질 수 있게 하였다. 왜냐하면 잠재의식·무의식에 자리 잡고 있는 기억들 중 많은 기억들은 거의 극도의 **고통**과 관련된 것으로 배우를 자유롭게 하기보다는 반대로 배우의 심신을 굳게 잠그고 닫는 작용을 하기 때문이다.

그 고통의 크기만큼, 잠재의식·무의식의 기억을 여는 과정은 큰 고통을 수반한다. 그에 대한 두려움 때문에 많은 배우들은 자신의 고통의 근원과 직접 대면하기를 꺼린다. 하지만, 그와 같은 연기훈련이 필수적인 것은 자신의 고통과 마주하는 정직한 시간 없이 인물의 고통을 이해하고 연기하기 어렵기 때문이다. 모든 중요한 극적 인물들은 고통의 덩어리라 불러도 과언이 아닐 정도로, 극심한 고통의 기억을 가지고 있고, 극한적이라고 할 수 있는 극적 상황들을 거치며 엄청난 고통과 마주하면서 그 고통을 감내해내기 때문이다. 자신의 고통을 회피하는 수준에 머물러 있는 배우들은 이와 같은 인물들을 진정으로 이해할 수 없고 연기해낼 수 없다. 훈련을 통해서 "자기 십자가를 질 줄 알고 믿음을 갖는 거죠. 난 믿음이 있어, 그렇게 고통스럽지 않고, 내 본분에 대해 생각하면, 삶도 두렵지 않아요"(183)라고 말하는 <갈매기>의 니나와 같은 상태에 도달한 배우들은 "난 진짜 배우고 만족스럽게, 환희에 차 연기하는데다, 무대에서 황홀해 하며, 스스로 멋지다고 느껴요"(182)라고 말할 수 있는 놀라운 연기 수준에 올라서게 된다.

사실 우리는 매일 밤 잠재의식·무의식의 바다에서 헤엄치며 마음껏 경험을 한다. 깨어있을 때보다 훨씬 더 많은 경험을 우리는 잠자는 동안에 한다. 바로 **꿈**이다. 극예술이란 장르는 어찌 보면 꿈의 구현일지도 모른다. 꿈에서, 억압이 사라진 상태에서, 우리는 무한한 상상력을 발휘하며 깨어있는 동안에 극히 제한적으로 하는 경험의 틀을 훌쩍 넘어서는 경험을 자유롭게 한다. 우리는 매일 밤 자신이 연출하고 주연하는 연극을 마음껏 만드는 놀라운 상상의 경험을 한다. '꿈의 연극'이라고 부를 수 있는 이와 같은 상상의 경험은 자주 매우 위태로운 지점까지 거침없이 나아간다. 이와 같은 무한 상상의 경험은 우리가 깨어나고 나면 의식적으로 기억하지 못하는 경험이지만, 우리의 잠재의식과 무의식에 깊이 영향을 주는 근원적 경험이 된다. 잠자는 동안에 하는 경험은, 비록 우리가 그런 경험을 했다는 것을 의식할 수는 없지만, 우리 모두를 배우가 됨에 있어 부족함이 없는 존재로 만들어준다. 매일 밤 거침없는 연기 연습과 연극 연습을 우리는 행하고 있고, 그것은 마지막 숨을 거두기까지 절대 중단되지 않을 것이다.

경험이 부족하다는 자괴감보다는 꿈을 통해 매일 중단없이 자유롭고 거침없는 경험을 하는 나를 믿고 신뢰할 필요가 있다. 인물을 통해 **영혼을 가진 인간**을 구현해야 하는 배우로서 중요한 것은 어떻게 하면 꿈에서와같이 나를 보다 더 자유롭게 할 것이냐의 문제이지, 의식적으로 알 수 있는 경험의 유무가 아니다. 의식적인 노력을 통해 무의식에 다가갈 수 있는 길을 꾸준히 모색하는 노력만 있다면, 누구나 뛰어난 배우가 될 수 있다.

우리 모두는 하나의 '소우주'로 무한한 가능성을 가진 존재이다. 연기훈련을 시키다 보면, 아주 가끔식 뛰어난 영재를 만나게 된다. 극소수에 불과한 연기 영재들을 보고 있으면 에디슨의 유명한 말이 떠오른다. "천재는 1%의 영감과 99%의 노력으로 만들어진다." 연기 영재들에게 놀라운 점은 그들이 가진 재능이 아니라, 그 재능으로 하는 남다른 노력이다. 연기를 잘하는 배우는 1%의 재능과 99%의 노력으로 태어난다. 연기에서 경험이 풍부했으면 하는 바람을 가진 배우들은 사실 자신의 노력으로 이루어야 할 부분들을 재능에 기대어 쉽게 해결하고 싶어 하는 것인지도 모른다. 연기에 필요한 충분한 재능과 경험을 이미 가지고 있다는 믿음, 그 믿음에 바탕한 피나는 노력, 현상과 결과에 현혹되지 말고 시작점과 근원을 들여다보려는 시도, 중단 없는 꾸준한 도전과 실패, 이것이 좋은 배우가 될 수 있는 필요조건이다.

14 _ 연기력이란 진정 무엇인가?

배우가 되고자 하는 모든 이들이 연기를 잘하고 싶어 하고 연기를 잘해야 한다는 것에 어떤 식으로든 강박을 느낀다. 연기와 관련된 모든 것들에 숙련될 수 있도록 자신을 다그치고 필요한 준비들을 해나간다. 하지만 정말 연기를 잘한다는 것은 어떤 것일까? 대사를 말하고 몸을 잘 쓰는 것으로 충분한가? 연기력이란 흔히들 생각하듯이 '인물이 될 수 있는 능력'을 말하는 것일까? 연기력과 관련된 배우들의 이야기를 들어보면 대개 무언가 근원적인 것들을 놓치고 있다는 안타까운 마음이 든다.

연기력이란 **관객의 생각을 사로잡거나 마음을 뺏는 능력** 혹은 **매력**을 가리키는 말이다. 흔히 말하는 '극을 끌고 갈 힘'을 가진 배우만이 주연배우가 될 수 있는데, 그 힘은 배우가 연기를 할수록 관객이 '배우＋인물'과 어떤 식으로든 사랑에 빠지게 되고 '배우＋인물'에 집중해서 그 '배우＋인물'이 무대에 다시 나타나기를 기다리게 하는 힘을 말한다. '배우+인물'이 무대에서 독백을 하든 장면을 하든 관객을 자신의 편으로 만들지 못한다면 그는 주연배우로서 연기를 하지 못한 것이 된다. 그런 힘을 갖지 못한 자가 연기를 하면 관객은 시간이 지날수록 극에서 생각과 마음이 멀어지게 된다. 두 주연배우가 연기를 정말 잘한다면 장면이 끝났을 때 관객의 마음을 반반씩 나눠 가져야 한다. 아님 어느 한쪽으로 마음이 기울지 않는 행복한 고민에 빠져야 한다. 극이 끝날 때까지 관객의 마음이 그와 같은 상태가 된다면 두 주연배우에겐 최고의 배우라는 찬사가 쏟아질 것이다. 배우가 변신을 했다고 해서 반드시 인물이 되었다고 볼 수 없다. 그의 변신은 관객의 생각과 마음을 극의 모든 순간에 붙잡아두는 선에서 연기적 효력을 지닌다. 관객에게 미치는 영향력을 생각하지 않고 그냥 자신의 연기에만 몰두하는 자는 '연기를 하는 자'이지 '배우'라고 부르기 어렵다.

영혼과 내면의 힘, 생명의 에너지, 사랑의 에너지, 보편적이면서도 고유한 개성, 유일무이한 존재적 어필, 육체적 매력, 이 모든 것들이 하나로 어우러질 때 드러나는 매우 인간적인 매력, 그것이 연기력의 핵심이다. 연출과 감독 그리고 제작자는 단지 연기를 잘하는 자가 아니라 그와 같은 인간적 힘을 가진 존재를 애타게 기다린다. 가상의 극적 상황 속에서 순간순간을 자유롭고 충실하게 살며 무대에 존재한다는 것 자체로 강력하게 관객으로 하여금 현재와 영원, 자신과 인생, 인간과 세상에 대해 깊이 생각하고 느끼게 하는 존재가 배우이다. 단순히 인물이 된다는 것에만 갇혀 있거나 사로잡혀 있는 이들은 이와 같은 연기의 근본부터 다시 생각해보아야 한다.

상상만으로 인간이 하는 모든 경험을 기꺼이 몸소 하면서, 그것을 지켜보는 현실 속 사람들(관객)에게 삶과 인간에 대해 생각하게 하고 그들의 생각과 마음을 설득력 있게 움직이고 변화시키는 예술가, 그를 통해 인간에 대한 존중과 인간적 가치가 세상에 더 널리 퍼져나가게 하는 전도사, 그것이 배우이다.

사진 10. 영화 〈가버나움〉. 나딘 라바키 감독. 배우 자인 알 라피아, 보루와티프 트레저 반콜.

그와 같은 배우에 의해서 허구인 극은 실제보다도 더 생생하고 강렬하고 아름다운 리얼리티가 된다. 연극 이상의 연극, 영화 이상의 영화가 탄생하게 된다. 영화 <가버나움>과 주연배우인 자인 알 라피아는 그 모범적 예가 될 것이다. 이어지는 모든 글들과 훈련법들은 전적으로 그와 같은 예술가를 꿈꾸는, 그를 통해 자기실현을 추구하는 배우를 위한 것이다.

15 _ 상상하는 배우를 위한 연기의 키워드

1. 삶, 생명, 인생

- 연기는 삶에 관한 것이다.
- 인물에게 생명을 불어넣기 위해 배우는 자신의 살아있는 인생 경험을 불러올 수 있어야 한다.
- 삶과 인생은 개인의 기억 속에서만 존재한다.
- 기억하지 못하는 것은 죽은 것, 생명을 잃어버린 것, 더 이상 존재하지 않는 것이 된다.
- 그래서 인물에 생명을 불어넣기 위해서 배우는 자신의 영혼의 결정체인 기억을 결합시킬 수 있어야 하는 것이다.

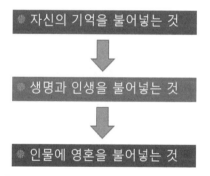

- 기억은 감각과 상상력이 만들어낸 이미지들의 도서관 혹은 데이터베이스이다.
- 기억은 이미지 형태로 압축된 시간이다. 인생은 압축된 이미지로 기억

에 존재한다.

- 시간여행자, 혹은 인생의 창조자가 되기 위해서 배우는 기억 속에 저장된 이미지들을 자유자재로 그리고 창조적으로 사용할 수 있어야 한다.
- 감각훈련, 혹은 오감의 기억훈련은 배우의 몸과 마음을 활짝 열어주어 인생 경험이 빚어낸 기억의 이미지들을 배우가 자유롭게 활용하게 함으로써 살아있는 생생한 인물을 창조할 수 있게 해준다.

사진 11. 블루바이씨클프러덕션 제작. 〈스탑 키스〉(2015). 김준삼 연출. 아름다운극장. 배우 최윤희 주예린.

2. 자유

- 진실한 극적 순간들과 믿을 수 있는 인물을 창조하기 위해, 배우는 자신의 몸, 감정, 심리에 어떠한 잠금장치도 없는 자유롭고 열린 상태에 도달해야 한다.
- 일련의 엑서사이즈들을 통해서 배우의 몸과 마음을 열고 잠금장치를 해제하는 것은 연기훈련에 있어서 가장 근본적인 작업이다.
- 자유롭지 못하다면, 배우는 보는 것, 생각하는 것, 느끼는 것, 말하는 것, 행동하는 것이 상당히 서로 다른, 제각각인 인물들을 연기할 수 없다.
- 자유롭지 못하다면, 배우는 자기 자신과는 조금이라도 다른 인물처럼 보고 듣고 생각하고 느끼고 말하고 행동할 수 없다.

사진 12. 블루바이씨클프러덕션 제작. 〈스탑 키스〉(2015). 김준삼 연출. 아름다운극장.
　　　배우 故 김미정 전윤지.

3. 진실

- 진실은 오로지 삶에서 나온다.

진실한 삶의 조건

✓ 즉흥: 연습 없이 살아가는 인생
✓ 생명과 생명의 원리
✓ 깨어있는 감각, 살아있는 몸
✓ 통제할 수 없는 자연과 인연, 필연과 우연
✓ 의식과 무의식, 이성과 본능의 공존과 상호작용
✓ 사적인 것과 공적인 것의 충돌
✓ 보이는 것과 보이지 않는 것의 공존
✓ 말하는 것과 말하지 않는 것의 공존
✓ 아는 것과 알지 못하는 것의 공존
✓ 예측할 수 있는 것과 예측할 수 없는 것의 공존

- 진실은 오로지 살아 숨 쉬는 연약한 영혼과 살아있는 리얼한 몸과 마음을 통해 체험한 인생 경험들에서만 나온다.
- 그래서 진실의 또 다른 이름은 **리얼리티**이다.

4. 순수와 열정

- 무엇이든 생각·상상할 수 있고, 무엇이든 소리 낼 수 있고, 무엇이든 말할 수 있고, 무엇이든 할 수 있는 자유는 순수성의 회복과 맞닿아 있다.
- 순수한 배우에게 연기는 즐거운 놀이(play)이다. 가장 고통스럽고 혼란

스러운 경험을 연기할 때조차도 모르는 것을 알아가는 즐거움, 혼란스러운 것을 돌파하는 즐거움, 고통을 감당하는 즐거움, 어려움을 이겨내는 즐거움, 이 즐거움들 없이 진정한 연기는 없다.

- 물들지 않은, 하지만 쉽게 물들 수 있는, 그러면서도 깨끗이 지울 수 있는 순수의 공간을 영혼 속에 가진 존재가 바로 배우이다.
- 순수성의 회복이 예술가로서 영혼의 회복이다.
- 순수한 배우는 열정적이다. 그 어떤 것도 하찮지 않기 때문이다. 세상 속 인간의 모든 경험이 특별하게 여겨지기 때문이다. 순수하기에 타협 없이 도전한다.

5. 상상

- 상상하는 것은 기억의 이미지를 떠올리거나, 기억의 이미지들로부터 새로운 이미지를 만들어내는 것을 말한다.
- 오직 자유로운 몸과 마음만이 배우에게 어떠한 제한도, 어떠한 자의식적 검열도, 어떠한 주저나 부끄러움, 두려움 없이 자유로운 상상을 허용한다.
- 상상은 오감 그리고 기억과 불가분의 관계에 있다.

- 상상을 해방시키고 상상력을 키우기 위해서는, 가상의 극적 상황에서도 실제 삶에서처럼 1) 신체의 감각기관이 자극을 받고, 2) 기억의 이미지들이 일깨워져야 한다.
- 따라서 연기훈련은 끈질기게 그리고 끊임없이 감각과 기억에 집중해야 하고, 그와 같은 훈련을 거친 배우는 그렇지 않은 배우들과 확연히 구분된다.
- 연기는 감정에 관한 것이 아니라, 감각과 기억과 상상에 관한 것이며 정신보다는 인간의 몸에 더 강조점을 두고 있다. 왜냐하면 진정한 생각과 상상은 인간 신체의 작용이기 때문이다.
- 상상을 한다는 것은 신체의 감각기관을 통해, 그리고 기억의 이미지들을 가지고, 누군가를/무언가를 정말로 생각하거나, 기억하거나, 꿈꾸는 것이다.

6. 공감

- 가장 위대하고 가장 강력한 인간의 상상력은 바로 공감하는 능력, 이심전심(以心傳心), 역지사지(易地思之), 감정이입(感情移入)의 능력이다.
- 공감 능력 덕분에 배우는 타인의 눈으로 인간과 세상을 바라보면서 진정으로 자신과는 다른 존재가 될 수 있는 것이다.

7. 반응

- 연기는 행동이 아니라 반응에 관한 것이다. 왜냐하면 인물이 하는 모든 일은 자신이 보고, 듣고, 냄새 맡고, 맛보고, 피부로 느껴본 것에 대한 반응이기 때문이다.
- 그것이 연기에서 '듣기'가 그렇게 중요한 이유이다. 단지 귀로만 듣는 것이 아니라, 배우의 전신을 통해서 듣기가 좋은 연기의 전제이다. 듣지 않으면 말할 수도, 행동할 수도 없다.
- 예술가로서 뛰어난 배우는 가상의 극적 환경 속에서 그곳에 존재하는 모든 것에 즉각 자신이 반응할 수 있게 스스로를 내버려 둔다.

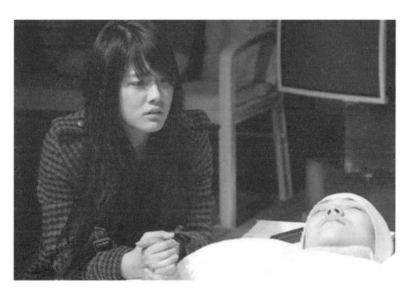

사진 13. 블루바이씨클프러덕션 제작. 〈스탑 키스〉(2009). 김준삼 연출. 우석레퍼토리극장. 배우 윤이나 이화정.

사진 14. 블루바이씨클프러덕션 제작. 〈꽃샘추위〉(2011). 김준삼 연출. 아르코예술극장 소극장.
배우 김보정 민옥기.

8. 사랑과 나눔

- 연기는 사랑에서 나온다.
- 우리는 사랑한다, 고로 존재한다.
- 인간과 인류에 대한 편견 없는 사랑, 그것이 연기의 본질적 정수이다.
- 배우는 가상의 극적 세계에서 살아있는 생생한 인물을 창조할 수 있기 위해서, 사랑으로, 편견 없이, 실제 세상 속, 실제 삶 속에 있는 살아있는 사람들을 보고 들어야 한다.
- 또한 배우는 자신이 가진 것을 관객에게 아낌없이 나누어주어야 하는 존재이다. 나누어주는 것은 숭고한 사랑의 행위이다.

9. 공유와 소통

- 연기는 극심한 극적 상황들 속에서 인간의 경험, 인간적 노력과 투쟁을 함께 공유하는 것에 관한 것이다.
- 배우는 자신의 인생 경험을 먼저 자신이 연기하는 인물과 공유하고, 그리고 나서 그 경험을 **인물을 통해** 관객과 공유하게 된다.

- 소통은 공유를 통해서 가능해진다.
- 공유하지 않는 연기는 소통하는 연기가 아니다.

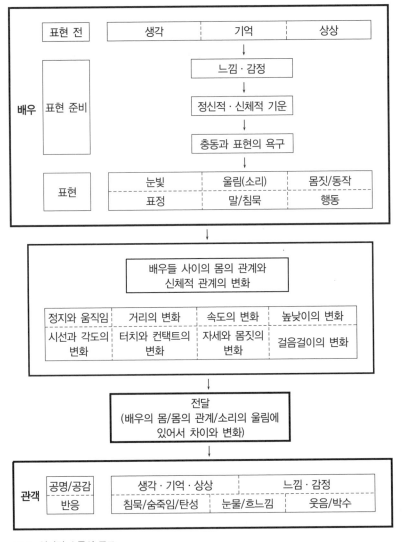

표 3. 연기적 소통의 구조

위와 같은 과정의 끊임없는 상호작용을 통해서, 의식적으로든 무의식적으로든, 이성적으로든 비이성적으로든, 논리적으로든 비논리적으로든, 긍정적으로든 부정적으로든, 어떤 식으로든 배우/인물에게는 생각과 심경의 변화가 일어나거나, 감정이 해소되거나 혹은 강화되며, 관객은 정서적인 공감 혹은 반발 속에서 삶과 인간에 대한, 인간의 행동에 대한 새로운 생각을 형성하거나 기존의 생각을 강화하거나 부정하며, 배우와 마찬가지로 생각과 심경의 변화를 경험한다.

모든 표현은 오로지 배우의 살아있는 몸과 몸이 만들어내는 울림(진동)을 통해서만 이루어지고, 신체적 표현의 변화와 차이, 소리와 울림의 변화와 차이, 배우들 간의 몸 관계의 변화와 차이를 통해서만 관객에게 전달 가능해진다. 그와 같은 차이와 변화가 관객의 눈에 보이고 귀에 들릴 때, 그리고 관객의 몸이 함께 공명하면서 그 차이와 변화를 몸으로 느낄 수 있을 때에만 배우의 모든 표현은 관객에게 온전하게 전달된다. 몸과 소리의 차이와 변화가 보이지 않는다면, 관객은 생각의 차이, 의미의 차이, 느낌의 차이, 감정의 차이 등을 알 수가 없다.

생각·기억·상상·느낌·감정이 담겨있지 않은 모든 신체적 표현은 공허하다. 신체적으로 온전하게 표현되지 못하는 생각·기억·상상·느낌·감정은 소용이 없다. 신체적으로, 소리적으로 적절하고 온전한 반응을 불러일으키지 않는 생각·기억·상상·느낌·감정은 부질없다. 따라서 배우는 어떠한 닫힘·잠김·억압이 없는 몸을 갖기 위해, 생각·기억·상상·느낌·감정에 자유롭고 아름답게 반응하는 몸과 소리를 갖기 위해 부단히 훈련하여야 한다. 생각·기억·상상·느낌·감정의 차이와 변화에 선명하고 아름답게 반응하는 몸과 소리를 갖기 위해 모든 소리와 말을 익혀야 할 뿐만 아니라, 차이와 변화를 표현할 수 있는 모든 신체적 언어—

사진 15. 블루바이씨클프러덕션 제작. 〈스탑 키스〉(2009). 김준삼 연출. 우석레퍼토리극장.
배우 윤이나 이화정.

거리, 속도, 높낮이, 시선, 각도, 터치, 컨택트, 자세, 몸짓, 걸음걸이 등—
를 개발하고 자유자재로 활용할 수 있어야 한다. 그와 같은 훈련을 다 하
지 못한 배우는 아마추어에 불과하다. 훈련의 부족을 탓하지 않고 재능의
부족을 탓하는 이는 배우가 될 수 없다.

17 _ 상상과 반응을 위한 배우훈련체계

관객과의 교감 · 소통 · 이해

⇑

극을 끌고 가는 힘, 관객의 생각 · 마음을 사로잡고 움직이는 힘을 가진 배우

⇑

모든 연기적 요소들이 배우의 몸과 소리를 통해서, 몸과 몸의 관계를 통해서 시각적 · 청각적으로 드러나고 표현되고 전달되는 상태

⇑

제3의 새로운 존재의 탄생

⇑

예술가로서의 자유로운 배우와 인간 영혼을 가진 캐릭터의 결합

⇑

인간 영혼의 고귀함을 탐구하는 숭고한 예술가로서의 배우의 탄생
극을 이해하고 예술에 기여하는 배우
자유롭고 아름다운 배우, 상상하고 반응하는 배우
감각적 이미지와 내적 비전이 외적으로 드러나는 배우

상상력훈련
상상 가능한 모든 상황 속에서의 인간 경험을 몸소 상상하며 체험하기

⇑

관찰훈련
나를 넘어서서 나를 확장 · 변화시키기

⇑

정서기억훈련
내 삶의 이미지들을 상상하고 마주하고 소리 냄으로써 표현하기

⇑

감각훈련
인간의 모든 경험은 감각의 경험에서 시작되고 따라서 배우의 모든 상상은 감각적 상상에서 시작한다

반응훈련

대상 · 공간과 끊어지지 않는 연결을 통해 공존하며 교류 · 공감하기

눈을 통해서 영혼 연결하기

몸을 통해 대상의 내면 바라보기

나 자신이 아니라 대상에 집중하기

나보다 대상을 더 중요하기 여기기

대본분석

텍스트를 통해 서브텍스트 읽기

압축된 삶의 결정체로서의 대본 이해하기

극적 상황 속에서 인물의 영혼에 어떤 일이 일어나는지 알기

극에서 인물의 역할 이해하기

극구조, 극세계, 극적 시공간, 인물관계 상상하기

관계에 따른 행동과 반응 파악

⇑

몸풀기/긴장이완
머리끝에서 발끝까지 내 몸의 모든 부분을 일깨우고 정신과 몸과 소리를 하나로 연결하기

나에게서 출발
현실의 나, 자유롭지 못한 나, 고정된 나, 습관에 얽매인 나, 두려워하는 나

표 4. 상상과 반응을 위한 배우훈련체계

2부

이미지, 상상, 그리고 반응
배우의 상상력과 연기
Imagination and Response

"You are what you see."

— Declan Donnellan

우리가 어떤 사람인지는 우리 눈(오감)에 무엇이 보이는지가 말해준다. 보는 것이 달라지면 사람도 인물도 달라진다. 배우는 무엇을 보는가에 따라, 어떤 이미지를 상상하는가에 따라 다른 예술가가 되며, 각기 다른 인물을 연기한다는 것은 각기 다른 것을 보고 상상할 수 있는 능력을 갖는 것을 말한다.

* 2부의 글은 『한국연극학』 제46호(2014)에 게재된 필자의 논문 「이미지, 상상 그리고 반응」을 부분 수정해서 수록한 것을 밝힙니다. 해당 논문은 한국연극학회가 수여한 신진우수논문상을 수상하였습니다.

사진 16. 블루바이씨클프러덕션 제작. 〈꽃샘추위〉(2011). 김준삼 연출. 아르코예술극장 소극장.
　　　　배우 김보정 민옥기 현태호.

1 _ 머리말

　　연기를 포함해서 연극 작업의 시작은 대본(희곡)에서 시작된다. 대본은 극적 상상의 모든 요소를 오로지 인물들의 대사에, 그리고 필요에 따라 최소화된 지시문에 담고 있다. 작가의 극적 상상은 시간과 공간에 대한 상상이며, 인간에 대한 상상이자 인간관계와 인간행동에 대한 거대한 상상이다. 비언어적 요소가 가득한 극적 상상의 무한한 이미지들을 작가가 문자로 전환하고 압축하고 기록한 것이 바로 대본이다. 대본은 문자로만 존재하는 작가적 상상의 결정체인 것이다.

　　상상의 이미지들을 문자로 변환하는 작가의 창작과정에 비해 대본을 무대화하는 예술가들의 창작 과정은 대부분 역방향으로 이루어진다. 즉, 연출과 배우, 그리고 디자이너는 문자로부터 상상의 이미지를 압축해제하고 이를 관객들이 오감을 통해 인지할 수 있는 형태로 구체화하고 형상화해야 한다. 연출적/배우적/디자이너적 상상력으로 문자 안에 압축되어 있는 시공간과 인간에 대한 극적 상상의 이미지를 자신만의 이미지로 변환하고 이를 다시 관객이 보고 듣고 느낄 수 있는 형상으로 제시해야 한다. 각 예술가들의 개인적이고 집단적이며 상호적인 상상이 만나고 결합하고 충돌하고 섞이고 집약되면서, 상상의 총체로서 연극은 탄생하는 것이다. 연극은 막이 올라가는 순간부터 중단 없이 이어지는, 그리고 결코 되돌릴 수 없는 상상의 흐름이라고 할 수 있는 것이다. 극적 시간의 흐름이란 곧 이미지들의 흐름인 것이다.

　　배우의 작업, 즉 연기는 극적 시간과 이미지의 흐름에서 가장 중심적인 부분을 차지한다. 공연 현장에서 관객의 감각과 상상력은 배우가 연기하는 인물에 집중되어 있다. 작가적 의도와 연출적 구도 하에서 현존하는 배우의 심신을 통해 이루어지는 모든 의식적, 무의식적 상상의 표현들은 연극과 관객이 교류하고 소통하는 중심 통로이다. 배우의 상상은 문자로 압축 기록된 인물의 상상을 시각적·청각적·후각적·미각적·촉각적·공감각적 이미지로 되살려내고 그 이미지들에 자신의 몸과 마음을 반응하게 함으로써 지면으로만 존재하는 인물을 피와 살과 뼈, 그리고 숨결을 가진 존재로, 마음의 움직임과 사고의 과정, 의식의 흐름, 영혼을 가진 존재로 창조해 내는 것이다. 그와 같은 과정으로 창조된 살아 움직이는 인물로서 배우는 시간의 흐름 속에서 극적 순간의 공동창조에 중심적 기여를 하게 되는 것이다.

연기에 대한 논의들은 주로 내면을 중시하는 연기법, 몸을 우선시하는 연기법, 그리고 양자를 통합하려는 연기법이라는 분리된 관점들에서 이루어져 왔다. 하지만 '작가적 상상의 실제적 구현'이라는 관점에서 바라보면, 연기법들은, 그리고 그에 따른 배우의 상상의 과정은 1) 작가적 상상의 과정을 역추적해 가는가, 아니면 2) 작가적 상상이 시작된 시점으로 되돌아가 거기에서부터 작가적 상상의 과정을 다시 밟아 가는가에 따라 달라진다. 그 여정의 차이에 따라 소위 '외적 접근법' 혹은 '내적 접근법'으로 나누어지는 것이다. 필자가 여기서 강조하고자 하는 '상상과 반응'의 연기는 굳이 구분하자면 후자의 접근법에 근거한 것이 될 것이다. 그러나 본 연구는 배우를 필요한 연기적 상상력을 이미 갖추고 있는 존재로 설정한 기존의 연구와는 달리, 배우의 상상력 자체가 어떤 과정을 통해서 훈련될 수 있는지 그 가능성을 모색하는 시도가 될 것이다. 대본은 결과물이다. 결과를 가능하게 한 상상의 시작 시점에서 어떠한 과정을 통해 결과에 도달할 수 있는지, 그리고 보다 근본적인 물음으로, 어떠한 인간의 삶에서부터 대본이라는 결과물이 도래하였는지를 상상하는 것이 배우의 예술적 상상이자, 살아있는 연기와 살아있는 연극을 가능하게 하는 예술적 원리라는 믿음에 본 연구는 근거하고 있다.

배우의 상상은 대본에 나타난 인물의 대사에서 시작된다. 그런데 시작부터 배우의 상상이 오류에 빠질 위험은 '대사'라는 표현 자체에 놓여 있다. 대본에 있는 대사(노래의 가사를 포함)는 작가에 의해 문자로 기록된 '말'이다. 글이 아니다. 희곡을 읽는 어려움, 혹은 즐거움은 그것이 전적으로 말이라는 데서 생겨난다. 대본에 마치 글처럼 문자로 기록된 말을 살아있는 사람의 말로 살려놓는 일이 대사(가사)가 들어있는 모든 작품, 모든 인물을 연기함에 있어 배우에게 던져지는 첫 번째 임무이자 가장 중요한 임무라고 해도 과언이 아니다.[2]

그러나 이렇게 중요한 말하기가 어떤 과정을 통해서 가능한지에 대해서 명확하게 이해하고 있는 배우를 찾기란 쉽지 않은 실정이다. 많은 배우들은 "말과 행동에 필요한 사고와 정서적 반응을 거치지 않거나 막연히 생각하고 행하는 것"(한진수 119)에만 얽매여 있기 십상이다. 많은 연기법들도 말하기와 관련해서 제대로 된 훈련법을 정립하고 있는 경우를 찾기 어렵다. 흔히 '발성과 호흡'이라고 되어 있는 부분들도 살아있는 소리와 말보다는 인위적인 호흡과 발성, 인위적인 화술을 가르치고 있는 경우가 허다하다. 특히 대중들에게 큰 인기를 얻고 있는 뮤지컬의 노래들은 또 다른 형태의 '말하기'이지만, 뮤지컬배우들의 말과 노래는 인위적이고 과장되거나, 인물의 심신 경험에 따라 다채롭게 변화하지 못하고 한정된

---

2   "'종이에 쓰인 대본에서 무대 위에 살아있는 언어로'(from page to stage)라는 표현은 함축성 있는 표현입니다. 이것은 페이지 위에 죽어있는 단어들을 재생시키고 형상화해서 살과 피가 있는 살아있는 말로 무대 위에 올려놓음으로써 실현될 수 있습니다." 크리스틴 링크레이터, 『자유로운 음성을 위하여』(서울: 동인, 2009), 465-66.

창법에 갇혀있는 경우가 많다. 이와 같이 인위적인 소리와 말이 양산되는 근본적인 이유는 많은 연기법들이 '말을 한다는 것은 상상에 반응하는 것이다'라는 관점에서 말하기의 모든 과정을 규명하고 있지 못하는 데에 있다. 배우가 되려는 젊은이들은 점점 더 넘쳐나지만, '상상에 대한 반응'이라는 말하기의 원리에 대한 인식과 훈련법의 부재 속에서, 그리고 몸과 영상이 강조되는 시대 분위기 속에서, 말을 제대로 잘하는 배우를 찾는 것은 점점 더 어려운 일이 되어 가고 있다.

비단 말하기만이 인물의 반응은 아니다. 인물의 반응은 말과 노래를 포함해서, 침묵, 소리, 표정과 몸짓, 움직임, 행동 등의 다양한 형태로, 공연의 스타일에 따라서는 춤으로까지 나타나며, 고정된 것이 아니라 시시각각 변화한다. 종종 스타일이 강조된 공연들은 배우들의 표현이 스타일 자체에 억눌려 있는 경우가 많다. 이때 배우들의 심신의 움직임은 상상에 대한 반응으로서 이루어지기보다는 스타일의 구현에 집중됨으로써 단절되고 고정화되어버리는 성향이 있다.3 공연 양식에 상관없이 배우가 인물로서 무대에 현존하는 모든 순간의 모든 표현들이 상상에 대한 반응으로 이루어질 때 구체적이며 살아 움직이는 진정성을 가진 표현이 된다.

본 연구는 연기를 '상상과 반응'이라는 관점에서 바라보고, 상상력과 말하기(노래하기)의 관계를 이미지와 반응의 관점에서 규명함으로써, 대본을 살아있는 사람의 말로 변환하는 배우의 작업을 새롭게 조명하고, 상상

---

3   양식이 뚜렷한 무용공연의 경우, 무용수들의 눈이 아무런 표현 없이 죽어있는 경우가 많은데, 그것은 무용수들의 움직임, 혹은 몸의 표현이 상상에 대한 반응으로서 이루어지지 않고 숙련된 동작들의 이행으로서 이루어지기 때문이다. 음악적 박자에 맞추어 무용 동작을 정확하게 해내는 것 자체가 무용수들의 예술적 기량으로 간주되기도 하지만, 무용의 모든 동작들은 그 자체로 하나의 형식이며, 모든 형식은 그 형식을 낳은 상상의 결과이자 상상에 대한 반응이다.

과 반응에 근거한 훈련법의 정립에 도움을 주고자 한다. 그를 위해 우선 생명의 원리로서 반응을 재정의하고, 이미지의 집합체이자 이미지에 대한 반응으로서 말의 특성들을 규정한 다음, 반응에 선행하는 상상의 원리를 이미지와 상상, 생각과 상상, 기억과 상상, 몸과 상상, 공간과 상상이라는 관점에서 살펴봄으로써, 배우+인물의 감각과 몸, 기억, 상상, 생각이 이미지에 의해 얼마나 긴밀하게 상호 연결되어 있는지를 밝혀보고자 한다.

2 _ 반응과 연기

1. 행동(action)에서 반응(reaction)으로

살아있는 모든 존재는 반응한다. 사실 생명체가 살아있다는 두 가지 증거는 '숨을 쉰다'는 것과 '반응한다'는 것이다.[4] 뇌사상태가 죽음과 거의 같다고 하는 것은 반응하지 못하기 때문일 것이다. 그러므로 '살아있는 연기'와 '죽은 연기'를 구분하고 판단하는 기준도 숨쉬기와 반응하기에 근거해야 마땅하다. 살아있는 인간이 하는 모든 생각, 모든 행동, 모든 말은 사실 반응이라는 큰 범주에 속한다고 할 수 있다. 그것은 인간의 감각기관이 자신의 외부세계에 존재하는 대상체로부터 보고 듣고 냄새 맡고 맛보고 느끼는 것(들)에 의해 유발된 것이기 때문이다. 인간의 감정 역시 그렇게 유발된 반응의 결과이다. 그리고 자신의 반응이 대상체로 하여금

---

4 반응은 그만큼 숨쉬기와 깊은 관련이 있다. 습관적으로든, 본능적으로든, 숨을 참는 것은 반응하지 않고자 하거나 반응을 드러내지 않으려고 하는 것이다.

반응하게 하고 다시 자신이 대상체의 반응에 반응하는 순환작용 속에서 인간은 '경험'을 한다. 행동에 반응한다기보다, 반응에 반응하는 것이 인간의 경험인 셈이다. 이런 관점에서 보면 인물의 행동(action)도 반응(reaction)의 상대개념이 아니라, 반응의 한 형태라고까지 할 수 있다. 자기 자신이 반응하고 있다는 것을 거의 의식하지 못하면서, 살아있는 존재들은 맥박이 뛰는 것만큼이나 끊임없이 반응한다.

연기는 반응이다.[5] 대개 배우들은 어떻게 말하고 행동할 것인지에 대해 골몰하지만, 어떻게 자신의 몸과 마음, 의식과 무의식이 자유롭게 반응하도록 '내버려 두어야 하는지'에 대해서는 고민하지 않는다. 그러다 보니, 불필요한 힘이 들어가고, 인위적이고 상투적이며 억지스러운 표정, 몸짓, 말과 행동이 연극(뮤지컬 포함)의 매력을 반감시키고 있다. 살아있는 연기는 순간에 충실하고, 연습량에 상관없이 즉흥적이며, 순간에서 순간으로 이어진다. 행동과 반응의 관점에서 규정된 연기의 전반적인 용어들은 '순간에의 충실'(in the moment)이나 '순간에서 순간으로'(moment-to-moment)의 관점에서, 혹은 '반응에 충실'(in the reaction)이나 '반응에서 반응으로'(reaction-to-reaction)라는 관점에서 수정될 필요가 있다. 좋은 연기는 항상 반응이다.

행동을 지향하는 표현들도 반응의 관점에서 서술되어야 한다. '생각하다', '기억하다', '말하다', '행동하다', '떠올리다' '믿다' 등의 표현들은 반응의 관점에서 각각 '생각이 들다', '기억이 나다', '말이 나오다', '떠오르다', '믿음이 들다' 등으로 바꾸어주어야 마땅하다. 왜냐하면 연기와 관

---

5 리 스트라스버그는 연기를 "외부적인 자극에 대해서 내적인 충동이 발생하고 그 충동에 자연스럽게 반응하는 것이라고 보았다." 한진수, 『메소드연기의 이해』(서울: 연극과 인간, 2004), 153-54.

련해 발생하는 문제들의 대부분은 배우들이 자신의 몸과 마음이 외부의 자극에 반응하도록 내버려 두는 대신, 혼자서 무엇인가를 하려고 하는 데서 발생하기 때문이다. 특히, 모든 과잉연기는 배우가 반응을 저버린 채 오로지 '하는 것'에만 몰두한 결과이다. 자기 자신에게만 몰두하는 연기는 그것이 내면연기든, 외면연기든 모두 거짓이다. 감정연기 역시 마찬가지다. 반응으로 생겨나고 반응으로 변화하는 감정만이 진실하다.

사진 17. 블루바이씨클프러덕션 제작. 〈스탑 키스〉(2015). 김준삼 연출. 아름다운극장.
배우 주예린 최윤희.

2. 반응과 말하기

사람들은 연습 없이 듣는 것만으로 말한다. 듣기(감각의 인식과 이미지)와 그것에 대한 반응으로서 말을 하기 때문에 호흡기관을 비롯한 몸이 하고픈 말을 다 할 수 있도록 알아서 움직인다. 무대 위에서 배우가 대사를 반응으로서 제대로 말한다면, 배우의 몸은 그 말을 다 할 수 있도록 스스로 뒷받침할 것이다. 배우가 통제할 필요가 없다. 호흡이 문제가 되고 이상한 억양과 조, 어투가 생기는 것은 반응으로서 말하지 않기 때문이다.

현실생활에서는 아무리 말을 못 하는 사람도 특별한 신체적 이상이 있는 사람이 아니라면 이런 문제들을 겪지 않는다. 삶을 반영하려는 연기라면 당연히 삶의 즉흥성에서 시작할 일이다. 삶 속에서 사람은 매 순간순간 연습 없이 말할 수 있다. 삶 속에서 사람들은 그저 반응할 뿐이다. 그것이 배우에게 필요한 화술의 원리이다.

대본에 나타난 인물의 모든 말과 행동이 반응이라는 것을 안다면, 대본을 보고 자신의 대사만 파고들면서 그 대사를 어떻게 말할지, 무슨 행동을 할지를 고민하는 것은 인위적인 연기를 하겠다는 각오나 다름없다. 자신의 대사만 연구하는 것은 반응보다는 행동에만 치중함으로써 스스로를 고립시키는 일이나 다름없다. 지적 분석에 의한 계산된 연기로는 무의식적 반응을 이끌어낼 수 없다. 인간/인물은 자신이 반응하고 있다는 것을 거의 의식하지 못한다. 그만큼 무의식적 반응은 더더욱 중요하다. 스타니슬라프스키(Constantin Stanislavski, 1863-1938)가 배우들이 테이블에 둘러앉아 대본을 분석하고 토론하는 것을 그렇게 싫어했던 것도 바로 이 점 때문이다. 이성적, 논리적 분석은 배우의 머릿속에서만 맴돌 뿐, 배우의 몸과 마음에, 배우의 무의식에 아무런 영향도 주지 않는다.

배우가 희곡(대본)에 문자로 기록되어있는 인물의 말을 진정 살아있는 말로 살려내기 위해서는 우선 소리와 말의 특성을 제대로 이해하여야 한다. 배우가 인물을 연기함에 있어서 이해가 필요한 말의 특성은 다음과 같다.

1) 말은 '이미지'들로 구성되어 있다. 말의 내용과 말하는 방식은 외적 이미지(감각인식)와 내적 이미지(상상) 사이에서 끊임없이 변화한다. "우리는 말하는 동안, 우리가 말하는 내용을 이미지로서 본다는 것을 자각하지 못한다. 그 이미지들은 아주 빠르게 지나간다. 그 이미지들이 충

동이 된다"(링크레이터 473).

2) 말의 시작, 즉 발화(發話)는 상대에 대한 '반응'으로 시작된다. 말에는 항상 구체적인 상대가 있다. 그리고 상대에 따라서 말하는 방식이 절로 바뀐다. 상대가 없다면 말도 없을 것이다. 심지어 혼잣말인 경우에도 대개 자기 자신이나 보이지 않는 누군가의 모습을 떠올리며 그 가상의 대상에게 말을 건네고 있는 것이다. 말은 소리로서 항상 이 대상을 향하며, 대상의 상태(생각, 마음, 기분, 태도 등)를 바꾸거나 변화시키기 위한 최선의 시도를 한다.

3) 말은 살아있는 인간이 내는 '소리'이다. 생명체의 몸으로부터 비롯되고 그 몸을 통해 울려서 밖으로 향하는 '소리'이다. 세상 모든 소리에는 음악적 요소가 있다. 좋은 소리는 좋은 음악처럼 듣는 이의 몸속, 뼛속, 마음속, 영혼 속으로 파고 들어간다.[6]

4) "대본(text)은 단어를 사용해서 생각들을 엮어놓은 옷감이다. 배우는 글로 쓰여 있는 말들을 소리로 옮겨야 하고, 연기의 예술성은 말로 쓰여 있는 생각 뒤에 숨어있는 감정/느낌들을 직관적으로 끌어내어 표현하는 배우의 능력에 달려있다"(링크레이터 466).

5) 말에는 생각뿐만 아니라 느낌, 감정, 기분, 태도 등 글로는 표현할 수

---

6 "언어는 입에 있는 신경의 끝자락들부터 몸속의 감정과 감각의 저장고에 직접적으로 연결되어 있습니다. 지난 300~400년 동안 활자의 발달과 통신의 발달에 따른 의존도가 높아지면서, 이렇게 언어와 감정/감각을 직접적으로 연결하던 선을 점점 덜 사용하게 되었습니다. 이것이 어떤 도움을 주었는지는 모르겠지만, 어쨌든 이런 발달은 우리가 정보를 얻는 수단을 귀에서 눈으로 옮기도록 만들었습니다. 눈이 정보를 얻는 행위는 거리를 두고 이루어집니다. 신체와 떨어져 있습니다. 반면 귀가 얻는 정보는 내면화가 쉽게 됩니다. 눈은 정보를 객관화시키고, 귀는 주관화시킨다고 할 수 있겠습니다. 말을 통해서 귀로 들어온 정보는 진동을 통해서 몸속을 이동합니다. 구술/청취를 통한 의사소통은 배우의 삶입니다. 듣는 것은 생기의 근원이고, 산소이고, 음식이며, 마실 거리입니다. 배우가 들으면, 그 배우는 몸-마음으로부터 대답합니다." 크리스틴 링크레이터, 『자유로운 음성을 위하여』(서울: 동인, 2009), 443-44.

없는 많은 것들이 담겨 있기 때문에 말은 논리적으로나 과학적으로 완전하게 분석할 수 없는 매우 복잡한 색과 결과 층을 이룬다. 소위 '서브텍스트'(subtext)는 이렇게 말 밑에 놓여있는 모든 것을 의미한다. 표면적 말 밑에 놓여있는 것들이 배우에 의해 어떻게 소리로 구현될 수 있는가는 대본을 말로 전환함에 있어서 필수적인 사항이 된다. 즉, 표면적 말만을 전달하는 소리는 말 밑에 있는 것들을 담아내지 못한 소리이다.

6) 말은 '떨림'과 '울림'을 통해 표현되고 전달된다.7 떨림과 울림은 살아 있는 사람의 몸과 마음, 정신, 의식과 무의식, 생각과 사고, 영혼으로부터 생겨나고 대상과 목표를 향해 뻗어 나간다. 따라서 말은 항상 '다층적 떨림'과 '방향성이 있는 울림'을 가진다. 또렷한 발음이나 풍부한 성량이 말을 통한 의사소통의 기본 조건이 되기는 하지만, 그 자체만으로는 의사소통이 보장되지 않는다. 듣는 이가 말하는 이의 말을 이해하는 데 있어서 가장 중요한 것은 바로 이 떨림과 울림이다. 떨림과 울림은 듣는 이의 귀만이 아니라 몸 전체에 영향을 준다. 떨림과 울림은 공명과 공감, 공유를 가능하게 하는 중요한 과학적 원리다. 말하는 이의 몸으로부터 전해져오는 독특한 떨림과 울림이 듣는 이로 하여금 말의 진의를 이해하게 하는 것이다.

7) 말하기는 이야기하기이다. 사연이 있다. 개인적이고 사적이다. 대본에

---

7 "생각과 느낌의 신체적 파장을 감지하고 전달하는 민감한 음성은 관객들을 보이지 않는 에너지의 흐름 속에 감쌉니다. 마치 말하는 사람이 무대 위에 있으면서 동시에 관객 속에 있는 듯한 느낌 말입니다. . . . 배우가 인물의 정신세계에 플러그를 꽂으면, 상상력의 전류가 배가 되고 음성의 진동이 활성화되면서, 그것을 받아들이는 관객에게 이미지와 충동들을 그대로 전달할 수 있게 됩니다. 말하는 사람의 몸에서부터 발산되어 나오는 진동의 흐름이 바로 그 배우를 실제보다 더 커 보이게 하는 것입니다." 크리스틴 링크레이터, 『자유로운 음성을 위하여』(서울: 동인, 2009), 26.

나와 있는 말은 그것이 아무리 지적 토론인 것처럼 보여도 개인적이고 사적인 이유와 사연을 담고 있다. 말을 통해 "말하는 사람, 그 인간을 듣는 것이지, 말하는 사람의 목소리를 듣는 것이 아니다"(링크레이터 24).

8) 말은 불완전하다. 인물은 말의 불완전성 때문에 좌절하거나 소통을 포기하는 것이 아니라, 오히려 불완전성에도 불구하고 소통을 위해 최선을 다하게 된다. 대개 말이 길어지는 것은 그 때문이다. 한 문장으로 소통이 가능하다면, 인물은 한 문장 이상의 말을 할 필요가 없다.

9) 말의 불완전성을 보완해주는 것은 사실 말하는 이의 '절실함'이다. 언어 능력을 상실한 자나 외국에 나가 있는 자의 경우에서 알 수 있듯이 말이 불완전하다고 해도 여전히 의사소통이 가능하다. 무능이나 불완전성을 핑계로 의사소통을 회피하지 않는 이상, 자신이 하는 말이 상대에게 진정으로 전달되고 이해되기를 바라는 절실함을 가지고 있다면, 말의 불완전성에도 불구하고 의사소통의 가능성은 여전히 존재한다.

10) 듣지 못하는 아이는 말도 하지 못하게 된다. 말은 그만큼 청각에 의존하고 있다. 배우의 화술이 문제가 되는 것은 듣지 않고 말하려고 하기 때문이다. 그것은 진정으로 말하는 것이라 할 수 없다. 단지 대본을 외우는 것에 불과하다.

위와 같은 말의 특성들을 이해하고 반응으로서 말할 수 있기 위해서는, 말과 이미지와의 관계, 이미지와 신체의 관계를 이해하고 배우의 몸이 그와 같은 상태에 도달할 수 있어야 한다. 크리스틴 링크레이터(Kristin Linklater, 1936-)는 배우가 말을 할 수 있기 위해서는 "반드시 보고, 듣고, 느끼고, 말하는 몸을 만들어야 한다. 배우에게 있어서는 몸이 배우의 뇌가 되어야 한다"(26)고 하면서, "소리를 자유롭게 하는 것은 그 사람을, 개개인이 가지고 있는 서로 분리될 수 없는 마음과 몸을 자유롭게 하는

사진 18. 블루바이씨클프러덕션 제작. 〈스탑 키스〉(2015). 김준삼 연출. 아름다운극장.
배우 최윤희 주예린.

것"(25)이라고 하였다. 그리고 보다 중요하게, "배우가 활자화되어 있는 언어를 말로써 구술화시키는 과정에서 반드시 해야 하는 노력은 바로 소란스러운 이성적 뇌를 잠시 조용하게 만들고, 쓰여 있는 활자들이 비언어적인 이미지, 느낌, 존재감, 욕망, 그리고 깊이 숨어있는 기억들로 녹아서 변화될 수 있게 만드는 것"(468)이라고 하면서, 이미지의 사용이 "듣기와 말하기를 신체기관 전체의 움직임에 연결시키는 역할을 한다"[8]고 하였다. '이미지의 형성을 통한 온몸으로 듣고 말하기'가 대본에 나타난 글을 살아있는 소리와 말로 전환하는 데 있어 가장 기본적인 전제가 되는 것이

---

8 "중추신경계는 청각적, 후각적, 촉각적, 시각적, 인상적, 상징적인 이미지들의 끊임없는 흐름을 통해서 신체 기관 전체를 관리합니다. 발성에 있어서 이미지를 사용하는 것은 듣기와 말하기를 신체기관 전체의 움직임에 연결시키는 역할을 합니다. 듣기는 귀에만 해당하는 것이 아닙니다. 말하기는 입에 의해 독점되는 것도 아닙니다. 몸 전체를 통한 듣기와 말하기는 발끝부터 머리끝까지에 이르는 한 사람, 그 사람 자체를 포함합니다. 몸 전체가 귀이고, 몸 전체가 하나의 입입니다." 크리스틴 링크레이터, 『자유로운 음성을 위하여』(서울: 동인, 2009), 469.

다.

반응으로서 말하기 위해서는 온몸으로 듣기와 숨쉬기가 선행되어야 하고, 숨쉬기에는 생각하기/기억하기가 선행되어야 하고, 생각/기억하기 위해서는 이미지를 보는 것, 즉 상상이 선행되어야 한다. 다시 말해, 말하기는 곧 이미지 보기, 상상하기와 다름 아닌 것이다.

3. 이미지와 상상력

에드워드 이스티(Edward Dwight Easty)는 배우가 평생 자신의 "지각능력"을 키우기 위해서 노력해야 한다고 하면서 "연기예술의 깊이는 배우의 지각능력에 크게 의존한다"(16)고 하였다. 현실에서의 지각능력은 세상과 인간을 바라보는 시야와 관련이 있는 것으로, 이스티는 배우가 현실의 표면 아래에 놓여있는 진실과 내적 원리들을 지각할 수 있는 능력이 커질수록 그가 연기하는 인물의 깊이도 같이 깊어진다고 보았다. 그런데 현실에서 예술가로서 세상을 바라보는 시각과 지각능력 외에도, 배우에게는 가상의 극 세계 속에서도 생생한 경험을 할 수 있는 지각능력이 요구된다. 극 세계 속에서의 모든 허구적 배경과 인물들 사이에서 인간적 경험을 연기할 수 있는 배우에게는 각별한 지각능력이 필요하다. 그 지각능력을 우리는 특별히 극적 혹은 연기적 상상력이라고 부를 수 있을 것이다.

리 스트라스버그(Lee Strasberg, 1901-82)는 배우의 창조의 원천이 "배우 자신이 하고자 의도하는 바에 달린 것이 아니라, 무엇이든 무의식적인 상상력과 의식적인 상상력 모두를 자극하는 것에 달려있다"고 하였다(*Actors Studio* 121-22). 데클란 도넬란(Declan Donnellan, 1953-)도 배우의 예술적 창조성은 "감각과 상상력"(8)에 기반한 것으로 규정하면서

"상상력, 감각, 신체는 상호의존적"(9)이라고 하였다. 불가분의 관계에 있는 감각과 상상력, 그리고 신체의 상호작용이 어떻게 이루어지는가를 살펴보는 것은 살아있는 생생한 연기를 향한 필수과정이라고 할 수 있다.

반응으로서의 연기를 본격적으로 논하기에 앞서 상상과 상상력에 대해 명확히 정의할 필요가 있겠다. 연기 훈련에서 의외로 상상력이라는 용어는 막연하게 사용되고 있기 때문이다. 물론 모든 위대한 예술가가 가지고 있는 공통적인 덕목은 상상력이다. 하지만 상상력은 신이 주신 천부적인 재능일 뿐, 훈련을 통해서 어떻게 개발될 수 있는가에 대해서 대부분의 연기법들은 묵묵부답이다. 상상력이 예술가의 공통된 덕목이라고 해도, 예술의 창조자이면서 동시에 스스로가 표현의 매체이자 도구인 배우에게 특별히 요구되는 상상력이란 어떤 것이고 어떻게 훈련될 수 있는지에 대해 적극적 모색이 필요하다 하겠다.

상상력(想像力)의 사전적 의미는 "상(想), 즉 이미지를 떠올리는 능력"이다(에센스 국어사전). 영어 단어 imagination도 옥스퍼드 사전의 정의를 살펴보면 정확하게 같은 의미를 가지고 있다.9 이미지는 심상(心象), 마음속에 떠오르는 형상을 의미한다. 스타니슬라프스키는 "배우는 예술가요, 이미지의 창조자"(*Building* 30)라고 하였다. 요쉬이 오이다(Yoshi Oida)는 배우에게 있어 눈의 중요성을 이야기하면서, "눈은 구체적인 대상뿐만 아니라 보이지 않는 것들을 볼 수 있다"(5)고 하였다. 보이지 않는 것을 보는 능력, 그것이 배우의 상상력인 것이다. 데클란 도넬란에 의하면, "상상력만이 우리를 리얼리티와 연결시킬 수 있다. 이미지를 떠올릴 수 있는 능력이 없다면 우리가 외부세계에 접근하는 것은 불가능하다. 감

9　the ability to make images

각기관은 뇌에 무수한 감각들을 보내고 상상력은 이 감각들을 이미지로 분류하고 그 이미지들에 의미를 부여하기 위해 땀을 흘린다. 우리는 우리 머릿속에 세상을 구축한다. 하지만 우리가 인식하는 것은 결코 실제 세계가 아니다. 우리의 머릿속에 구축된 세상은 있는 그대로의 세상이 아니라, 늘 상상력이 재창조해낸 세상인 것이다"(9). 우리가 지각하는 세상은 우리 안에 이미지의 형태로 의미와 결부되어 저장(기억)된다는 것이다. 그 의미는 개인적이고 주관적인 의미이고, 개인에 따라, 그리고 개인이 가진 상상력에 따라 실제 세상과 외부세계는 다른 모습으로 개인 안에 기록되는 것이다. 인물의 상상력도 마찬가지로 인물 안에 주관적인 세계를 구축한다. 배우의 상상력은 이와 같이 인물이 구축한 극히 개인적인 세계를 들여다볼 수 있어야 한다.

사고력은 논리적이고 이성적인 생각의 흐름을 관장하는 능력이라 할 수 있다면, 상상력은 사고력과 기억을 포함해서 이미지들의 비이성적, 비논리적, 비일관적 흐름까지 관장하는 포괄적 능력이라고 할 수 있다. 현상을 있는 그대로 보는 능력, 보이는 것을 보는 능력은 관찰력이라고 할 수 있다.[10] 상상력은 감각기관이 외부세계를 관찰하는 것으로부터 비롯되는 다음과 같은 능력을 가리킨다.

1) 보이지 않는 것을 볼 수 있는 능력
2) 기억의 이미지들을 떠올리는 능력[11]

---

10 관찰력도 상상력과 거의 불가분의 관계에 있다. 무엇인가를 관찰하고 있다면, 이미지가 반드시 떠오르기 때문이다. 아무런 이미지도 떠오르지 않는다면, 그것은 진정한 관찰이라고 하기 어렵다.

11 기억은 이미지들의 덩어리이다. 기억의 이미지들은 삶이 녹아들어 응축되고 정제된 이미지들로, 배우의 몸과 마음에 지대한 영향을 준다. 그런 이유로 기억의 이미지들을 떠올리는 상상은

3) 기억의 이미지들을 결합하거나 변형해서 새로운 이미지를 만들어내는
   능력

4) 현상을 일그러뜨리거나 다른 것으로 바꾸어 볼 수 있는 능력

5) 현상으로부터 다른 것을 환기하는 능력

6) 허상을 꿰뚫고 참모습을 보는 능력

7) 근원·시작점을 보는 능력

8) 인과관계를 보는 능력

9) 미래와 결과를 예측하는 능력
   − 긍정적인 결과와 부정적인 결과를 동시에 보는 능력

10) 이상(理想)을 보는 능력

11) 꿈을 꾸는 능력

12) 아름다움을 보는 능력

13) 감정이입(感情移入, empathy)의 능력

이상을 우리는 배우에게 필요한 예술적 상상력이라 부를 수 있다. 마지막
에 언급한 '감정이입'은 가장 적극적인 상상이다. '감정'이라는 표현이 포
함되어 있기 때문에 오해하기 쉽지만, 감정이입은 대상체(對象體)에 몰
입하고 대상체와 합일된 상태에서 모든 것을 대상체의 관점에서 바라보고
느끼고 생각하는 능력, 즉 공감하는 능력이다. 감정이입은 상대를 진정으
로 이해할 수 있는 거의 유일한 방법으로, 지극히 인간적인 능력이며, 인
물을 온몸과 마음으로 이해해야 하는 연기력의 정수(精髓)라고 할 수 있
다. 즉, 연기란 것이 가능한 것은 감정이입과 공감을 통한 적극적이고 자
타적인 상상의 덕분이라고 할 수 있다.

대본과 인물에 생명과 삶을 불어넣는 중요한 상상이 된다.

사진 19. 블루바이씨클프러덕션 제작. 〈스탑 키스〉(2015). 김준삼 연출. 아름다운극장.
배우 최윤희 주예린.

지나간 일을 생각하는 것은 '기억'하는 것이고, 일어나지 않은 일, 일
어날 일을 생각하는 것은 '상상'하는 것이다. 그러나 '기억하기'와 '상상
하기'는 생각보다 그리 다르지 않다. 가령, 어제 아침에 잠에서 깨어서 5
분간 한 일을 '기억'해보고, 내일 아침에 일어나서 5분간 할 일을 '상상'
해본다면, 기억과 상상이 얼마나 흡사한지 알 수 있을 것이다. '이미지를
떠올린다'는 관점에서 둘은 같다. 그리고 기억이 없다면 상상은 불가능하
다. 기억은 상상의 재료이기 때문이다. 그래서 무대 위 연기에 있어서 생
각하기12, 기억하기, 상상하기는 이미지를 떠올린다는 점에서 본질적으로

---

12   생각은 이미지의 연속이다. 생각을 하는 인물은 자신이 이미지를 보고 있다는 것을 거의 의식
      하지 못한다. 자신이 이미지를 보고 있다는 것을 의식한다고 하더라도, 이미지의 흐름, 즉 생

같은 것이고 같은 작용을 한다고 할 수 있다.

기억은 이미지의 도서관이다. 인간의 경험은 이미지의 형태로 기록되고 압축 저장된다. 중요하지 않거나 의미 없는 경험들은 굳이 저장되지 않는다. 망각되는 것이 기본이다. 저장되는 경험들은 모두 저장될 이유가 있기 때문에 저장되고, 살아오는 동안 이렇게 저장된 이미지들이 그 사람이 누구인지를 결정해준다. 많은 영화나 드라마의 소재가 된 것처럼, 기억이 없으면 사람은 자신이 누군지 모른다.

그런데 이렇게 저장된 이미지 중에는 마치 금서(禁書)처럼 상상력의 접근을 허용하지 않게 분류된 이미지들이 있다. 즉, 우리 안에 존재하지만 마치 존재하지 않는 것처럼 여겨지는 이미지들이 있다는 것이다. 대개는 영혼의 깊은 상처나 트라우마를 남겨준 경험에서 비롯된 이미지들이다. 이 이미지들은 일깨워졌을 때 몰고 올 수 있는 엄청난 고통, 그리고 그 고통을 재경험하는 것에 대한 두려움 때문에 단단히 자물쇠가 채워진 상태로 금서의 방에 갇혀 있는 상태이다. 그리고 무언가가 이 이미지들에게 접근하려고 할 때마다 배우의 심신 상태에 극도의 긴장을 몰고 온다.

상상력이 제 역할을 다 하기 위해서는 억압과 긴장을 넘어 접근 금지된 금서의 이미지들에 다가갈 수 있어야 한다. 인간 영혼의 가장 깊은 부분에 자리한 이미지들을 상상력이 접근할 수 없는 이상, 상상은 항상 피상적이거나 불구가 되기 때문이다. 배우는 모든 인간의 모든 경험을 상상으로 몸소 체험할 수 있어야 한다. 자신의 기억에 가장 깊숙이 숨겨진 이미지들을 상상할 때 자신이 무엇을 체험하게 되는지를 배우의 몸과 마

각과 상상의 속도는 빛의 속도이기 때문에, 어떤 이미지를 보고 있는지를 알 수 없는 경우가 훨씬 더 많다. 때로는 한두 가지 이미지에 사로잡힐 수 있는데, 그런 경우엔 자신이 이미지를 보고 있다는 것을 의식할 수 있기는 하다.

음이 깨닫지 못한다면, 배우는 인물의 가장 깊숙한 인간 경험을 상상하고 체험할 수 없다. 그럴 수 있다고 생각한다면, 그것은 가식이거나 오만이다. 자신의 고통은 경험하기를 거부하는 자가 다른 이의 고통을 감히 알고 상상하고 경험할 수 없기 때문이다. 그것은 예술의 진정성에 위배된다.

배우가 대사를 이해할 수 없다는 것은 그 대사를 가능하게 한 이미지가 떠오르지 않는다는 것을 의미한다. 무엇인가를 '안다'는 것은 그것과 관련된 이미지들이 기억의 도서관에 있다는 것이다. 잘 안다는 것은 그 이미지가 친숙하고 확고하다는 것이다. 아무런 이미지도 떠오르지 않을 때 우리는 '모른다'고 한다. 논리적 사고와 관련된 이미지들은 분석이 가능하고, 배우가 인물의 지적 수준에 현저히 못 미치는 경우를 제외한다면, 그 이미지들에 다가가는 데에 큰 무리가 없다. 하지만 인물의 상상을 차지하는 이미지들의 상당 부분은 사적 영역, 무의식의 영역, 본능과 욕망의 영역, 금기의 영역, 꿈과 환상의 영역으로부터 발생하는 것이며, 따라서 완전한 논리적 분석이 불가능하다. 배우는 자신의 경험세계로부터 가장 사적이고 금기시되는 비논리적 영역의 이미지를 자유롭게 떠올리고 그 상상을 인물의 말과 행동에 거침없이 연결시켜야 한다. 바로 여기에 배우의 진실과 진정성, 그리고 자유가 있는 것이고, 배우의 예술이 있는 것이다.

상상력은 호흡기관을 관장하여 호흡의 리듬과 몸의 리듬을 바꾸어놓는다. 상상, 즉 어떤 이미지를 보느냐에 따라 호흡과 몸의 리듬이 바뀐다. 말의 리듬은 호흡과 몸의 리듬으로부터 나온다. 상상에 대한 반응으로서 말을 한다는 것은 이렇게 달라진 몸으로부터 말하는 것을 의미한다. 아무런 몸의 변화 없이 대사는 말이 될 수 없다. 소위 머릿속으로만 하는 연기, 겉으로 드러나지 않는 연기는 몸에 아무런 영향을 주지 못하는 이미지를 상상하고 있기 때문이다. 즉, 배우에게 필요한 상상은 '심신의 변화를 가져올 수 있는 이미지의 상상'13이어야 한다. 인물이 떠올리는 모든 이미지는 인물의 심신을 휘감고 압도하는 이미지이기 때문이다. 또한 배우의 상상과 상상력이 치기에 그치지 않으려면 그에 걸맞은 사고의 폭과 깊이를 가지고 있어야 한다. 철학적 사고가 결여되면 충동과 감정으로만 내몰리게 된다. 사고에만 빠져선 안 되겠지만, 배우라면 마땅히 즉자적 고민을 넘어서는 사고를 통해 자신을 넓혀 가야 할 것이다.

이상의 논의에서, 상상력이 이미지를 떠올리는 능력을 말한다면, 결국 연기에 있어서 상상의 문제는 어떤 이미지를 떠올릴 것인가, 데클란 도넬란이 말한 대로, "무엇을 볼 것인가"14의 문제가 된다. 인물이 되는 과정은 어떤 이미지를 떠올리고 그로부터 어떤 생각을 하고, 그 생각이 어떻게 말과 행동으로 이어지게 하느냐를 찾아가는 과정이라고 할 수 있다. "리얼한 인물은 끊임없는 활기를 가지고 있으며, 끊임없는 사고의 과정, 끊임없는 감각의 반응과 정서적 반응의 과정을 가지고 있다" (Strasberg, *Dream* 108). 이미지를 통한 의식과 사고의 형성은 인물이 되는, 혹은 기계적인 인물이 아니라 영혼을 가진 인물을 창조하는 데 가장 근본적인 작업이 된다. 집중과 상상, 기억/연상/환기, 그에 따른 사고와 의

13　리 스트라스버그가 '정서적 기억'(affective memory)을 중요시한 것은 일반적으로 알려진 것과 달리 단순히 '감정' 자체를 위해서가 아니라, 정서적 기억으로부터 비롯되는 이미지들이 배우의 심신에 미치는 영향과 정도를 알고 있었기 때문이다. 스트라스버그는 이미지가 주는 심신의 영향으로부터 배우가 진정한 행동, 능동적인 신체행동을 하는 것이 가능하다고 보았다. David Krasner, "I Hate Strasberg", Method Acting Reconsidered (New York: St. Martin's, 2000), 19.

14　"연기란 사물을 어떻게 볼 것인가의 문제가 아니라, 무엇을 볼 것인가의 문제이다. 배우는 무엇을 보는가에 의해 누구인지가 결정된다." Declan Donnellan, *The Actor and the Target* (New York: TCG, 2006), 55.

식의 흐름, 충동과 욕구, 예측, 걱정/불안/두려움, 내적 갈등, 의지의 발휘 등 그 모두가 하나로 연결되어 인간/배우/인물의 영혼을 형성한다. "배우의 상상력은 경험을 마음에 그릴 수 있을 뿐만 아니라 재창조할 수 있고, 이것은 배우로 하여금 자신의 현존과 리얼리티에 대해 확신을 주며 자신이 하는 것에 신념을 갖게 한다"(Strasberg, *Dream* 137).

4. 상상과 반응

생명을 상실한 유형/무형 문화재가 있을 곳은 박물관이다. 사람이 살지 않는 집은 금세 폐가가 된다. 이런 사실은 형태나 형식으로 존재하는 모든 것들이 그 형태/형식을 가능하게 한 영혼/정신/내용을 잃었을 때 얼마나 쓸모없는 것으로 퇴락하고 마는가를 잘 보여준다고 하겠다. 영혼도 열정도 들어있지 않은 공연은 얼마나 공허하고 부질없는가. 배우가 인물에 생명을 불어넣지 않는다면, 무대 위에 존재하는 모든 인물들은 토우(土偶)나 다름없지 않겠는가. 대본에 적힌 대사나 악보에 적힌 음정과 리듬이 있는 가사도 마찬가지이다. 태초에 그 말/가사를 가능하게 한 원인을 찾지 않고는 그 말/가사를 제대로 할 수가 없다. 그 원인, 태초의 그 이미지를 찾아가서 그 이미지를 상상할 수 있는 것, 그것이 배우의 상상력이자 심미안이다. 그 이미지는 단지 머릿속, 마음속 이미지에 그치는 것이 아니라, 배우의 온몸과 마음을 사로잡는 에너지를 발생시키는 이미지이어야 한다. 셰익스피어처럼 언어가 중요한 대본은 그만큼 이미지가 중요해진다. 이미지와 상관없이 말 자체만을 아무리 연습한다고 하여도 셰익스피어의 대사들을 제대로 말하기는 힘들다.

반응으로서의 연기는 이미지와 상상 그리고 숨쉬기가 선행되지 않고는 불가능하다. 보고 듣고 냄새 맡고 맛보고 피부로 느끼는 것(감각의 이

사진 20. 블루바이씨클프러덕션 제작. 〈스탑 키스〉(2015). 김준삼 연출. 아름다운극장.
배우 최윤희 주예린.

미지)이 배우의 기억, 본능, 무의식을 자극하고, 그로부터 떠오른 생각(마음의 이미지) 때문에 말하고 행동하게 되는 것이다. 감각의 이미지가 기억을 자극해서 생겨나거나 떠오른 일련의 이미지들(연상)이 생각을 형성한다는 점에서 생각 자체가 '상상'(이미지 떠올리기)이고 감각의 인식에 대한 '반응'인 것이다. 무조건적인 반사가 아닌 이상, 모든 말과 행동은 이렇게 떠오른 생각 속 이미지에 대해 몸과 마음이 무의식적으로 반응하면서 나타난 결과이다. 인물의 모든 반응이 미하일 체홉(Michael Chekhov, 1891-1955)이 말한 '심리제스처'(psychological gestures)와 다름없어야 한다.

　　물론 인간/인물이 의식적인 반응을 보일 때도 있다. 그러나 의식적인 반응은 항상 어떠한 의도나 동기, 또는 목적에 의해 조절된 반응이다. 문제는 의식적인 반응을 보일 때조차도 본인은 의식하지 못하는 반응이 몸에서 새어나간다는 점이다. 왜냐하면 인간의 몸과 마음에는 '자율신경계'

처럼 인간의 의식이나 의지대로 조절하거나 통제할 수 없는 메커니즘이 존재하기 때문이다. 예를 들어 일정 시간 숨을 참을 수는 있지만, 그 시간을 넘어서면 몸의 모든 기관들은 의식적 명령들을 거부한다. 또 다른 예로, 거짓말탐지기를 생각해보면 무의식적 반응을 자신이 통제할 수 없다는 사실을 쉽게 이해할 수 있을 것이다. 아무리 자신이 조절하고 통제한다고 해도 거짓말탐지기는 몸과 마음의 미세한 변화를 포착해낸다. 또한 눈은 감각인식의 기관이면서 동시에 '상상의 스크린', 혹은 '이미지 프로젝터' 같아서, 한 개인의 안에서 일어나는 모든 반응들, 마음의 이미지들을 밖을 향해 내비추는 거울과도 같은 것이다. 이는 생각하고 상상하고 기억할 때 사람의 눈이 어떻게 움직이고 어떻게 달라지는지 잘 관찰해보면 알 수 있을 것이다. 흔히들 말하듯이 "눈은 거짓말을 하지 않는다"는 것은 바로 이런 사실 때문이다. 연기를 하고 난 후 배우들이 자신들의 연기가 어떠했는지 객관적으로 판단할 수 없는 것은 이와 같은 무의식적 반응 때문이다. 또한, 연기에 대한 의식적 접근, 외적 접근방법들이 가지는 한계가 여기에 있다. 인간의 몸에 인간의 의식으로 조절할 수 없는 부분이 있다면, 의식적이고 외적인 접근법은 오직 절반만 유효하기 때문이다.

"무대 위 배우의 상상의 삶 속에서 모든 것은 리얼해야 한다"(Actor 157)는 스타니슬라프스키의 말처럼, 무한한 상상력의 소유자로서의 배우는 무대라는 가상의 시공간에서 무엇이든 보고 듣고 냄새 맡고 맛보고 만지고 느끼고 그로부터 반응할 수 있는 능력을 가진 자를 말한다. 최초의 반응은 외부 세계에서 오감이 인식하는 것에 대한 반응으로 시작된다. "우리가 (감각으로) 인식할 수 있을 때까지 이 세상에는 그 무엇도 존재하지 않는다"(Donnellan 9). 그 이후에 이루어지는 인물의 모든 경험들은 반응의 연쇄 작용에 의한 것이다. 인간의 반응은 다양한 방식으로 나타난다. 다양하면 할수록 복잡한 인간 경험이 된다. 반응은 일회적이고 단편적이라기보다는 동시다발적이거나 '연쇄적 반응의 순환구조' 속에서 이루어진다.

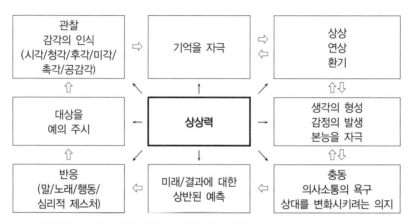

표 5. 연쇄반응의 순환구조 (시계방향으로 회전하면서 시간이 흐른다)

● ● ● **상상과 반응의 구조**

오감의 경험은 기억을 자극하고, 기억의 자극은 이미지를 떠올리는 일, 즉 연상이나 상상으로 이어지며, 상상을 통해 형성되는 이미지들의 흐름이 생각을 형성하고 본능을 자극하고 감정을 발생시킨다. 그것은 충동과 의사소통의 욕구로 이어지고, 상대를 변화시키려는 의지가 미래나 결과에 대한 상반된 예측(원하는 결과와 원치 않는 결과에 대한 상반된 이미지)과 만나 최종적인 반응(말/노래/행동/심리적 제스처)을 결정하며, 상대/대상을 예의주시하게 한다(더욱 예민한 감각으로 대상을 관찰한다). 그리고 이 모든 과정을 상상력이 관장하고 이 과정에서 의식의 흐름이 형성된다. 기억과 미래에 대한 상반된 예측 사이를 부지런히 오가며 상상력은

빛의 속도로 이미지들을 마음의 창에 비춰 보인다.15

외부적 자극에 반응하고, 반응에 반응할 때, 인물은 먼저 두 가지 결과를 이미지로서 상상한다.

1) 자신이 원하는 결과
2) 자신이 원치 않는 결과16

햄릿이 혼령의 정체를 확인하고자 할 때에도, 아버지의 원수를 갚기 위해 복수를 결심할 때에도 햄릿은 두 가지 결과를 이미 상상하고 있다. 원치 않은 결과는 상상하지 않으려고 하지만, 오히려 그럴수록 마음을 더 쓰게 되고 상상은 종잡을 수 없는 방향으로 걷잡을 수 없이 커져간다.

두 가지 상상은 인물로 하여금 원하는 결과를 얻고 원치 않는 결과를 방지하려고 골몰하게 한다. 확률은 반반이다. 데클란 도넬란의 말대로 "얻을 것과 잃을 것의 크기가 같다"(51). 5 대 5의 확률은 항상 인물에게

---

15 창조적 인간이 가진 생각의 도구 중 하나로 "형상화"(imaging)를 거론한 로버트 루트번스타인에 따르면, "형상화(imaging)라는 것은 현상을 그대로 재현하는 것에서부터 특이한 추상능력, 감각적인 연상에 이르기까지 망라된다. 형상화는 시각과 청각은 물론, 후각과 미각, 몸의 감각까지 동원해서 이루어지기 때문에 우리는 내면의 눈, 내면의 귀, 내면의 코, 내면의 촉감과 몸감각을 사용할 구실과 기회를 만들어야 한다. 또한 형상화할 때 마음에 떠오른 이미지들은 다른 전달수단으로 변환할 수 있어야 하는데, 그 전달수단은 말, 음악, 동작, 모형, 회화, 도형, 영화, 조각, 수학, 논문 등 매우 다양하다"고 한다. 로버트 루트번스타인, 『생각의 탄생』(서울: 에코의 서재, 2007), 84.

16 데클란 도넬란은 극적 상황 속에서 인물이 얻을 것과 잃을 것의 크기가 같다고 하면서, 인물의 행동도 두 가지 전략에 따라 상반된 방향으로 동시에 나아간다고 보았다. 즉, 자신이 일어나기를 원하는 일이 실제 일어나도록 하는 방향과 자신이 일어나기를 원치 않는 일이 일어나는 것을 예방하는 방향이 그것이다. Declan Donnellan, *The Actor and the Target* (New York: TCG, 2006), 71.

가장 힘겹고 괴로운 내적 갈등을 유발한다. 왜냐하면 어느 쪽으로 기울게 될지 전혀 가늠할 수 없는 가장 '불확실한' 확률이기 때문이다. 그리고 이러한 불확실성은 인물로 하여금 매 순간순간을 최선을 다해 대처하게 하고 또한 감당하게 한다. 한순간이라도 방심하는 순간, 결과는 원치 않는 쪽으로 급격하게 기울 것이기 때문이다. 그러면서 인물은 자신이 할 것이라고 상상도 하지 못한 말과 행동들을 하게 된다.

다음은 안톤 체홉의 <갈매기> 3막에 나오는 아르까지나의 대사이다.

아르까지나

내 앞에서 다른 여자 얘기를 거리낌 없이 할 만큼 내가 그렇게 늙고 보기 흉한 거야? (그를 껴안고 키스한다) 아, 당신은 제정신이 아냐! 나의 멋지고 경이로운 사람. . . 당신은 내 인생의 마지막 페이지야! (무릎 꿇고) 나의 기쁨, 나의 자랑, 나의 행복. . . (그의 무릎을 안으며) 만일 당신이 날단 한 시간이라도 버린다면, 난 견디지 못하고 미치고 말 거야. 나의 멋지고 훌륭한 지배자. . . (중략) 오라고 해, 난 당신을 향한 내 사랑이 부끄럽지 않으니까. (그의 두 손에 키스한다) 내 소중한 사람, 분별력 없는 사람, 당신은 미친 짓을 하고 싶겠지만, 난 싫어. 놔주지 않을 거야. . . 당신은 내 거야. . . 내 거야. . . 이 이마도 내 거, 이 두 눈도 내 거, 이 비단결 같은 아름다운 머리카락도 내 거야. . . 당신은 전부 내 거야. 당신은 너무나 재능 있고 명석한, 이 시대 작가 중 가장 뛰어난 사람이고, 러시아의 유일한 희망이야. . . 당신 작품에는 진실하고 소박한, 신선하고 건강한 유머가 있어. . . 당신은 단 한 줄로 인물이나 풍경의 특징적인 중요한 것을 전달할 수 있고, 당신 작품의 등장인물들은 마치 살아있는 것 같아. 아, 희열 없이 당신 작품을 읽을 수가 없어! 아첨하는 거라고 생각하는 거야? 내가 거짓말하는 거라구? 자, 내 눈을 봐. . . 봐. . . 내가 거짓말쟁이 같애? 자, 봐, 오직 나만이 당신의 진가를 알고, 나만이 당신에게 진실을 말하고 있어. 내 사랑. . . 같이 가는 거지? 그렇지? 날 버리지 않는 거지? .
. .

여기서 아르까지나는 니나를 향해 치닫고 있는 트리고린의 마음을 자신을
향해 돌리려고 하고 있다. '니나를 상상하는 트리고린'을 '아르까지나를
상상하는 트리고린'으로 전환시키려고 하는 것이다. 확률은 반반이다. 그
녀의 말과 행동은 트리고린을 다시 자신에게로 돌아오게 할 수도 있지만,
영영 자신으로부터 떠나가게 할 수도 있다. 반반의 확률 때문에, 그녀는
매 순간 트리고린의 반응을 예의주시하면서 그의 반응에 '반응'하고 있
다.17 흥미로운 점은 아르까지나가 이 장면 전후 어디에서도 보이지 않는
말과 행동을 한다는 것이다. 자신이 사랑하는 남자를 향해 정열적으로 온
몸과 마음을 던져 사랑을 한다.

　　이렇게 인물은 고정된 것이 아니라, 위기나 장애에 직면하여 그 상황
을 극복하려고 하면서 변화한다. 자신이 할 것이라고는 상상도 못 했던
말과 행동을 하게 되는 것이다. 단편적 인물이 아닌 이상, 모든 인물들은
극적 상황들을 거치면서 새로운 자신을 발견한다. 오셀로를 파멸로 몰고
가기 위해 이아고가 조장하는 모든 상황도 이아고의 최선의 노력의 결과
이다. 이아고는 원래 그런 간사한 인물이니 아무런 노력이나 긴장 없이
그 상황들을 만들어낼 수 있다고 생각하는 것은 이아고를 단편적인 인물
로 보는 단편적 연기관일 뿐이다.

　　두 가지 결과에 대한 상상, 그리고 불확실성은 인물로 하여금 새롭고
변화된 시선, 지극히 불안정하고 가변적인 시선으로 외부세계를 다시 보

17　말과 말 사이에 놓인 사이(. . .)는 사랑의 행동을 하는 순간인 동시에 트리고린의 반응을 예의
　　주시하는 순간들이다. 단순히 말을 머뭇거리는 것이 아니다.

게 한다. 그로 인해 인물의 변화된 관점에 따라 원하는 결과를 얻는 것에 기여할 수 있는 것들과 원치 않는 결과를 야기할지도 모르는 것들로 세상은 빠르게 양분된다. 상대인물에 대한 편 가르기뿐만 아니라 똑같은 상대 안에서도 도움이 되는 성질과 방해가 되는 성질을 구분하게 된다. 심지어 더 이상 세상은 자신이 이미 알고 있던 세상이 아닐 수도 있다.

인물의 상상력이 도표 5에서 밝힌 '연쇄반응의 순환구조'의 모든 과정을 관장한다고 할 때, 결국 연기란 배우의 상상력과 인물의 상상력을 중첩시키는 일이다. 그 중첩이 가능한 것은 앞서 밝혔듯이, 배우에게는 '감정이입'(empathy)이라는 인간적 능력이 있기 때문이다. 감정이입은 대상과 합일(合一)의 상태에서 대상의 관점에서 모든 것을 지각하고 인식하는 능력, 그로 인해 대상이 하는 경험을 할 수 있는 능력을 말한다. 감정이입은 연기란 것 자체를 가능하게 하는 능력이라고 할 수 있겠다. 더 나아가 관객이 무대 위의 인물과 하나가 될 수 있는 것도 바로 인간이 가진 감정이입의 능력 덕분이다.

●●● **상상과 기억**

인물이 되는 것의 시작은 인물의 관점에서 모든 것을 보고 듣는 것이다. 그런데 문제는 기억이다. 기억이 없다면, 외적 자극에 대한 반응, 즉 오감의 인식은 인물에게 아무런 반향이나 감흥도 가져오지 않을 것이기 때문이다. 언어가 가장 중요하다고 여겨지는 셰익스피어의 대사들이 배우들에게 어렵게 느껴지는 것은 셰익스피어의 낯설고 생소한 대사들이 자신의 기억을 자극하지 못함으로써 아무런 연관된 이미지도 떠올릴 수 없기 때문이다. 오랜 옛날, 그것도 다른 나라의 언어와 문화를 배우의 몸과 마음이 이해 못 하는 것은 어찌 보면 당연한 일이다. 그렇지만 셰익스피어를 제대로 연기해야 하는 것이 여전히 배우의 몫인 상황에서 어떻게 인물에게 기억을 불어넣고 구체적인 이미지들로부터 셰익스피어의 언어를 말할 수 있는가? 셰익스피어의 <맥베스> 5막 1장에 나오는 다음 대사를 들여다보자.

맥베스부인

없어져라, 이 흉측한 흔적! 없어지래두! 하나. 둘. 아, 지금이 해치울 시간이다. 왜 이렇게 지옥은 깜깜할까! 폐하, 이게 무슨 작태이오니까! 장군답지 않게 무서워하시다니! 누가 알까 봐 염려할 게 뭐 있어요? 우리의 권력을 시비할 자는 이 천하에 없습니다. 하지만 그 늙은이 몸 안에 그렇게 많은 피가 들어있을 줄은 몰랐어요. . . 파이프 영주에게는 부인이 있었는데, 지금은 어디 있을까? 어쩌지, 이 손은 영영 깨끗해질 수 없단 말인가? 그만 해요. 제발 그만 하시래두요! 그렇게 겁먹고 부들부들 떠시면 모든 일이 헛일이 되고 말아요. . . 아직도 피비린내가 난다. 아라비아의 온갖 향료로도 이 작은 손의 악취를 없앨 수 없단 말인가. 아! 아! 아! 손을 씻고 잠옷으로 갈아입으세요. 그렇게 백지장 같은 얼굴을 하지 마시구요. 재삼 말씀드리지만 뱅코우는 이미 땅속에 파묻힌 사람이에요. 무덤에서 살아나올 린 없잖아요. . . 어서 침상으로 가세요. 침상으로 누가 문을 두드립니다. 자, 자, 자, 손을 이리 주세요. 해치운 일은 이미 끝낸 일입니다. 침상으로 가세요. 침상으로. 침상으로요.18

잠을 자는 와중에도 죄의식에 시달리는 맥베스부인의 의식을 몽유병의 형태로 보여주고 있는 유명한 독백이다. 맥베스부인의 위 대사는 인물의 마

18　논의의 편의를 위해 중간중간에 있는 전의와 시녀의 대사는 생략하였다.

음에 떠오르는 이미지가 얼마나 변화무쌍한지를 여실히 보여주고 있다. 대사에 나타난 이미지들의 진전과 전환은 맥베스부인을 연기하는 배우에게 큰 도전이 되고 있다. 대사에 나타난 이미지의 흐름을 살펴보자.

이미지	이미지의 종류
자신의 손	시각적 관찰의 이미지
핏자국	시각적 기억의 이미지
시계 종소리	청각적 기억의 이미지
지옥의 어두움	시각적 상상의 이미지 + 시각적 기억의 이미지의 중첩
결행 직전 순간에 떨고 있는 맥베스의 모습	시각적 기억의 이미지
살해된 덩컨의 모습	시각적 기억의 이미지
파이프영주(맥더프)와 영주의 부인(맥더프부인)	시각적 기억의 이미지 + 시각적 상상(암살)의 이미지
핏자국	시각적 기억의 이미지
맥베스의 떨고 있는 모습	시각적 기억의 이미지
피 냄새	후각적 · 촉각적 기억의 이미지
아라비아의 온갖 향료들	시각적 · 후각적 상상의 이미지
피가 묻은 맥베스의 손과 옷	시각적 기억의 이미지
피를 씻어낸 맥베스의 모습과 잠옷 (새 옷)으로 갈아입은 맥베스의 모습	시각적 기억과 상상의 이미지
백지장 같은 맥베스의 얼굴	시각적 기억의 이미지
뱅코우	시각적 기억의 이미지
침상	시각적 기억의 이미지
문 두드리는 소리	청각적 기억의 이미지
머뭇거리는 맥베스의 모습	시각적 기억의 이미지
살해현장과 살해된 자	시각적 기억의 이미지
침상으로 향하는 자신과 남편의 모습	시각적 기억의 이미지

표 6. 맥베스부인 독백의 이미지 분석

경험의 시작은 핏자국이나 종소리처럼 간단한(간단해 보이는) 감각적 이미지로 시작되고, 그것이 인물의 내면 깊숙이 억눌려있던 그녀의 죄의식을 자극하면서, 그와 관련된 이미지들이 물밀 듯이 밀려오면서 맥베스부인은 살해 당시의 상황을 현실인 것처럼 '재경험'하게 된다. 외부인이 보기에 맥베스부인은 미친 상태이지만, 맥베스부인의 입장에서는 '재경험'을 하고 있는 것이다.

대사에 나타난 이미지만 열거해 보아도, 맥베스부인이라는 인물의 의식이 얼마나 복잡한지를 알 수 있다. 이미지의 전환은 쉴 새 없으며 변화무쌍하다. 이미지의 전환이 시간의 순차적 흐름에 따라 이루어지지 않고, 시간이 뒤섞여 있기 때문에 복잡하고 난해해 보이는 것이다. 시간은 항상 연기하기 가장 어려운 부분이다. 순식간에 각기 다른 시간대의 경험을 경험할 수 있는 능력은 가장 고난도의 연기력이다. 맥베스부인이 상상 속에서 아무런 제약 없이 각기 다른 시간대를 넘나들기 때문에 외부인이 보기에는 미친 것으로 보이는 것이다.

물론 셰익스피어는 서브텍스트 이전의 작가이지만, 여전히 대사에 나타나지 않은, 대사와 대사 사이 그리고 대사 밑에 놓인 이미지들이 있다. 배우는 대사에 생략된 이미지들을 찾아내고 모든 이미지들의 흐름을 연결하면서 의식의 흐름을 형성하게 된다. 위에 나타난 맥베스부인의 이미지는 관찰과 기억 그리고 상상으로부터 비롯되는 시각적, 청각적, 후각적 이미지들을 모두 담고 있다. 연기의 관점에서 봤을 때, 이 이미지들과 관련해 다음 두 가지 점에 유의하여야 한다.

1) 맥베스부인이 상상하는 이미지들의 대부분은 인물의 **기억**에서 비롯되는 **감각**의 이미지들이다.
2) 기억의 이미지들은 개별적인 이미지들이기도 하지만, **인물의 영혼과 심신에 중대한 영향을 끼친 경험**이라는 **공통분모**를 가지고 있는 이

미지들이다.19

　기억이란 한 사람이 일생동안 살아오면서 해온 경험을 바탕으로 생
겨나고 비축된 이미지들이다. 인물이 삶을 살아온 시간만큼 인물로서 살
아보지 않고 인물의 기억을 완전하게 가지는 것은 불가능하다. 기억이 상
상의 재료이자 상상 자체를 가능하게 하는 것이라면, 인물의 기억 없이
인물로서 상상하는 것도 불가능하다. 그렇다면 지면상으로만 존재하는 인
물의 기억을 어떻게 가질 수 있단 말인가? 바로 여기에 배우의 존재 이유
가 있다. 바로 여기에 연기하는 배우가 달라지면 창조되는 인물도 달라지

19　리 스트라스버그의 '정서적 기억'은 '정서적'이라는 표현으로 인해 필요 이상의 오해를 사고 있
지만, 사실 배우의 '심신에 지대한 영향을 미치는 기억'을 말하는 것이다. 정서적 기억은 지대
한 영향을 미치는 만큼 배우의 영혼에 큰 영향을 준 의미 있는 기억이 되고, 따라서 그 기억이
담고 있는 인간 경험은—비록 그것이 아무리 고통스러울지라도—가장 표현할 만한 가치가 있는
경험이 된다. 그리고 정서적 기억은 일련의 감각적 이미지들이 촉매 역할을 함으로써 환기되
고, 그 과정에 거대한 에너지를 발생시키며, 그 이미지들에 대한 연쇄반응으로 배우는 정서적
기억 속 경험을 온몸과 마음으로 재경험할 수 있게 된다. 이렇게 배우의 심신에 지대한 영향을
주는 기억은 결코 과거일 수가 없으며, 배우의 영혼에 살아있는 현재나 다름없다.
　리 스트라스버그가 그와 같은 기억이 배우의 훈련에 가장 근본적이라고 간주한 이유는 다
름 아니라 인물이 상상하는 모든 이미지들이 인물의 심신에 지대한 영향을 주기 때문이며, 배
우의 심신에 지대한 영향을 끼치는 이미지들을 상상하는 훈련으로 정서적 기억을 활용하는 것
이 가장 효과적이라는 것을 발견하였기 때문이다. 인물이 상상하는 이미지가 인물의 심신에
어떤 영향을 끼치는지 정서적 기억을 통해 몸소 경험해보지 않는다면, 그래서 배우의 몸과 마
음이 그것을 절로 터득하지 않는다면, 배우의 상상은 그리고 상상 속 이미지들은 배우의 심신
상태를 인물의 심신 상태로 전환시킬 수 없다.
　정서적 기억이 배우훈련에 근본적인 또 한 가지 이유는 정서적 기억을 가둬놓은 상태로는
배우의 상상력이 자유롭게 작용하기 어렵기 때문이다. 살아있는 현재로서의 정서적 기억은 표
현되지 않기 위해 배우의 심신에 빗장을 걸어놓고 배우의 상상의 접근을 필사적으로 거부하기
때문에, 배우의 상상과 표현을 항상 불구로 만들고 만다. 배우의 심신이 막히거나 닫혀있거나
굳어있다면, 배우의 상상과 표현은 불완전하기 마련이다.

는 원리와 이유가 있다. 지면으로 존재하는 인물에게 생명을 불어넣는 것은 바로 배우 자신의 기억이다. 배우 자신의 기억에 저장된 이미지들을 바탕으로 혹은 재료로 해서 배우의 상상력이 배우로 하여금 인물로서 보고 듣고 느끼게 하고 배우로 하여금 위의 전 과정을 몸소 경험할 수 있게 해주는 것이다. 그리고 배우가 몸소 체험하는 그 경험이 배우로 하여금 인물로 존재하고 인물로 살아갈 수 있는 지점에 다다를 수 있게 하는 것이다.

상상력을 위한 기억의 중요성은 비단 연기만의 문제가 아니라 연극의 문제요, 예술의 문제이며, 문화의 문제이다. 안치운의 다음 글은 어떻게 연극이라는 예술이 기억에 기반하고 있는지, 그에 따른 연기의 문제도 얼마나 기억에 기반한 것인지를 설명하고 있다.

연극의 매력은 오랫동안 과거의 사건을 항상 현재 시제로 재현할 수 있는데 있었다. 그것은 연극이 과거의 단순한 저장이 아니라 항상 새롭게 기억하고 기억을 재생산하는 장르의 예술이기 때문일 터이다. 연극은 기억의 변증법적 형식이라고 할 수 있다. . . 연극에서 기억의 저장장치는 극장이고, 희곡에서 기억의 저장장치는 글을 비롯해서 인물들 자체라고 할 수 있다. 이런 극적 장치들은 모두 기억의 공간을 생성한다. **희곡에 등장하는 문자로서의 인물을 살아있는 인물로 만드는 기제는 무엇보다도 기억이다.** (중략 및 강조) 인물들은 "감각기관에 의해 흡수된 경험이 도장을 찍는 것처럼 기억 속에 이미지(eikon) 즉 상을 남긴다." 이처럼 감각기관을 통해 들어온 상(像), 즉 메타포와 같은 기억은 등장인물들을 행동하게 하는 기제가 된다. (중략) 현대 연극과 희곡은 두드러지게 인물들이 지닌 기억으로 독자와 관객들에게 정보를 주고, 인물들을 변형시키기도 한다. 연극 안 인물들은 기억에 의존하고 있으며, 기억은 인물들에게 목표 그 자체가 되기도 하며, 궁극적인 끝이 되기도 한다. 기억은 인물들에게 호소하고, 인물들을 움직이고, 인물들을 추동시켜 다른 행동을 하게 한다. (187-88)

연극 자체가 인간의, 인류문화의 기억이고, 죽은 기억이 아니라 항상 되살아나는 현재일 때, 그리고 인물이 항상 기억에 의해 호소하고 움직이고 행동할 때, 대본상의 문자로 존재하는 인물을 살아있는 인물로 만드는 배우에게 자신이 가진 기억만큼 소중한 상상력의 자산도 없다고 하겠다.

●●● 몸에서 시작되는 상상, 몸에 영향을 주는 상상

연기란 '실감'의 문제이다. 배우가 인물이 매 순간 하는 모든 경험을 실감할 수 있기 위해서는 가상의 시공간 속에서 감각과 상상력이 현실 생활만큼, 혹은 그 이상으로 생생하고 기민하게 작동하여야 한다. 인물의 마음에 떠오르는 이미지를 배우의 마음에 떠오르게 했을 때, 만약 이미지가 인물의 몸과 마음에 미치는 영향의 정도와 배우의 몸과 마음에 미치는 영향의 정도가 다르다면, 인물이 떠올리는 이미지를 배우가 떠올렸다고 하여도 배우가 그 인물이 되었다고 하기 어렵다.

다시 맥베스부인의 독백으로 돌아가서, 배우가 맥베스부인의 "핏자국"이나 "종소리"를 떠올리고 상상한다고 하더라도, 그 상상이 배우의 심신에 미치는 영향의 정도가 인물의 심신에 미치는 영향의 정도와 차이가 난다면, 그 이미지를 떠올리는 것 자체로 인물의 상태가 될 수 없다. 맥베스부인의 이미지는 순식간에 인물의 심신 전체에 영향을 주면서 그녀를 덩컨 왕 살해 당시의 숨 가쁜 상황으로 데려다 놓는다. 만약 배우가 "핏자국"과 "종소리"를 상상하였다고 하더라도, 그 상상이 자신의 심신에 지대한 영향을 끼치지 않는다면 아무런 소용이 없는 상상이다. 많은 배우들의 상투적인 연기는 이런 상상의 습관에서 비롯되는 것이다. 더구나 있는 그대로, 혹은 곧이곧대로의 방식은 상상력이 풍부한 예술적 방식이라고 하기 어렵다. '곧이곧대로'의 방식이란 인물이 "핏자국"이나 "종소리"를 떠올리니, 배우도 있는 그대로 "핏자국"과 "종소리"를 떠올리는 식을 말한다. 앞서 밝혔듯이, 맥베스부인의 이미지들은 덩컨 왕 살해와 관련한 그녀의 경험20을 공통분모로 하여 떠오르는 이미지들이다. 배우가 개별적 이미지들을 떠올린다면, 배우의 이미지들은 '공통분모'를 가지지 못하기 때문에, 상상이 배우를 인물의 상태로 이끌지 못하는 것이다.

중요한 것은 말로 쓰여 있는 그대로를 상상하는 것이 아니다. 그 이미지가 정말로 인물에게 어떤 영향을 주는가, 어떤 반응을 가져오는가를 알아내기 위해, 그래서 인물의 상태와 자신의 상태가 같아질 수 있는 지점에 다다르기 위해 배우는 상상력으로 하여금 자신의 기억을 전부 뒤져서 찾아내도록 하여야 한다. 상상하는 것만으로 자신의 심신 상태가 인물의 심신 상태가 될 수 있는 이미지들을 찾아야 한다.

이미지를 찾는 여정은 항상 자신의 몸에 새겨진 감각의 기억을 더듬는 것으로 시작되어야 한다. 감각의 기억이라는 것은 "예전에 오감을 통해서 경험했던 감각의 경험을 다시 체험하는 것"으로, "스트라스버그는 단순히 기억하는 것이 아니라 '다시 체험'한다는 점을 강조했고, 그 차이를 무언가를 아는 것과 진실하게 재창조하는 것의 차이라고 설명했다"

---

20 맥베스부인이 몽유병을 앓는 것은 흔히 생각하듯이 단지 살인을 저질렀기 때문만은 아니다. 그보다는 남편 맥베스에 대한 실망감, 즉 남편의 우유부단함과 연약함으로 인해 여인인 자신이 가장 끔찍한 일을 몸소 저지를 수밖에 없었던 것에서 기인한다고 보아야 한다. 독백의 대사를 구성하는 이미지들의 대부분이 남편에 대한 이미지라는 사실이 이를 뒷받침한다. 따라서 맥베스부인을 연기하는 배우는 사랑하는 이로부터 받은 배신과 실망에서 비롯되는 이미지들을 찾아야 하고 그 이미지들을 맥베스부인의 말에 결부시켜야 한다.

(Hull 38). 리 스트라스버그가 연기훈련의 중점에 둔 감각의 기억은 감각의 경험과 생각 사이에 놓여있는 간극을 이어주고 상상력을 자극하며, 그로 인해 감각의 인식능력이 더욱 커지는 효과를 낳는다. 그로부터 진실한 행동이 가능해지고, 이것은 반대로 더 많은 감각의 경험을 가져오고, 새로운 욕구와 이미지들과 움직임들을 불러일으킨다(Krasner 18-19). 상상력, 감각기관, 신체(심장, 오장육부, 단전) 사이의 긴밀한 연결과 상호작용, 그리고 연쇄반응은 살아있는 존재의 생존 메커니즘이다. 무대 위에서 살아있는 인물을 연기하는 배우의 심신도 이와 같은 메커니즘 속에서 항상 움직여야 한다. 그리고 그곳에 도달할 수 있는 해법이 바로 배우의 감각 기억에 있는 것이다. 이렇게 감각의 기억으로부터 이미지를 찾아가는 배우는 '몸을 통한 상상'에 근거해 인물에게 다가감으로써, 논리와 분석만으로는 가능하지 않은 인물의 상태에 도달하게 되는 것이다.

물론 대본에 나타난 것을 있는 그대로 받아들여야 할 때도 있지만, 현대의 많은 작품들의 텍스트와 같이, 부조리적, 비논리적, 비이성적 경험을 담고 있는 텍스트의 경우엔 그 텍스트의 발화(發話)를 가능하게 하는 이미지의 구성 과정이 매우 복잡하다. 논리적인 접근법만으로는 인물의 이미저리에 다가갈 수 없다. 배우의 상상이 향해야 하는 지점은 인물이 떠올리는 이미지가 인물에게 어떤 영향을 주고 있는가이어야 한다. 즉, 배우가 인물이 되기 위해서는 이미지 자체가 아니라 이미지가 인물/배우에게 미치는 영향의 정도가 같아야 한다. 맥베스부인의 몽유병을 연기하기 위해서는 맥베스부인의 트라우마에 맞먹는 경험으로부터 비롯되는, 그래서 공통분모를 가진 이미지들을 배우가 상상할 수 있어야 한다. 그래야 그 이미지들이 배우의 심신 상태를 인물의 심신 상태로 전환시키면서 인물이 하는 경험을 배우가 몸소 할 수 있게 해주는 것이다. 셰익스피어의 희곡에 나오는 주요 인물들은 자신의 영혼을 뒤흔들어 놓는 경험을 한다. 그들이 보고 듣고 느끼는 것들 어느 하나 사사로운 것이 없다.

맥베스부인의 이미지들이 한 가지 기억으로부터 비롯되는 이미지들이었다면, <햄릿Q1> 13장에 나오는 오필리어의 다음 대사는 여러 기억들 혹은 트라우마들로부터 비롯되는 이미지로 구성되어 있다.

오필리어

안녕하세요, 난 꽃들을 모으고 있답니다. 여기, 여기 이것은 운향꽃, 당신을 위한 거예요. '일요일의 은총'이라고도 불리는 약초랍니다. 저도 좀 갖고요. 당신은 이 운향꽃을 좀 다르게 꽂으셔야 되겠는데요. 들국화도 있어요. 여기, 내 사랑, 정조의 상징인 만수향－제발, 내 사랑, 나만을 기억해 줘요. 그리고 상사꽃, 내 생각만 하세요. 회향꽃은 당신 것이에요. 당신한테는 제비꽃을 드리고 싶었는데. 하지만 우리 아빠 죽자 모두 시들고 말았어요. 아, 올빼미는 빵집 아저씨 딸이었대요. 우리는 우리가 누군지 알지요. 하지만, 우리가 무엇이 될런지는 아무도 모른답니다.

오필리어 대사에는 많은 낯선 꽃들의 이름이 등장한다. 배우는 오필리어가 말하는 꽃들에 대해 조사하여 그 생김새와 꽃말 등을 알아내야 하지만, 그것만으로는 충분하지 않다. 각각의 꽃은 오필리어의 상실과 관련이 있어 보인다. 오필리어가 건네는 각각의 꽃들은 실제로는 그 꽃이 아닐 수도 있고, 심지어 꽃이 아닐 수도 있다. 미친 오필리어에게는 무엇이든 꽃으로 보일 수 있기 때문이다. 미친 상태라는 것은 다름 아니라, 자신의 눈에 보이는 이미지와 마음에 떠오르는 이미지, 그리고 말/행동의 상관관계에 이상(異狀)이 생긴 상태이며, 인물이 보고 있는 이미지들이 인물 외부의 다른 인물들이 지각하는 이미지와 상이한 상태를 가리키기 때문이다. 꽃이 아닌 것을 보고 꽃이라 한다면 그녀의 광기가 더 크게 다가오고 더 가슴 아프게 다가올 수 있을 것이다.

어쨌거나 여기서도 중요한 것은 오필리어가 "만수향"이라는 말을 하기에 앞서 떠올린 이미지를 배우가 떠올릴 수 있어야 한다. 그런데 배우 자신이 "만수향"의 이미지를 떠올렸다고 해서 그 이미지가 오필리어에게 작용하는 것과 똑같은 작용을 배우에게 할 리 만무하다. 왜냐하면 거의 대부분의 경우 배우에겐 "만수향"이라는 것이 의미 있는 기억으로 남아있지 않기 때문에 그 이미지가 배우에게 아무런 반향도 줄 수 없기 때문이다. 오필리어에게 "만수향"이라는 말은 상처 입은 그녀의 영혼에 깊숙이 자리 잡은 기억의 이미지들에 반응해서 입 밖으로 나오게 된 것이다. 오필리어는 햄릿과의 사랑과 관련된 많은 이미지들을 "만수향"이라는 하나의 이미지에 집약하고 있는 것이다. 너무 식상한 표현이지만, "만수향"은 그야말로 겉으로 드러난 "빙산의 일각"인 셈이다. 그녀의 시간과 인생 경험들이 집약되고 응축되어 있는 이미지들은 오필리어의 온몸과 마음을 휘감고 엄청난 영향을 주는 이미지이다. 이런 상황 속에서 배우가 그저 "만수향"의 이미지를 떠올리고 그럼으로써 "인물이 되었다"고 하는 것은 인물의 말을 그저 곧이곧대로 받아들임으로써 생겨난 오류이다. 생각보다 훨씬 많은 배우들이 이런 오류 속에서 상상을 한다. 그래서 그들의 상상은 생각 외로 별 효과가 없다. 이런 식으로는 아무리 상상해보아도 인물로서 존재하고 인물로서 살아가는 상태에 도달할 수 없다.

그렇다면 어떠한 상상을 통해서 인물로 살아갈 수 있는지에 대한 한 가지 사례를 살펴보자. 다음은 2006년 배우 이승연(당시 경희대 2학년)이 오필리어의 위 독백을 어떤 과정을 통해서 준비하고 준비 과정에서 어떤 경험과 발견을 하였는지를 기록한 연기일지 <무언가에 깊숙이 빨려들어

가다>를 발췌한 것이다.

처음부터 쉽게 다가갈 수가 없었다. 희곡을 읽어도 무대 위의 모습만이 떠오를 뿐 어떤 공간조차 설정하기 힘들었고 대사 또한 이해하기 힘들었다. 어렵다는 생각에 내 안의 틀부터 깨지 못한 채 대사만 읽었다. (중략) 내가 항상 연기를 배우면서 자주 망각하는 것이 그 인물이 기본적으로 무엇 때문에 울고 웃고 미치는지를 잃어버릴 때가 많다. . . 다시 책을 펴고 햄릿을 얼마나 사랑하는지, 내가 살고 있는 곳에 대한 냄새, 모양, 내 주변 사람들을 떠올려보았다. 햄릿에 의해 얼마나 아파했는지를 체감하기 위해 실제로 내 옛 기억을 떠올리면서 몇 년이 지난 지금도 가슴이 아파 엉엉운 기억을 하나하나 다시 찾아갔다. (중략) 교수님께서는 오필리어의 몸과 마음이 정말 있는 곳이 어디일지 생각해보라고 하셨다. 곁에서 보기에 사람들은 그냥 궁전에 있다고 생각하겠지만, 정말 그런 것일까? 오필리어의 몸과 마음이 있는 곳을 찾기 위해, 사막에서, 꽃밭으로, 아무것도 보이지 않는 어둡고 낯선 곳으로 헤매고 다녔다. 그렇지만 그 장소들의 연관성을 찾지 못하고 있었다. 교수님께서 그것을 아셨는지 오필리어가 하나의 공간에만 머물고 있다고 생각할 필요가 없다고 하셨다. 그것을 받아들였을 때 수업시간에 배웠던 소리가 들렸다. 장소에 따라 다양한 소리가 들렸다. 그리고 그녀가 나눠주는 꽃의 의미에 있어서도 새롭게 생각할 수 있었다. "사랑한 사람을 잃고 버림당한 그녀를 미치게 한 원인이 뭐였을까?", "왜 꽃을 나눠줄까?"를 생각하며 느꼈던 것은 세상 누구보다도 순결하고 깨끗한 마음을 가진 여인이었기에 그렇게도 쉽게 미칠 수 있었다는 점이었다. 막 사는 여자였다면 "그냥 인생이 그렇지"하고 받아들일 수도 있었겠지만. . . (중략) 나는 실제 꽃 대신 사람들에게 물을 뿌림으로써 미친 그녀의 모습을 보고 죄를 지은 다른 사람들의 마음이 조금이라도 정화되기를 바라게 되었다. 물론 인물의 행동으로 나 자신의 몸을 씻어내는 것도 시도하게 되었다. 아버지를 보고 싶어 하는 간절함과 햄릿에 대한 식지 않은 사랑으로 . . (중략) 남이 봤을 때 이상하고 어색해도 점점 연기를 하면서 내가 오필리어가 되는 것을 느낄 수 있다.

배우 이승연은 오필리어의 불가해한 면들을 이해하기 위해 자신의 경험세계로부터 축적된 다양한 감각적 기억의 이미지들, 뼈아픈 정서적 기억의 이미지들, 그리고 위 발췌문에는 포함되지 않았지만, 귀신 체험과 같은 환상의 이미지들, 낯설고 기괴한 꿈의 이미지들을 상상하면서, 그리고 그 이미지들에 그녀의 몸과 마음이 반응하도록 내버려 둠으로써 점차 자신이 오필리어가 되어가는 경험을 할 수 있었다. 배우가 겪은 첫 번째 어려움은 인물의 심신이 놓여있는 물리적 공간을 상상하는 것이었다. 대사의 이미지로부터 떠오르는 다양한 장소들을 상상해 보았으나, 그 공간적 이미지와 인물의 영혼을 이어주는 연결고리를 찾지 못하고 있었다. 그러다 오필리어의 심신이 놓여있는 공간이 하나의 시공간이 아니라, 인물의 상태에 따라 여러 시공간으로 변화하거나, 혹은 상이한 시공간이 동시에 중첩될 수 있는 가능성을 발견하였다. 다른 인물들이 보기에 오필리어의 몸은 분명 궁전에 있었지만, 오필리어의 몸과 마음은 궁전이 아닌 다른 곳들을 이리저리 옮겨 다니고 있다는 깨달음은 배우 이승연으로 하여금 각각의 공간에 대한 청각적 이미지에 주목하게 했고, 그녀가 상상한 각 공간의 구체적인 청각적 이미지는 그녀의 상상력을 증폭시키는 촉매의 역할을 하였다.

　위의 발췌문에는 나와 있지 않지만, 그 외에도 배우 이승연은 오필리어의 독백 준비 과정에서 갑자기 내린 함박눈이 자신의 얼굴에 한 송이 한 송이 차갑게 와닿는 느낌으로부터, 그리고 잊히지 않는 꿈속 이미지들을 오필리어의 대사에 대입해보면서 미처 생각할 수 없었던 오필리어의 다른 면들을 발견할 수 있었다고 기술하였다. 무엇보다 흥미로운 점은, 오필리어가 사람들에게 나누어주는 꽃을 꽃이 아닌 '정화수'로 상상하였다는 점이다. 자신은 물론 다른 인물들의 몸과 마음을 정화시켜줌으로써, 다시는 그녀와 같은 삶이 되풀이되지 않기를 바라는 간절한 소망과 사랑의 행위를 오필리어의 말과 행동으로부터 발견해내는 순간이었다.

위의 사례는 배우의 상상력이 자신의 기억에 저장된 다양한 이미지들을 인물에 적극 대입하여 상투적 상상을 벗어나 자신만의 예술세계에 도달한 좋은 예라고 할 수 있다. 대본에 존재하는 오필리어는 분명 한 인물이지만, 세상의 무대에 등장하는 오필리어는 배우의 상상력과 기억의 이미지들에 따라 무수히 다른 모습으로 태어난다. 오필리어처럼 복잡한 영혼의 상태를 연기해야 하는 경우에는 더더욱 그러하다. 그것은 바로 작가의 상상과 배우의 상상이 만나고 충돌하고 섞이고 중첩되면서, 온전히 작가의 인물도 아닌, 그렇다고 전적으로 배우 자신도 아닌 새로운 존재가 창조되기 때문이다.

안톤 체홉의 <갈매기>에는 이미지가 말하기를 얼마나, 그리고 어떻게 바꾸어놓을 수 있는지를 보여주는 매우 흥미로운 대사가 있다. 체홉 자신이 얼마나 스스로 의식하고 있었는지는 알 수 없으나 상상과 말하기의 관계를 여실히 보여주는 대사이다. 1막에서 니나는 꼬스챠가 쓴 대사를 극중극에서 연기한다. 그리고 2년의 시간이 지나고 그녀가 4막에 꼬스챠를 다시 찾아왔을 때 뜻밖에도 그녀는 그 대사를 하나도 잊지 않고 그대로 암송한다. 1막과 4막의 다음 대사를 니나를 연기하는 배우가 어떻게 다르게 하는가는 <갈매기> 공연을 보는 가장 큰 즐거움 중의 하나이다.

니나

인간, 사자, 독수리, 뇌조, 뿔 달린 사슴, 거위, 거미, 물속에 사는 말 없는 물고기, 불가사리, 그리고 눈으로 볼 수 없는 것들, 한 마디로, 모든 생명, 모든 생명, 생명이라는 생명은 모두 슬픈 순환을 마치고 사라졌다. . . 지구 위에서 생명체들이 사라져버린 지 벌써 수천 세기가 되었건만, 저 가엾은 달은 밤마다 부질없이 자신의 등불을 밝히고 있다. 이미 초원에서 학들이 울면서 잠을 깨는 일도 없고, 보리수 숲에서는 5월의 딱정벌레 소리도 들리지 않는다.

꼬스챠가 기존 연극에 반기를 들기 위해 쓴 위의 대사들은 논리적 분석을 거부하는 대사들이다. 꼬스챠의 지적 수준과 꼬스챠의 감성과 상상력이 요구되는 대사이다. 그만큼 이미지의 형성이 어렵고, 극 중 인물 니나에게나 니나를 연기하는 배우에게나 이 말들은 쉽게 이해가 되지 않는다. 실제 니나는 극중극이 시작되기에 앞서 이 대사들을 두고 "네 희곡은 연기하기 진짜 힘들어. 살아 있는 인물이라고는 없잖아, 하나도 . . 네 작품엔 행동이 거의 없고, 죄다 말뿐이야. 그리고 내 생각엔 희곡엔 꼭 로맨스가 있어야 해"라며 불평을 한다. 니나가 갑자기 이런 말을 하는 근본적 이유는 트리고린 앞에서 연기하는 자신의 모습을 상상하기 때문이다. 트리고린 앞에서 그리고 그의 연인 아르까지나 앞에서 흠잡을 데 없는 모습을 보여주고 싶은 니나의 욕구는 공통분모에 기반한 이미지들의 형성과 연결에 어려움이 있는 꼬스챠의 대사들로 인해 좌절된다. 실제로 극중극이 이루어지는 동안 니나는 트리고린을 의식하게 되고 긴장하게 되며, 때문에 꼬스챠가 연출한 대로 공연이 잘 이루어지지 않는다. 꼬스챠가 연극을 중단시키는 이유는 흔히 생각하듯이 아르까지나 때문이 아니라, 니나가 트리고린을 의식해서 실수를 하거나, 자신의 연출과 다르게 니나가 연기했기 때문일 가능성이 크다.21 어쨌거나 초보연기자 니나가 극중극을 하면서 이 말들의 밑에 놓여있는 이미지들을 제대로 상상하고 연기했다고 보기는 힘들다. 오히려 그녀는 트리고린을 훨씬 더 의식하는 상태이고 트리고린의 모습이 시각적 이미지로서 그녀의 상상에 개입하고 있는 상태일 것이다.

반면에 4막에서 니나가 다시 이 대사들을 했을 때에는 말이 생명을 얻은 듯한 감동을 선사한다. 어떻게 그것이 가능하고 왜 그런 차이가 생기는 것일까? 그것은 바로 니나가 대사에 주어진 이미지 자체를 떠올리려고 하지 않고, 자신의 꿈 많고 순수하던 지난 시절의 기억의 이미지들을 떠올리고 있기 때문이다. 이제 더 이상 자신의 삶에서는 가능하지 않은, 돌이킬 수 없는 시간의 기억들, 그로부터 피어나는 이미지들을 떠올리면서 그 이미지들이 대사와 절로 맞물려 갔기 때문이다. 아무런 생명도 갖지 않은 것 같았던 극중극 대사들은 바로 니나의 삶의 이미지들이 담기면서, 그 이미지들이 니나의 몸과 마음을 휘감으면서 글이 아니라 살아있는 소리로 태어나게 된 것이다. 추위와 허기에 피폐해질 대로 피폐해진 니나에게 환한 생명의 기운이 다시금 꽃피는 순간이다. 니나는 아직 삼류배우이지만, 바로 마지막 이 모습 때문에 앞으로 자신이 원하는 대배우가 될 가능성이 엿보이게 된다. 4막에서 거의 모든 인물의 생명력이 급격히 감퇴된 <갈매기>에서 유일한 희망이 배우로 성장한 니나에게서 확인되는 순간인 것이다. 설령 잠시 타올랐다가 다시 꺼져버린다고 해도 가장 찬란

---

21 서브텍스트의 관점에서는 아르까지나와 꼬스챠의 표면적 말에 매달린 해석보다 이런 해석이 훨씬 더 타당하다. 극중극이 진행되는 동안 '니나는 무엇을 보고 상상하고 있는가?', '니나, 꼬스챠, 트리고린, 아르까지나에게 정말 무슨 일이 일어나고 있는가?'를 밝히는 것이 서브텍스트를 제대로 읽어내는 것이다.

한 인생의 순간인 것이다.

●●●● 공간과 상상

살아있는 모든 생명체들은 물리적 공간 안에 존재하고 그 공간으로부터 끊임없이 영향을 받는다. 배우의 물리적 현존은 연극을 가능하게 하는 중요한 요인이다. 인물들도 모두 물리적 공간 속에 존재한다. 물리적 공간은 인물의 상상과 반응에 지대한 영향을 준다. 물리적 공간은 인물들의 상상과 반응에 제약을 가하면서도 동시에 상상과 반응을 끊임없이 유발하는 리얼리티이기 때문이다. 작가의 공간적 상상은 필요에 따라 무대지시문에 담겨있다. 작가가 구축한 상상의 공간은 연출과 디자이너에 의해 형상화되면서 무대지시문에 나타난 것과는 사뭇 달라질 수도 있다. 그러나 배우는 실제 무대가 어떻게 구축되든 인물의 심신이 한시라도 떠날 수 없는 극적 공간에 대한 적극적 상상의 과정이 필요하다. 인물들은 오로지 그 공간 안에서 공간의 영향을 받으며 상상하고 반응하기 때문이다. <갈매기> 1막의 무대지시문을 통해 배우에게 필요한 공간적 상상이란 무엇인지 살펴보자.

소린 영지 내에 있는 정원의 일부. 객석에서 정원 안쪽 호수 쪽을 향한 넓은 오솔길은 아마추어 연극을 위해 서둘러 만든 무대에 둘러싸여 있고, 그로 인해 호수는 전혀 보이지 않는다. 무대의 왼쪽, 오른쪽에는 관목 숲, 의자 몇 개와 작은 탁자 하나.

지금 막 해가 졌다. 커튼으로 덮여 있는 무대에 야꼬프와 다른 일꾼들. 기침 소리와 망치 소리가 들린다. 산책을 하고 돌아오는 마샤와 메드베젠꼬, 왼쪽에서 등장.

무대 위의 물리적 환경은 그 자체로 독자적으로 존재하는 것이 아니다. 인물들 각각은 무대 위 공간에 대해 각기 다른 기억(기억의 이미지들)을 가지고 있다. 기억의 이미지들과 결부되지 않은 낯선 환경에 인물이 놓이는 경우에는 공간은 대개 인물들에게 두려움을 주는 이미지로 다가온다. 무대 공간이 모든 인물한테 같은 곳으로 보인다고 간주하는 것은 연기에서 배우들이 흔히 범하는 오류이다. 세상 모든 것들은 사연과 기억의 결부에 따라 그것을 바라보는 이에게 다르게 보인다. 세상과 인생을 집약한 연극에서 극적 공간에 존재하는 모든 대상체들은 인물들에게는 각기 다른 이미지로 보인다.

　　<갈매기> 1막의 정원은 아르까지나에게는 세상의 변화를 가장 적게 느끼게 해주는 곳이다. 그래서 안정감을 준다. 도시의 경쟁적인 삶에서 내몰리는 그녀가 여름이면 이곳을 찾는 이유이다. 샤므라예프한테 늘 모욕을 받으면서도 그녀는 이곳을 다시 찾는다. 늘상 있는 샤므라예프의 모욕조차 늘 있는 것이기에 순간적인 감정적 반발에도 불구하고 궁극적으로 그녀에게 '변함이 없는 곳'이라는 안정감을 준다. 아르까지나가 뜨레쁠레프의 연극에 불쾌감을 느낀다면, 안정감을 주는 이 공간에 아들이 변화를 요구하기 때문이다. 그것도 자신이 몸담고 있는 연극과 연기의 형태로 급진적인 변화를 요구하는 아들의 행동이 세상의 변화로부터 주류에서 내몰리고 있는 그녀의 처지를 더욱 목 죄어 오기 때문이다. 우선 인공구조물인 무대부터가 자연인 호수를 가리고 있는 형상이다. 아르까지나 입장에서는 숨 막히는 이미지이다. 반면 뜨레쁠레프에게 이 공간은 자신의 성장 공간이며, 그곳에 자신이 상상하는 무대와 사랑하는 여인을 하나로 결합함으로써 자신의 사랑이 완성되는 공간이다.

　　막 해가 진 뒤에 점차 짙어지는 어두움이라는 시간적 이미지는 앞으

로 일어날 일들을 통해 인물들의 삶에 드리울 어두움을 암시하는 이미지이다. 물론 주제를 나타내는 이 이미지는 관객의 무의식에 호소하는 이미지로 배우들이 직접적으로 연기할 수 있는 이미지는 아니다. 하지만 인물의 모든 행동에 적용되고 때론 행동을 제약하는 이미지인 만큼 배우는 어두움의 이미지를 공간적 배경에 그려 넣고 그것에 반응하여야 한다.

어두움의 이미지에 바로 이어지는 이미지는 청각적 이미지이다. 호수와 자연을 배경으로 하고 있지만 <갈매기>에서 먼저 들려오는 소리는 이상하게도 자연의 소리가 아니다. 이 부분은 시사하는 바가 매우 크다. "기침 소리"와 "망치 소리"라는 두 가지 청각적 이미지는 일꾼들이 만들어내는 '자연스러운' 소리처럼 보이지만, 작가가 구체적으로 이 두 가지 청각적 이미지를 극의 시작에 명시하고 도입한 것 역시 앞선 어두움의 이미지만큼 의미심장한 것이다. 이 소리는 <벚꽃 동산>의 마지막에 벚꽃나무를 쓰러뜨리는 소리에 맞먹는 것이다. <벚꽃 동산>에는 극의 마지막에 등장했던 청각적 이미지가 <갈매기>에서는 극의 시작에 이미 도입되고 있는 것이다. "망치 소리"는 건설의 소리이면서 동시에 파괴의 소리이다. 세우는 것이 있으면 무너지는 것도 있다. "기침 소리"는 파괴와 건설 속에서 인간이 신음하는 소리와 마찬가지이다.

산책을 갔다 돌아오는 마샤와 메드베젠꼬의 움직임과 관련된 이미지는 <갈매기>의 갈매기가 상징하는 것처럼 마음 가는 대로 움직임이 생겨나는 원리에서 비롯된 것이다. 마샤가 이곳으로 오는 이유는 그녀의 마음이 뜨레쁠레프를 향하기 때문이고, 메드베젠꼬가 이리 오는 이유는 마샤가 이곳으로 향하기 때문이다. 따라서 두 사람의 등장은 나란히 이루어지는 것이 아니라, 마샤가 먼저 등장하고 메드베젠꼬가 뒤따른 방식으로 이루어지기 마련이다.

사진 21. 블루바이씨클프러덕션 제작. 〈스탑 키스〉(2015). 김준삼 연출. 아름다운극장.
　　　배우 최윤희 주예린.

　　마샤는 뜨레쁠레프가 공연 전에 무대가 있는 곳에 있을지 모른다고 생각했을 것이고, 뜨레쁠레프를 보기 위해, 뜨레쁠레프가 작업하는 모습을 보기 위해, '어두움 속에서 빛을 찾아' 이곳을 향해 온 것이다. 그렇다면 등장하는 마샤의 눈은 어두움 속에서 뜨레쁠레프를 찾기에 바쁠 것이다. 하지만 어디에도 뜨레쁠레프의 모습은 보이지 않는다. 그녀 마음에 떠오르는 뜨레쁠레프의 이미지를 그녀의 눈은 어디에서도 확인할 수가 없다. 있을 거라고 기대하고 왔는데 없는 것이다. 들어올 때는 설렘이 있었지만, 부재를 확인하고는 낙담할 수밖에 없다. 메드베젠꼬가 함께 있는 상황에서 그것을 마샤가 마음껏 드러내고 표현하지는 않겠지만, 그 차이는 분명히 느껴질 수밖에 없다.

　　이상에서 배우가 무대의 극적 공간을 자신의 심신에 영향을 주는 의미 있는 공간으로 전환하는 상상에 대해서 살펴보았다. 무대가 연출과 디자이너에 의해 얼마나 사실적으로 꾸며지느냐에 상관없이, 심지어 옛 셰익스피어의 연극처럼 빈 무대(bare stage)일 때조차도 배우는 자신만의 상상을 통해 무대를 인물이 살아 숨 쉴 수 있는 공간, 관계가 있고 사연이 있는 공간으로 탈바꿈시켜야 한다. 말하기와 행동, 그리고 반응은 배우의 공간적 상상과 불가분의 관계에 있다.

5. 상상과 노래하기

뮤지컬 <스프링 어웨이크닝>은 이제 막 성에 눈뜨기 시작한 청소년들의 혼란과 고민, 성적 판타지, 감각과 몸의 느낌들이 작품이 밑바닥에 흥건히 깔려있다. 의지와 상관없이, 옳고 그름에 상관없이 꼬리에 꼬리를 무는 상상과 의문들, 너무나 뚜렷이 자신의 몸이 경험하는 느낌들, 자신이 선명하게 상상하는 것들과 현실의 규율이 상충하는 지점에서 발생하는 억제할 수 없는 분노와 좌절이 밑에 흐르고 있다. 몸과 상상과 도덕 사이에 상충이 존재하지 않는 사회와 삶에 대한 갈망과 동경이 깔려있다. 작가는 극세계를 창조하면서 극의 저변에 흐르고 있는 것들에 색깔을 입힌다. "내가 잘 아는 어둠", "거울처럼 파란 밤"이나 "자줏빛 여름" 등과 같은 노래 제목은 <스프링 어웨이크닝>의 극세계의 기저를 시각화하는 이미지들이다.

그런 세계 속에서 <스프링 어웨이크닝>의 인물들은 시적 아름다움으로 자신의 금지된 상상을 정화시키려는 눈물겨운 노력을 기울인다. 그 노력은 특히나 **노래**를 통해서 이루어진다.

성은 항상 금기의 영역이다. 즉, 금지된 상상이다. 그러다 보니, 배우들도 항상 자신의 금기를 넘어서지 못하고 성과 관련된 상상 자체를 하기를 두려워하거나 주저한다. 그런 배우들이 연기하는 <스프링 어웨이크닝>은 피상적인 작품이 되기 마련이다.

사진 22. 경희대학교 연극영화학과 정기공연 뮤지컬 〈스프링어웨이크닝〉(2011). 지도 김준삼.
경희대학교 예술디자인대학 A&D홀. 배우 김진형(중앙) 외.

뮤지컬 〈스프링 어웨이크닝〉의 작가 스티븐 세이터(Steven Sater)는
노래가 인물 내면의 풍경을 소리로 드러내는 "내적 독백"이기를 원했다고
한다. 그리고 "말로 할 수 없는 것", "숨길 수밖에 없는 것"을 노래로 하
기 때문에, 노래가 "진짜 이야기"가 된다고 하였다(viii). 이런 작가의 의
도는 뮤지컬 〈스프링 어웨이크닝〉의 극세계 속에서 젊은이들이 말로 '표
현할 수 없는 것'들이 존재하고 그것을 온전하게 표현하는 것이 뮤지컬에
서 노래의 기능이라고 명시한 것이라 할 수 있다. "말의 세계와 노래의
세계 사이의 명확하고 뚜렷한 구분"22은 뮤지컬 〈스프링 어웨이크닝〉을

---

22 스티븐 세이터는 또한 같은 곳에서 "말의 세계와 노래의 세계 사이에 명확하고 뚜렷한 구분을
두기를 원했다"고 밝히면서 노래가 곧 "서브텍스트"라고 하였다. Steven Sater, "The Preface
to *Spring Awakening*" (New York: TCG, 2007), viii.

구성하고 연출하고 연기함에 있어서 가장 중요한 구분이 된다.

그렇다면, 뮤지컬 <스프링 어웨이크닝>을 연기하는 배우에게는 "진짜 이야기"를 노래할 수 있는 능력이 절실히 요구된다고 할 수 있겠다. 물론, '진실'을 '진정성 있게' 이야기하는 노래의 기능은 어렵지 않게 수긍할 수 있는 부분이다. 뮤지컬의 노래는 거짓을 말하지 않는다. 오랜 뮤지컬의 역사 속에서 다양한 형식의 노래들이 존재해왔지만, 말로 할 수 없는 것, 말로는 표현이 부족한 것을 노래로 진실하게 혹은 자유롭게 표현하는 것은 노래의 존재 이유 자체였다. 거짓을 말하기 위해 인물은 노래하지 않는다.

그런데 작품의 시작부터 배우는 난관에 봉착하게 된다. 진실을 표현한다는 노랫말이 의미를 알 수 없는 낯선 표현들로 가득하기 때문이다. 당황한 배우의 뇌리에는 "이것이 어떻게 진실이지?"라는 불만 가득한 의문이 떠나질 않는다. 뮤지컬 <스프링 어웨이크닝>은 여주인공 벤들라의 다음 노래, "나를 낳아준 엄마"(Mama Who Bore Me)로 시작된다.

Mama who bore me,
Mama who gave me
No way to handle things. Who made me so sad.

Mama, the weeping.
Mama, the angels.
No sleep in Heaven, or Bethlehem.[23]

---

[23] 뮤지컬 가사의 해석은 음절 수의 제약으로 인해, 원문의 의미와 달리 번역되는 경우가 허다하다. 특히나 위의 노래처럼 가사가 축약적일 때는 시의 번역만큼이나 직역이 불가능하다. 그래

여기서 "things", "the weeping", "the angels", "Heaven or Bethlehem" 등의 대사는 아무런 설명 없이 가장 간략한 형태로 벤들라 노래의 중심을 이루고 있다. 하지만 간략함이란 시적 언어처럼 집약 혹은 응축으로 비롯 된 것으로서 단순함과는 정반대에 있는 것이다. "things"는 많은 이미지들 을 담고 있는, 그 이미지들로부터 비롯된 표현이다. 배우는 아무런 설명과 힌트가 없는 상황에서 어떤 이미지들에 대한 반응으로 이 말을 해야 하는 가? "the weeping" 같은 경우에도 벤들라가 얼마나 많이, 그리고 얼마나 자주, 무엇 때문에 울었는지를 알아야 할 수 있는 말로, 벤들라의 지난 시 간 동안의 경험과 기억으로부터 나오는 이미지들로부터 비롯된 표현이다. 지금도 생각하면(떠올리면) 눈물이 나게 하는 이미지들이다. 그리고 종교 적 이미지들("the angels", "Heaven", "Bethlehem")이 벤들라의 의식 속 에 함께 섞여 있음도 눈여겨보아야 한다.

벤들라의 이 노래들을 이미지의 상상과 그 반응으로서 부를 수 있기 위해서는 이 노래에 담겨야 할 이미지들의 뿌리부터 파악해야 한다. 어떤 뿌리에서 모든 이미지들이 생겨나는 것인가, 즉 인물의 노래(말) 밑에 놓 여있는 근원적 경험은 무엇인지를 파악해야 한다. 그것은 바로 벤들라의 성적 자각과 고민이다. 성적 자각은 벤들라 몸의 변화(2차 성징)로부터 시 작되었고, 고민은 자신의 몸의 변화가 자신의 교육과 종교적 믿음과 상충 하면서 생겨난다. <스프링 어웨이크닝>은 이렇게 극이 시작되기 전에 이 미 시작된 여주인공 벤들라의 성적 자각과 관련된 이미지들, 그리고 지나

서 여기서는 원문을 그대로 인용한다. 참고로, 뮤지컬 <스프링 어웨이크닝>의 한국어 공연에서 는 위의 가사를 다음과 같이 해석하고 있다.
"눈을 떴을 때 엄만 날 낳아 슬픔의 문 앞에 버려두었지.
우는 천사들. 우는 아기들. 검은 천국과 저 베들레헴."

온 시간 동안 벤들라가 궁금해하고 마음 졸이고 속상해하고 아파한 기억들과 관련이 있는 이미지들이 쌓이고 쌓여서 시작되고 있는 것이다. 그 이미지들의 형성 없이 배우는 이 노래를 상상에 대한 반응으로 부를 수 없다. 작가가 의도한 대로 "진짜 이야기"를 할 수는 더더욱 없다. 음정과 박자만 맞춘다고, 목소리가 좋다고, 혹은 어떤 감정이나 분위기만 잡는다고 배우가 이 노래를 잘하는 것은 절대 아니다.

벤들라의 노래는 배우에게 있어 진실의 표현이 결코 직설적이지만은 않다는 것을 여실히 보여준다. 예술적 언어일수록 오히려 직설적 언어로부터 멀리 떨어져 있다. 배우에게는 진실을 있는 그대로는 물론 '비유적으로' 표현할 때조차도 그 표현은 집약적 이미지들에 대한 반응이어야 한다. 많은 연기법들에서 시를 연기훈련의 소재로 자주 활용하는 것은 예술적 가치를 인정받는 대본 중에는 함축적이고 비유적인 언어로 진실을 말하는 경우가 많기 때문이다.

이미지와 노래의 상관관계를 이해하기 위해 또 다른 노래를 예로 들어보자. 다음은 뮤지컬 <미스 사이공>의 주인공 킴이 크리스와 하룻밤을 보낸 후, 자신을 믿지 않는 크리스에 대한 반응으로 하는 노래, "이 돈 받아"(This Money Is Yours)의 일부이다.

킴

또 한 명의 베트남 소녀 얘기 듣고 싶나요?
맘 없는 남자에 묶였던 내 얘기?
듣고 싶은 가요 **불타버린 마을?**
듣고 싶나요 폭격 맞은 가족 얘기?
불길에 휩싸인 나의 부모님들!
얼굴이 날아간 엄마 아빠의 몸! (강조)

너무 고통스러워

돌아보기도 싫어

죽는 게 더 나!!

상대적으로 짧은 이 노래를 듣고 크리스는 자신의 생각과 마음을 바꾸게 되고 킴에게 함께 살자고 제안하면서 두 사람의 사랑이 이루어지게 된다. 어떻게 하나의 짧은 노래로 사람의 마음을 180도 돌릴 수 있단 말인가? 짧은 만큼 그만한 설득력을 가지지 않고는 불가능하다. 이 노래는 크리스를 만나기 전에 킴의 삶을 뒤집어놓은 비극적 사건이 집약되어 있는 노래이다. 그리고 그 사건은 전쟁의 와중에 자신의 가족이 끔찍하게 희생되는 이미지들을 그녀의 영혼 깊숙이 새겨놓았다. 노래 초반의 음악은 그 잊히지 않는 이미지들이 조금씩 조금씩 일깨워지고 그것에 따라 급격한 심신의 변화를 일으키는 킴을 예고하고 있다. 진하게 강조된 부분에 이르러 마침내 그 이미지들은 엄청난 에너지를 폭발시키며 높고 강한 음악으로 터져 나온다. 그리고 다시 킴은 그 이미지들을 자신 안으로 힘들게 삼키며 노래를 끝내게 된다.24

화산 폭발에 맞먹는 에너지를 가능케 하는 것은 두 가지 경험에서 나온 이미지들 때문이다. 하나는 앞서 말한 대로 가족의 참사와 관련된 이미지들이며, 나머지 하나는 처음으로 온몸으로 사랑을 나눈 남자에게서 자신이 거짓이라는 이야기를 듣고 받은 상처에서 기인하는 것이다. 순간 킴에게는 자신을 불신하는 크리스의 이미지가 자신의 가족을 불태운 사람들의 이미지와 겹쳐지고, 희생된 가족들의 이미지와 자기 자신의 현재 이

---

24 뮤지컬 〈렌트〉에서 남자주인공 로저가 노래하는 "영광의 노래"(One Song Glory)도 이 노래와 흡사한 구조를 가지고 있다.

미지가 포개어지는 것이다. 킴을 연기하는 배우는 킴의 상태에 도달하기 위해서 이 두 가지 이미지들(킴의 경험에 상응하는 이미지들)을 모두 가져야 하는 것이다. 그래야 그 이미지들에 반응해서 노래에 필요한 에너지를 얻을 수 있게 된다. 그렇지 않고 이 노래를 하려고 하면 몸에 힘만 들어가게 된다. 힘이 들어갈수록 노래는 터져 나오지 않고 배우의 몸 안에 갇히게 된다. 킴을 연기하는 배우로부터 뿜어져 나오는 에너지의 크기가 곧 크리스나 관객의 마음을 움직일 수 있는 설득력의 크기가 된다.

3 _ 맺음말

무대 위에 배우의 몸을 통해 현존하는 인물이란 작가적 상상과 배우적 상상이 결합된 제3의 새로운 존재이다. 작가와 배우가 함께 하는 공동창작의 경우를 제외한다면, 작가적 상상의 결정체로서 인물은 '이미' 대본상에 존재한다. 배우의 상상을 통해 새로운 존재로 태어나기를 기다리고 있을 뿐이다. 배우가 해야 할 일은 이미 작가의 상상으로 존재하는 인물에 자신만의 상상을 더해 자신의 몸과 마음으로 담아내는 일이다. 작가의 상상이 시공간에 대한 상상, 인간에 대한 상상, 인간관계와 인간행동에 대한 상상이기에, 배우는 각각의 작가적 상상에 상응하는 자신만의 상상의 과정을 거쳐야 한다.

그런데 배우들이 자신들의 몫을 제대로 해내지 못하는 경우는 '인물이 되어야 한다'는 강박관념에 자신만의 감각과 기억과 상상력에서 시작하지 못하고 자신과는 다른 누군가가 되기 위한 막연하고 헛된 노력을 기울일 때이다. 그렇게 인물에 접근하면 배우의 상상은 상상의 원천이자 재료인 자기 자신을 잃어버리고 자신의 인생 경험을 인물 창조과정에서 배제함으로써 상투적인 상상에 허덕일 수밖에 없다. 상투적인 상상은 비예술적 행위이다. 인물이 되기 위해 '자신을 버려야 한다'는 일반적인 믿음은 현실 속에서 살아가는 배우가 가진 습관과 한계, 주저함이나 두려움과 같은 심리적 긴장 등을 버려야 한다는 것을 말할 뿐이다.

인물은 아무리 그 인물이 배우의 자아와 닮았다고 하더라도 전적으로 배우 자신일 수가 없다. 왜냐하면 무대 위 인물은 오직 작가가 부여한 말과 행동만을 하기 때문이다. 배우는 어떠한 경우에도 무대 위에서 자신의 언어로 말하지 않는다. 작가적 상상의 결정체인 대본의 말과 행동만 제대로 하기만 해도 배우는 이미 무대 위에서 자신과는 다른 존재로 서게 되는 것이다. 배우가 다른 어느 누구도 가져올 수 없는 자신만의 감각, 감수성, 기억, 사고, 상상력을 적극적으로 대본의 대사에 가져오면 올수록, 대본상의 인물과 자기 자신이 더 크고 강한 융합작용을 일으키면 일으킬수록, 세상에 유일무이한 새로운 인물이 탄생할 가능성이 커진다. 작가적 상상과 배우의 상상이 만나서 하나가 되기 위해서는 처음에는 많은 충돌이 필요하다. 연극처럼 많은 예술가들의 공동 작업으로 가능한 예술에서 상상의 충돌은 매우 중요한 예술적 원리 중의 하나이다. 충돌과 싸움을 통해 남녀가 진정한 부부가 되어가는 과정과 크게 다르지 않다. 그러한 상상의 충돌 과정을 통해서 태어난 인물만이 예술적으로 가치 있는 아름다움을 가지게 된다.

연기는 행동에 관한 것이 아니라 반응에 관한 것이다. 모든 과장된 연기는 배우가 자신의 주변을 둘러싼 외적 자극들에 귀를 기울이지 않고 자기중심적으로 행동에만 집착하는 데서 기인한다. 인간을 포함해서 모든 살아 있는 생명체들은 살아가는 동안 쉬지 않고 숨 쉬고 반응한다. 숨을 쉰다는 것은 세상의 기운을 내 안으로 받아들였다가 그로부터 발생하는 내 몸과 마음의 반응을 세상을 향해 꺼내놓는 것이다. 삶을 반영하는 연기라면 마땅히 이러한 삶의 원리가 반영되어야 한다. 우리는 연습 없이 우리의 삶을 살아간다. 삶은 항상 즉흥이자, 반응의 연속이다. 그것이 가능한 것은 인간＋배우＋인물이 가진 감각과 상상력의 작용 덕분이다.

반응에 선행하는 것은 감각의 인식이다. 감각의 인식은 상상력에 의해 모두 이미지의 형태로 변환되고 필요에 따라 기억에 저장된다. 상상력은 감각의 인식을 이미지로 변환하고 기억에 저장되어 있는 이미지들과 비교하여 이미지들을 해석하고 의미를 찾는다. 외적 이미지에 대한 반응으로 내적 이미지를 끊임없이 불러일으키는 상상력의 분주한 작용으로부터 말과 행동이 나온다. 대본상에 제시된 인물의 모든 말과 행동은 상상의 이미지들에 대한 반응인 것이다.

기억은 압축 저장된 이미지들의 거대한 도서관과 같은 것이다. 기억의 이미지들은 상상의 재료이다. 기억의 이미지들은 시간과 물리적 공간 속에서의 삶으로부터 형성된다. 삶이 없다면 기억은 없다. 기억이 없다는 것은 세상에 갓 태어난 것과 마찬가지인 상태이다. 기억의 이미지들이 없다면 상상력은 외부로부터 인지되는 모든 이미지들을 모두 낯선 것으로 분류할 것이다. 삶의 시간을 거치면서 공간 속에 존재하며 인간이 하는 경험 중에서 중대한 경험들, 의미 있는 경험들, 그리고 생존과 관련된 경험들은 모두 이미지의 형태로 기억에 압축 저장된다. 기억의 이미지들은 삶을 담고 있는 인간 경험의 정수인 것이다.

삶의 경험이 집약되어 있는 기억을 재료로 하면서 상상과 반응에 근거한 연기는 의식적인 표현보다 중요한 무의식적 표현들을 가능하게 한다. 메소드연기가 기억을 활용하는 것은 바로 "의식적 노력을 통해 무의식에 다가가기"(Stanislavski, *Actor* 176) 위함이고, 몸과 마음이 서로 분리되지 않기 위함이고, 연기하지 않고 '경험'하기 위해서이다. 메소드배우들이 남다르고 깊이 있는 연기를 펼칠 수밖에 없는 것은 바로 이 때문이다. 기억 자체가 농축되고 아름다운 이미지, 상상이면서 반응이기 때문이다. 기억은 곧 배우의 몸속에 응축 저장된 '시간'이다. 스타니슬랍스키의 표현대로, "시간은 기억된 감정을 여과시켜주는 훌륭한 필터이다. 게다가 시간은 위대한 예술가이다. 시간은 고통스러울 정도로 리얼한 기억조차도 정제시킬 뿐 아니라 시(詩)로 승화시킨다"(*Actor* 173). 로베르 르빠쥬(Robert LePage, 1957-)도 예술에 있어서 정말로 중요한 것은 "기억이라는 왜곡된 렌즈를 통해서 어떻게 실제 사건을 변형시키느냐"에 달렸다고 하면서, "스토리텔링에 아름다움과 위대함을 가져다주는 것은 바로 (기억에 의해) 흐려지고 창작된 모습들이다"고 하였다(Charest 16). 연출가 앤 보거트(Anne Bogart, 1951-)도 "연극을 동사로 표현한다면, 그것은 '기억하기'"라고 하였다(22). 기억 자체가 문화이고 예술이다. 예술가로서 배우가 자신의 감각 기억으로부터 자신의 정서적 기억, 무의식을 일깨우는 것은 살아있는 몸과 마음을 가진 인물을 예술적으로 아름답게 창조하기 위해 근본적이고 필수적인 상상의 과정인 것이다.

기억의 이미지들 중 일부는 마치 금서처럼 분류되어 상상력의 접근을 거부한다. 자신의 몸과 마음을 통해 다양한 인물의 삶을 살아가야 하는 배우가 인물의 경험을 완전하게 경험하고 표현하기 위해서는 이렇게 접근 금지되어 있는 이미지들에 자유롭게 접근할 수 있어야 한다. 그렇지 않으면, 배우의 상상력은 불구가 되어 그가 하는 상상은 피상적이거나 진실하지 못한 표현으로 전락하기 쉽다. 인물은 배우에 의해 연기되기 전에는 지면상에 적힌 대사 속에서만 존재한다. 기억은 배우가 인물에게 불어넣는 영혼과도 같은 것으로서, 기억의 이미지들을 바탕으로 해서 배우는

사진 23. 블루바이씨클프러덕션 제작. 〈스탑 키스〉(2015). 김준삼 연출. 아름다운극장.
배우 최윤희 주예린.

극적 시공간 안에서 인물로서 상상하고 반응할 수 있게 된다.

결국 반응으로서의 연기, 살아있는 연기를 위해서는 배우가 대본과 인물에 자신의 기억을 불어넣어야 한다. 그래야 영혼을 가진 인물, 몸과 마음이 살아 움직이는 인물로서 자유롭게 상상하고 반응하며 무대에서 존재하고 살 수 있게 되는 것이다. 상상과 반응의 원리에 의해 인물로 존재하는 배우는 어떠한 자의식적인 걱정과 염려, 긴장, 표현하려는 욕구로부터 자유롭다. 그의 극적 시간 속에는 오직 반응에서 반응으로 이어지는 자유로운 흐름만이 있을 뿐이다.

그와 같은 훈련과 작업 과정을 거친 배우의 존재감은 다르다. 말을 하든, 노래를 하든, 춤을 추든, 모든 것이 그 배우의 뼛속 깊은 곳에서 나오는 느낌, 영혼의 울림으로 나의 영혼까지 울리게 하는 느낌, '공명'으로 관객을 부지불식간에 무장해제하는 느낌, 그것이 온몸과 마음으로 상상하고 반응하며 경험하는 배우의 존재감이다.

3부

상상과 반응을 위한 훈련법

Practical Training for Imaginative and
Responsive Actors

"As an artist, I take risks."

— Gigi Van Deckter

사진 24. 메소드연기워크샵에서 상상과 반응훈련 중인 배우들

1 _ 들어가며

흔히 상상력이 무뎌졌을 때, 사람들은 "감이 떨어졌다" 혹은 "감각이 무뎌졌다"라고 말한다. 그래서 창작의 고통을 느끼는 이들은 때로는 자신의 감각을 예민하게 하기 위해서 해서는 안 되는 선택을 하기도 한다. 그만큼 상상은 감각의 예민함과 불가분의 관계에 있다. 실제 삶에서 감각이 예민한 사람은 바람직한 인간으로 간주되지 않는다. 그래서 우리는 우리의 예민한 감각을 덜 예민하게 하기 위해서 술을 마시거나 담배를 피우는 것과 같은 여러 방법에 의존한다. 감각이 예민할수록 현실의 삶을 살아가기 힘들기 때문이다.

하지만 무한한 상상을 요하는 배우에게 신선하고 예민한 감각은 필수이다. 감각을 새롭게(refresh) 하고 예민하게 하는 것만으로 연기에 필요한 모든 상상은 저절로 살아나게 되어 있다.

따라서 여기서 제시하고 있는 상상과 반응을 위한 배우훈련의 방법들은 모두 감각에 관한 훈련이다. 상황과 사건 같은 것들이 개입될 수 있지만, 훈련 중 배우의 주된 관심사는 오로지 오감에 관한 것이어야 한다. 다른 것들이 우선시되지 않아야 한다.

기본적인 감각훈련들은 필자가 2008년에 출간한 『메소드연기로 가는 길』(도서출판 동인)에 상세하게 소개되어 있다. 여기에 제시되는 훈련법들은 당시에는 포함되지 않았거나, 책 출간 후 필자가 실험하고 개발한 훈련법들이다.

훈련의 종류는 총 160여 가지에 달한다. 여기에 다 소개할 수는 없지만, 하나씩 하나씩 순서대로 해나가다 보면 어느 순간 저절로 상상이 자유롭게 넘쳐나고 흘러가는 상태에 도달한 자신을 마주할 수 있을 것이다. 그렇게 되면, 어떠한 연기적 상황에서도, 어떠한 연출·감독의 요구에도 자신 있게 바로 응할 수 있을 것이다. 그때까지는 조급한 마음 대신 믿음을 가지고 훈련에 임해야 한다. 모든 것이 상상을 해방시키고 상상에 따른 반응이 온몸에 적절하게 일어나도록 하는 과정임을 잊지 말자. 과정에 충실하면 원하는 결과에 도달하게 된다. 과정을 소홀히 하면서 결과에 집착한다면 절대 원하는 결과에 도달하지 못한다.

축구를 잘하기 위해서는 기초 체력훈련부터 드리블, 패스, 헤딩, 슈팅, 태클 등과 같은 훈련들을 착실하게 거쳐야 한다. 여기에 제시된 훈련들을 '엑서사이즈'(운동)라고 일컫는 이유가 거기에 있다. 연기의 기본기를 다지기 위한 운동이자 연습이라는 점을 잊지 말자.

한 가지 유념할 점은, 축구를 잘하기 위한 훈련들이 축구 시합 자체는 아니라는 점이다. 여기에 제시된 훈련법들도 마찬가지이다. 연기를 잘할 수 있기 위해서 필요한 능력들을 길러주는 훈련법들이 분명하지만, 훈련 자체가 연기는 아니다. 훈련과 실제 연기를 혼동하는 경우가 많다. 훈련된 축구선수들이 경기 중에는 오로지 승리하고자 하는 일념으로 경기 자체에만 집중하듯이, 배우들도 실제 연기를 할 때에는 극적 공간, 극적 상황, 관계에만 몰두하면 된다. 훈련을 잘 받으면 시합도 잘할 확률이 높지만, 아무리 뛰어난 선수도 모든 경기에서 좋은 경기력을 보여주지는 못한다. 기복을 줄이기 위해, 최적의 기량을 발휘하기 위한 노력만이 있을 뿐이다. 결과에 집착하는 태도, 잘해야 한다는 강박이 가장 훈련을 방해한다. 도전과 실패만이 배우를 가장 빠르게 그리고 가장 훌륭하게 성장시킨다.

기초가 튼튼해야 건물이 지진에도 무너지지 않고 오래도록 제 기능을 할 수 있듯이, 기초훈련이 잘 되어 있을수록 배우의 수명은 길고, 더

긴 기간 동안 더 나은 연기를 할 수 있다. 꾸준한 훈련과 연습만이 자신의 실력을 단단하게 만들어 줄 수 있을 것이다. "땀은 정직하다"라는 말이 있듯이, 훈련의 결과는 자신이 기울인 노력을 정직하게 반영한다.

책을 보면서, 혼자서 책으로 훈련을 한다는 것은 여러 가지 제한이 따른다. 자신의 밖에서 자신을 봐줄 사람이 없기 때문에, 자신을 객관적으로 관찰할 수가 없다. 그렇다고 해서, 훈련을 하는 동안, 자신이 어떻게 하고 있는가를 끊임없이 체크해서는 안 된다. 상상의 이미지에 집중해야 하는 시간에 자신이 얼마나 어떻게 잘하고 있는가에 집중해서는 안 된다.

2 _ 몸풀기(Relaxation)

1. 훈련하기 전에 몸풀기를 하자

운동선수는 운동을 하기 전에 반드시 몸을 푼다. 배우도 상상의 운동을 하기 위해서는 몸풀기가 선행되어야 한다. 배우의 몸풀기는 운동선수나 무용수의 몸풀기와는 다른 자신만의 몸풀기가 필요하다. 왜냐하면 배우는 몸의 근육뿐만 아니라 상상의 근육, 감정의 근육, 소리의 근육까지 풀어야 하기 때문이다. 몸과 마음에 긴장과 힘이 가득한 상태로는 효과적인 운동과 훈련을 하기 힘들다. 자기만의 몸풀기 방법을 가지고 있는 것은 배우에게 매우 중요한 부분이다.

다음에 나오는 몸풀기 방법은 메소드연기워크샵에서 제안하고 있는 몸풀기 방법이다. 반드시 이렇게 몸을 풀 필요는 없지만, 필요한 분들을 위해서 제안한다.

사진 25. 메소드연기워크샵에서 몸풀기 중인 배우들

2. 무엇을 해야 하는가?

- 현실세계의 법칙에 맞춰진 몸과 마음 그리고 소리를 연기의 법칙에 적
  합한 상태로 전환한다.
- 지금 오늘 여기에 있는 나의 몸상태, 마음상태, 심리상태를 소리로 표
  현한다. 진정 지금 여기에 있는 나를 표현한다면 매일매일 다른 나를
  달리 표현할 수 있게 될 것이다.
- 나를 표현할 수 있어야 내가 아닌 존재(인물)를 표현할 수 있다.
- 몸풀기 도중 나한테 일어나는 모든 생각과 느낌을 소리로 표현한다.
  소리로 바로바로 반응한다.
- 내 몸의 모든 부분을 동등하게 소중히 여기고, 몸의 모든 부분을 하나
  씩 하나씩 생각해준다. 내 몸과 대화한다.
- 몸과 마음과 소리를 하나로 연결한다.

3. 몸풀기의 원칙

- 한 번에 몸의 한 부분에만 집중한다. 몸풀기 동안 계속해서 분주하게 집중을 몸의 한 부분에서 다른 부분으로 옮겨간다. 몸의 각 부분과 대화한다고 상상한다.
- 집중한 부분만 움직이고 나머지 부분은 기본자세로 내버려 둔다.
- 집중한 부분을 움직이는 데에 필요한 최소한의 에너지만을 사용한다.
  - ★ 최소한의 에너지를 사용한다는 것이 소극적으로 움직인다는 것을 뜻하지는 않는다.
- 몸풀기가 진행될수록 최소한의 에너지를 사용하지만, 점점 더 자유롭게 몸의 한 부분을 계속 움직일 수 있어야 한다.
- 부지런히 정신 집중을 옮겨가면서 몸의 한 부분을 늘 움직여준다.

4. 예비단계: 숨에 집중하기, 숨으로 몸을 연결하기, 입속 열어주기

- 예비단계는 숨에 대해 상상하는 시간이다. 숨으로 내 몸 전체가 연결된다는 상상을 한다.
- 숨을 마신다는 것은 단순히 공기를 마시는 것이 아니라, 내 주변의 모든 기운을 내 몸으로 받아들이는 것이다.
- 따라서 숨을 깊이 들이마실수록 주변의 기운이 내 몸 깊은 곳까지 미치고 영향을 주고 반응을 일으킨다.
- 숨을 내쉴 때 몸의 각 부분의 반응이 숨에 담겨 나온다.
- 입과 코로 숨을 들이마신다. 숨이 내 가슴, 오장육부, 이어서 단전에 도달한다고 상상하면서 숨을 깊이 들이마신다. 그리고 각 부분에 일어난 반응이 그대로 내쉬는 숨에 담겨서 나오게 내버려 둔다. 횡격막 아

래에서 일어나는 반응들은 우리가 의식적으로 알 수 없다. 그냥 숨을 깊이 쉰다면 나올 것이라 믿고, 저절로 나오게 내버려 둔다고 생각한다.

- 숨을 깊이 들이마실수록 횡격막 아래 오장육부가 많이 움직이고 많이 영향을 받고 따라서 많은 반응이 일어난다. 이 반응은 내가 의식적으로 알 수 있는 반응이 아니다. 숨을 깊이 쉬면 거기에 담겨 나오는 반응이다.

- 숨으로 몸을 연결하는 상상이 끝나면, 숨이 나올 때 입을 다물고 하품을 한다. 그래서 입속에 달걀을 세워놓은 것처럼 입천장이 위로 올라가고 목젖이 아래로 내려가게 한다. 소리를 내기에 가장 이상적인 입속 모양은 입을 다물고 하품했을 때, 하품이 막 시작할 때의 입모양이다. 이 입모양, 즉 입천장이 들려있고 목젖이 내려가 있는 모양이 소리로 상상하고 표현하는 데 있어서 중립적인 기본 모양이 된다. 중력과 긴장에 의해 살면서 이 공간이 납작하게 닫혀있게 된다. 입속을 열어주지 않고 우리는 자유롭게 상상하고 반응하고 표현할 수 없다.

- 입을 다물고 하품하면서 입속을 열어준 다음, 같은 입모양으로 허밍을 서너 번 한다.

    ★ 소리는 떨림과 울림이다. 허밍을 통해서 내가 들이마신 기운들이 내 몸에 반응을 일으키고 그 반응들이 떨림과 울림으로 만들어져 내 몸 밖으로 나가는 것, 그것이 바로 살아있는 인간이 만들어내는 소리이자 말이라는 것을 몸으로 느끼고 깨달아야 한다.

    ★ 내 숨, 내 몸과 마음의 떨림과 울림으로 만들어진 소리와 말이 상대와 관객의 몸에 가서 상대와 관객의 몸을 떨게 한다. 상대와 관객은 온몸으로 소리를 느낀다. 단순히 귀로 듣는 것이 아니다. 공명의 원리에 의해 배우의 몸과 마음과 관객의 몸과 마음은 하나로 연결된다.

- 허밍을 서너 차례 한 다음에는 허밍으로 시작해서 중간에 입을 열어준

다. 모음 '아'의 입모양으로 입을 열어주어, 떨림과 울림이 내 몸 밖으로 나가게 한다. 입을 열어서 소리가 나오기 시작하면 점점 더 입을 열어주어서 입이 활짝 열린 상태에서 소리가 온전하게 다 밖으로 나올 수 있게 한다. 이빨과 턱은 우리 몸에서 가장 긴장이 많은 부분이다. 턱을 떨어뜨리고 필요할 때마다 활짝 열리게 하는 것이 긴장 이완에서 가장 중요한 부분이다.

— 허밍으로 시작해서 중간에 입을 열어 '아~'하고 소리를 서너 번 내고 나면, 다음에는 숨을 들이마시고 바로 '아~~'하고 소리를 낸다. 처음 소리가 날 때는 조심스럽고 부드럽게 소리가 나게 하고, 일단 소리가 만들어지고 나면 입을 더 열어주면서 점점 더 소리가 내 몸 밖으로 나가게 한다. 입과 턱의 기능은 내 몸에서 만들어진 소리가 열린 입과 턱을 통해서 더 나은 울림으로 확성되고 더 멀리 밖으로 나갈 수 있게 해주는 것이다. 절대 입과 턱으로 소리를 만들려고 해서는 안 된다. 입과 턱은 열어주는 기능을 한다는 것을 잊지 말자.

● '아~~' 소리를 서너 차례 내는 것으로 숨에 집중하는 예비단계를 마친다.

★ 몸풀기 1단계 2단계 3단계를 거칠수록 점점 더 내 몸과 마음이 열리고 소리가 자유롭게 나야 한다.

5. 1단계: 관절들에 집중하기, 관절들을 살짝 들었다(움직였다) 놓기

● 오른쪽과 왼쪽을 번갈아 가며, 위에서부터 아래로 팔과 다리의 관절들에 집중한다. 최소한의 에너지만 사용한다.

●●● 어깨

‒ 오른쪽 어깨에 집중한다.

   오른쪽 어깨를 살짝 들었다가 툭 떨어뜨린다.

‒ 왼쪽 어깨에 집중한다.

   왼쪽 어깨를 살짝 들었다가 툭 떨어뜨린다.

●●● 팔꿈치

‒ 오른쪽 팔꿈치에 집중한다.

   오른쪽 팔꿈치를 살짝 꺾듯이 움직였다가 툭 떨어뜨린다.

‒ 왼쪽 팔꿈치에 집중한다.

   왼쪽 팔꿈치를 살짝 꺾듯이 움직였다가 툭 떨어뜨린다.

●●● 손목

● 손목을 양방향으로 움직이는 것이 가능하다.

‒ 오른쪽 손목에 집중한다.

   오른쪽 손목을 바깥쪽으로 꺾었다가 툭 떨어뜨린다.

   반대로 안쪽으로 꺾었다가 툭 떨어뜨린다.

‒ 왼쪽 손목에 집중한다.

   왼쪽 손목을 바깥쪽으로 꺾었다가 툭 떨어뜨린다.

   반대로 안쪽으로 꺾었다가 툭 떨어뜨린다.

●●● 손바닥

‒ 오른쪽 손바닥에 집중한다.

   오른쪽 손바닥을 한 번 쫙 폈다가 힘을 뺀다.

- 왼쪽 손바닥에 집중한다.

   왼쪽 손바닥을 한 번 쫙 폈다가 힘을 뺀다.

●●●● 손가락

- 손가락은 마디별로 집중한다.

- 오른쪽 엄지손가락 아랫마디에 집중한다. 아랫마디를 살짝 움직인다.

   오른쪽 둘째손가락 아랫마디에 집중한다. 아랫마디를 살짝 움직인다.

   오른쪽 셋째손가락 아랫마디에 집중한다. 아랫마디를 살짝 움직인다.

   오른쪽 넷째손가락 아랫마디에 집중한다. 아랫마디를 살짝 움직인다.

   오른쪽 새끼손가락 아랫마디에 집중한다. 아랫마디를 살짝 움직인다.

- 한 마디 위로 올라간다.

   오른쪽 엄지손가락 윗마디에 집중한다. 윗마디를 살짝 움직인다.

   오른쪽 둘째손가락 가운데마디에 집중하고 마디를 살짝 움직인다.

   오른쪽 셋째손가락 가운데마디에 집중하고 마디를 살짝 움직인다.

   오른쪽 넷째손가락 가운데마디에 집중하고 마디를 살짝 움직인다.

   오른쪽 새끼손가락 가운데마디에 집중하고 마디를 살짝 움직인다.

- 손가락 끝으로 집중을 옮긴다.

   오른쪽 엄지손가락 끝에 집중한다. 손가락 끝을 살짝 움직인다.

   오른쪽 둘째손가락 끝에 집중한다. 손가락 끝을 살짝 움직인다.

   오른쪽 셋째손가락 끝에 집중한다. 손가락 끝을 살짝 움직인다.

   오른쪽 넷째손가락 끝에 집중한다. 손가락 끝을 살짝 움직인다.

   오른쪽 새끼손가락 끝에 집중한다. 손가락 끝을 살짝 움직인다.

- 왼손 손가락으로 옮겨간다.

왼쪽 엄지손가락 아랫마디에 집중한다. 아랫마디를 살짝 움직인다.

왼쪽 둘째손가락 아랫마디에 집중한다. 아랫마디를 살짝 움직인다.

왼쪽 셋째손가락 아랫마디에 집중한다. 아랫마디를 살짝 움직인다.

왼쪽 넷째손가락 아랫마디에 집중한다. 아랫마디를 살짝 움직인다.

왼쪽 새끼손가락 아랫마디에 집중한다. 아랫마디를 살짝 움직인다.

― 한 마디 위로 올라간다.

왼쪽 엄지손가락 윗마디에 집중한다. 윗마디를 살짝 움직인다.

왼쪽 둘째손가락 가운데마디에 집중하고 마디를 살짝 움직인다.

왼쪽 셋째손가락 가운데마디에 집중하고 마디를 살짝 움직인다.

왼쪽 넷째손가락 가운데마디에 집중하고 마디를 살짝 움직인다.

왼쪽 새끼손가락 가운데마디에 집중하고 마디를 살짝 움직인다.

― 손가락 끝으로 집중을 옮긴다.

왼쪽 엄지손가락 끝에 집중한다. 손가락 끝을 살짝 움직인다.

왼쪽 둘째손가락 끝에 집중한다. 손가락 끝을 살짝 움직인다.

왼쪽 셋째손가락 끝에 집중한다. 손가락 끝을 살짝 움직인다.

왼쪽 넷째손가락 끝에 집중한다. 손가락 끝을 살짝 움직인다.

왼쪽 새끼손가락 끝에 집중한다. 손가락 끝을 살짝 움직인다.

●●● **골반**

― 오른쪽 골반과 다리가 만나는 관절에 집중한다.
  다리를 살짝 들었다가 툭 떨어뜨린다.
― 왼쪽 골반과 다리가 만나는 관절에 집중한다.
  다리를 살짝 들었다가 툭 떨어뜨린다.

●●● 무릎

– 오른쪽 무릎에 집중한다.

　무릎을 살짝 들었다가 툭 떨어뜨린다.

– 왼쪽 무릎에 집중한다.

　무릎을 살짝 들었다가 툭 떨어뜨린다.

●●● 발목

● 발목은 손목처럼 양방향으로 움직이는 것이 가능하다.

– 오른쪽 발목에 집중한다.

　플렉스 하듯이 발목을 안쪽으로 당겼다가 툭 떨어뜨린다.

　포인트 하듯이 발목을 바깥쪽으로 밀었다가 툭 떨어뜨린다.

– 왼쪽 발목에 집중한다.

　플렉스 하듯이 발목을 안쪽으로 당겼다가 툭 떨어뜨린다.

　포인트 하듯이 발목을 바깥쪽으로 밀었다가 툭 떨어뜨린다.

●●● 발바닥

– 오른쪽 발바닥에 집중한다.

　발바닥을 한 번 쫙 펴는 느낌으로 살짝 움직여준다.

– 왼쪽 발바닥에 집중한다.

　발바닥을 한 번 쫙 펴는 느낌으로 살짝 움직여준다.

●●● 발가락

● 발가락은 손가락처럼 마디별로 집중할 수는 없다. 그냥 발가락 하나씩
차례로 집중을 옮겨간다. 발가락은 손가락처럼 따로따로 움직이지 않

는다. 같이 따라 움직이는 것에는 신경 쓰지 말고 집중을 차례차례 착실하게 옮겨간다.

— 오른쪽 엄지발가락에 집중한다. 엄지발가락을 살짝 움직인다.
  오른쪽 둘째발가락에 집중한다. 둘째발가락을 살짝 움직인다.
  오른쪽 셋째발가락에 집중한다. 셋째발가락을 살짝 움직인다.
  오른쪽 넷째발가락에 집중한다. 넷째발가락을 살짝 움직인다.
  오른쪽 새끼발가락에 집중한다. 새끼발가락을 살짝 움직인다.
— 왼쪽 엄지발가락에 집중한다. 엄지발가락을 살짝 움직인다.
  왼쪽 둘째발가락에 집중한다. 둘째발가락을 살짝 움직인다.
  왼쪽 셋째발가락에 집중한다. 셋째발가락을 살짝 움직인다.
  왼쪽 넷째발가락에 집중한다. 넷째발가락을 살짝 움직인다.
  왼쪽 새끼발가락에 집중한다. 새끼발가락을 살짝 움직인다.

●●●● **척추와 머리**

— 의자 등받이에서 등을 뗀다.
— 척추와 머리가 만나는 지점을 상상한다.

  ★ 척추의 위쪽 끝은 얼굴 옆으로 보면 거의 귀까지 올라와 있다. 척추의 아래쪽 끝은 꼬리뼈이다. 사실 척추는 하나의 뼈이다. 목뼈나 허리뼈가 따로 있는 것이 절대 아니다. 이 척추 위에 우리 몸에서 제일 무거운 머리가 어떻게 놓여있는지에 따라서 몸의 모든 부분이 달리 형성이 된다. 머리가 가장 힘이 적게 들어가게 척추 위에 놓여있을수록 몸에 힘이 덜 들어가고, 힘이 덜 들어가는 만큼 몸 전체의 에너지의 순환이 좋아지고, 에너지의 순환이 원활할수록 배우의 존재감이 커진다.

— 척추 위에 머리가 가볍게 놓여있다고 상상한다.
— 척추는 움직이지 않고 척추 위에 놓인 머리만 아래위로, 이어서 좌우

로 움직이고, 그런 다음 옆으로 기울여본다.

— 마치 척추뼈가 위에서부터 차례로 하나씩 꺾어지는 것처럼 머리를 천천히 아래로 내린다. 계속 척추에 대해서 상상한다. 척추뼈가 다 꺾여서 머리가 아래까지 내려가면, 이번에는 역으로 척추의 가장 아래에 놓인 뼈부터 차례로 다시 펴지는 상상을 하면서 상체를 제자리로 가져온다. 머리가 제일 나중에 원위치한다.

— 마치 정수리에서 무언가가 위로 당기고 있는 것처럼 상상하면서, 머리와 상체를 오른쪽으로 돌렸다가 제자리로 가져온다. 너무 무리해서 돌릴 필요 없이 자연스럽게 본인의 상체가 최대로 돌아가는 정도까지만 돌렸다가 제자리로 가져온다.

— 마찬가지 방법으로, 머리와 상체를 왼쪽으로 돌렸다가 제자리로 가져온다.

— 다시 등을 의자 등받이에 기댄다.

●●● 얼굴

— 오른쪽 눈썹, 왼쪽 눈썹, 오른쪽 눈꺼풀, 왼쪽 눈꺼풀,
오른쪽 광대뼈 주변 근육, 왼쪽 광대뼈 주변 근육,
오른쪽 뺨 근육, 왼쪽 뺨 근육에 차례로 집중하면서 살짝 움직여준다.
턱을 아래로 내렸다가 제자리로 가져온다. 이빨과 이빨이 서로 맞물리지 않게 떨어진 상태를 유지한다.

6. 2단계: 팔/다리 관절과 관절 사이의 근육에 집중하기

● 2단계는 관절과 관절 사이의 근육에 집중하는 단계이다.

● 오른쪽 왼쪽을 번갈아 가며 위에서 아래로 각각의 근육에 집중하고 근

육들을 천천히 다양한 각도로 움직이면서 본격적으로 "아~"로 소리를 내기 시작한다.

> ★ 여전히 최소한의 에너지만을 사용하되, 절대 소극적으로 움직이지 말고 자신의 몸이 허용하는 한, 평소 잘 사용하지 않는 방향과 각도까지 최대한으로 움직여본다. 몸에서 느껴지는 것이 있으면 그대로 소리에 실려 나가게 내버려 둔다.

●●● 어깨와 팔꿈치 사이의 근육

- 오른쪽 어깨와 팔꿈치 사이의 근육들에 집중한다. 근육들을 움직이면서 그 근육들을 생각해본다.
- 떨어뜨린 상태로 시작해서 점점 팔을 들어서 천천히 움직여 간다.
- 친숙한 방향과 각도에서 시작해서 평소 잘 사용하지 않는 방향과 각도까지 움직여 본다.
- 집중하지 않은 부분이 따라서 움직이는 것에는 신경을 쓰지 않는다. 팔꿈치 아래쪽은 힘이 빠진 상태로 내버려 둔다.
- 너무 오래 들고 있으면 몸에 긴장이 생기기 시작한다. 그 전에 팔을 떨어뜨린다. 3단계에 다시 시도하게 될 것이다.
- 마찬가지 방법으로 왼쪽 어깨와 팔꿈치 사이의 근육에 집중해서 근육들을 움직여 본다. 움직이면서 근육들을 생각한다.

●●● 팔꿈치와 손목 사이의 근육

- 오른쪽 팔꿈치와 팔목 사이의 근육에 집중한다.
  마찬가지로 떨어뜨린 상태로 움직이기 시작해서 점차 팔을 들어서 움직여주면서 근육들을 느껴보고 소리 낸다.
- 근육들을 골고루 느껴보았으면 툭 떨어뜨린다.

− 마찬가지 방법으로 왼쪽 팔꿈치와 팔목 사이의 근육에 집중하고 근육을 천천히 움직이면서 느껴본 다음, 툭 떨어뜨린다.

●●●● 손목과 손바닥 그리고 손가락
− 오른쪽 손에 집중한다.
오른쪽 손목부터 손바닥 그리고 손가락에 이르는 미세한 근육들을 자유롭게 움직이면서 느껴본다. 떨어뜨린 상태로 시작해서, 필요에 따라 들어서 여러 각도와 방향으로 움직여 본 다음, 툭 떨어뜨린다.
− 마찬가지 방법으로 왼쪽 손목과 손바닥 그리고 손가락 근육들을 자유롭게 움직이며 근육들을 느껴본 다음, 툭 떨어뜨린다.

7. 3단계: 자유롭게 몸을 움직이며 자유롭고 거침없이 소리내기

- 3단계는 앞선 단계에서 했던 것들을 순서에 상관없이 자유롭게 움직이면서 자유롭고 거침없이 "아~"로 소리를 내는 단계이다.
- 여전히 한 번에 몸의 한 부분씩만 집중하고 한 부분씩만 움직여야 한다.
- 빠르게 집중하는 몸의 부분들을 옮겨가면서 자신의 몸과 정직하게 대화해야 한다.
- 몸풀기가 진행될수록 몸의 각 부분을 점점 더 가볍게 움직이고 자유롭게 움직이며 자신 안의 모든 생각, 기억, 상상, 느낌, 충동, 기분 등등을 소리로 다 표현되게 내버려 둔다.

> ★ 자신의 모든 것이 표현되게 내버려 두지 않으면, 소리로 표현하지 않는 훈련이 되어버린다. 무엇이든 억누르지 말고 소리를 내어야 긴장을 풀고 힘을 빼

고 표현하는 훈련이 된다.

★ 몸풀기는 소리풀기이며, 내 자신의 몸과 대화하는 시간이며, 그 와중에 나에게 일어나는 모든 것을 소리로 표현하는 시간이다. 계속해서 몸을 움직이며 몸에 집중하며 소리가 나게 내버려 두어야 한다.

★ 나를 정직하게 표현할 수 있어야 비로소 내가 아닌 존재, 즉 인물을 표현할 수 있다.

- 모든 긴장으로부터 자유롭다고 느끼고, 속 시원하다고 느끼며, 소리를 자유자재로 낼 수 있는 상태가 되면 몸풀기를 종료한다.

3 _ 훈련의 원칙들

도움이 될 수 있도록, 최대한의 설명을 하고자 노력하겠지만, 제시된 훈련의 목적과 의미, 훈련 방법 등에 대해 각 개인이 자의적으로 해석하고 받아들일 위험은 여전히 있다. 그래서 훈련과 관련된 원칙들을 숙지하는 것이 중요하다. 원칙을 지킨다면, 근본적으로 잘못될 염려는 없다.

훈련을 위한 몇 가지 원칙들이 있다. 훈련을 하면서 "맞다/틀리다"란 **자기검열**에 사로잡히면 안 된다. 다음의 원칙들을 견지하면서 훈련에 임하는 이상 맞고 틀리고는 없다. **모든 상상은 그 자체로 타당성을 가진다.** 나만의 상상을 나만의 소리와 몸짓으로 표현하기 위해 훈련하는 것이지, 상상을 검열하기 위해서 훈련하는 것이 아니다. 자기검열은 심리적 긴장이며 방어기제의 작용일 뿐이다.

1. 집중하다 = 생각·기억·상상하다 = 가장 중요하게 여기다

무엇을 생각하고 기억하고 상상하는 일은 **이미지**를 떠올린다는 관점에서 모두 상상이다. 이미지를 생각하고 기억하고 상상하는 것은 곧 이미지에 **집중**하는 것이 되고, 집중한다는 것은 그것을 **세상에서 가장 중요한 것처럼 여긴다**는 것을 의미한다. 흔히들 "집중이 안 돼(요)"라고 말할 때 사실은 배우가 다른 것을 더 중요하게 여기고 있었음을 말해줄 뿐이다. 배우는 자신에게 주어진 것을 가장 중요하게 여기는 집중력을 가져야 하고 그것은 자신에게 던져진 상상의 재료와 조건들에 온전히 자신의 몸과 마음을 내어줌으로써 가능해진다. 중요한 것을 중요하게 생각하는 것, 그것이 상상의 출발점이다.

2. "소리가 나를 자유롭게 하리라"

소리를 내면 표현하는 것이고 소리를 내지 않으면 표현하지 않는 것이다. 모든 훈련은 상상에 반응하고 표현하는 훈련이다. 삶에서 하듯이 소리를 안 내고 참아서는 안 된다. 소리 낼수록 상상은 살아날 것이며, 소리 내지 않으면 상상은 억눌려 중단될 것이다.

상상과 반응을 위한 훈련은 엑서사이즈마다 반복적으로 사용할 독백을 준비하는 것에서 시작한다. 마치 어려서 즐겨 들은 노랫말은 우리가 아무 생각하지 않아도 입 밖으로 저절로 흘러나오듯이, 독백 하나를 자유롭게 소리 나게 하기 위해서 외우도록 한다. 절대 어떻게 연기해야 한다는 생각은 하지 말고, 중립적인 상태로 내버려 둔다. 엑서사이즈별로 상상에 따라서 그 독백에 있는 소리들이 다르게 나오도록 내버려 두는 것이 훈련의 포인트이다.

모든 소리와 말은 그 전에 어떠한 이미지가 결부되었느냐에 따라서, 즉 상상에 따라서 다르게 나온다. 그리고 말의 의미는 **절대적으로 정해져 있는 것이 아니라 말하는 이가 어떤 의미로 하느냐에 따라서 그 의미가 정해질 뿐이다.** 대사로 쓰여 있는 말들이 절대적인 의미를 가진 것처럼 접근하는 것은 위험하고 단순한 접근이다. 지금까지 배우들을 훈련한 경험을 되돌아보면, 여배우들은 별 어려움을 겪지 않지만, 남자배우들은 대본에 쓰인 대사의 의미에서 자유롭지 못한 편이다. 그래서 엑서사이즈하는 동안 자신의 상상과 말이 불일치한다는 사실에 지나치게 집중을 빼앗긴다.

우리가 하는 말이 정말로 자신의 생각과 정확히 일치하기만 한다면, 세상에 존재하는 모든 말들은 항상 진실할 것이다. 또, 말에 다른 의미가 담겨 있지 않다면, 세상의 모든 말은 모두 단순한 말에 지나지 않을 것이다. 만약 그러하다면 극과 연기는 필요 없어질 것이다. 오해의 소지가 없는 만큼 이해의 노력이 불필요하기 때문이다. 배우가 연기해야 하는 인물이 내뱉는 말들은 겉으로 발화된 의미보다 훨씬 더 많은 것을 담고 있고, 생각과 말이 일치하지 않는 경우가 훨씬 많다.

자신의 상상과 대사의 말들이 자유롭게 결합하게 내버려 두어야 한다. 그래서 독백을 선정할 때에는 읽어서 무슨 말인지 모르겠는 독백을 선정하는 것이 훈련에 더 효과적이다. 예를 들어 <갈매기>의 극중극 니나의 독백이 그러하다.

니나

인간, 사자, 독수리, 뇌조, 뿔 달린 사슴, 거위, 거미, 물속에 사는 말 없는 물고기, 불가사리, 그리고 눈으로 볼 수 없는 것들, 한 마디로, 모든 생명, 모든 생명, 생명이라는 생명은 모두 슬픈 순환을 마치고 사라졌다. . . 지구 위에서 생명체들이 사라져버린 지 벌써 수천 세기가 되었건만, 저 가엾은 달은 밤마다 부질없이 자신의 등불을 밝히고 있다. 이미 초원에서 학들이 울면서 잠을 깨는 일도 없고, 보리수 숲에서는 5월의 딱정벌레 소리도 들리지 않는다. 춥다, 춥다, 춥다. 허무하다, 허무하다, 허무하다. 두렵다, 두렵다, 두렵다. . . 살아있는 것의 몸은 재가 되어 사라지고, 영원한 물질은 그들을 돌로, 물로, 구름으로 바꾸었지만, 그들 모두의 영혼은 한 데 엉켜 하나가 되었다. 세계 전체의 영혼. . . 그것은 바로 나. . . 바로 나인 것이다. . . 내 속에는 알렉산더 대왕의 혼도, 시저의 혼도, 셰익스피어의 혼도, 나폴레옹의 혼도, 가장 하등한 거머리의 혼까지도 들어있다. 내 속에는 인간의 의식이 동물의 본능과 융합되어 있고, 나는 이 모든 것을 전부, 전부, 전부 기억하며, 나는 이 하나하나의 삶을 또다시 내 속에서 새롭게 체험하고 있다.

나는 고독하다. 백 년에 한 번 말하기 위해 나는 입을 열고, 내 목소리는 이 공허 속에서 쓸쓸히 울리지만, 아무도 듣지 못한다. . . 창백한 불이여, 그대도 내 말을 듣지 않는다. . . 새벽녘의 썩은 늪에서 태어난 그대는 아침 햇살이 비출 때까지 방황하지만, 그대에게는 사상도, 의지도, 생명의 약동도 없다. 그대들 속에서 생명이 눈 뜨는 것이 두려워, 영원한 물질의 아버지인 악마는 한순간도 쉬지 않고 돌이나 물을 변화시키듯 그대들에게 원자의 변환을 행하고 있고, 그대들은 끊임없이 변화를 거듭하고 있다. 우주 속에 영원히 변하지 않는 것은 오직 영혼뿐이다. . . 텅 빈 깊은 우물 속에 던져진 죄인처럼, 나는 내가 어디에 있는지, 무엇이 나를 기다리고 있는지 알지 못한다. 내가 알고 있는 것은 다만 물질적 힘의 근원인 악마를 상대로 지칠 줄 모르는 치열한 싸움에서 결국엔 내가 승리하고, 그 후 물질과 영혼이 아름다운 조화 속에 융합되어 세계적인 의지의 왕국이 출현한다는 것뿐이다. 하지만 이것은 길고 긴 몇천 년이 조금씩 흘러, 달도,

반짝이는 시리우스도, 이 지구도 모두 먼지로 변한 뒤에야 올 것이다. . . 그때까지는 공포, 공포 . . (호수 주위에 두 개의 빨간 점이 등장) 바로 저기 나의 강력한 적, 악마가 다가온다. 그의 무서운 두 눈이 보인다. . . 그는 인간 없이 무료하다. . .

남자배우의 경우에는 <에쿠우스>의 앨런의 독백을 추천한다.

앨런

에쿠우스 ─ 플레크수의 아들 ─ 네쿠우스의 아들이여 ─ 걸어가라. 우리가 간다. 왕이 전능의 말 에쿠우스를 타고 달린다. 나만이 그를 탈 수 있다. 그가 나로 하여금 원하는 대로 저를 몰 수 있게 한다. 내 몸통에서 그의 목이 솟구쳐 나온다. 그 목이 어둠을 뚫고 일어선다. 에쿠우스, 나의 신이자 종이여! . . . 이제 너의 왕이 네게 명하노라. 오늘 밤, 우리는 그들 모두와 싸우러 달려간다. 나의 그의 적들. 후버의 귀신들, 필코의 악당들, 피프코의 무리들, 레밍터 가문과 그의 모든 족속들! 승마 바지와 승마 장화의 귀신들. 보울러 모자와 마술 시합의 악령들. 자신들의 허영을 위해 그를 타는 모든 속된 무리들. 자신들의 허영을 위해 그의 이마에 장미꽃 장식 따위를 다는 모든 천박한 종자들! 가자, 에쿠우스 그들을 무찌르자! . . . 빠른 걸음으로! . . . 서둘지 마! 서둘지 마! 천천히! 천천히! 카우보이들이 지켜보고 있다. 모두 모자를 벗어들고 있어. 그들은 우리가 누군지 알아. 경탄에 차서 우릴 바라보고 있어! 우리한테 허리 굽혀 절을 하고 있어! 자, 가자 ─ 저들에게 보여주자! 느린 속도로 달리기! . . . 느린 속도로 달려가기! 이제 전능의 에쿠우스가 이 세상 모든 권세를 무찌르러 달려간다! 그의 적들이 흩어진다. 그의 적들이 무너진다! 방향을 틀어! 그들을 짓밟아라. 그들을 짓밟아. 짓밟아. 짓밟아. 다시 방향을 틀어! 다시 돌아서! 돌아서! . . . 그래! . . . 그래! . . . 바로 그거야! 내 몸이 빳빳해진다! 빳빳이 세우고 바람 속을 달려간다! 내 갈기털이 바람 속에 나부낀다! 내 옆구리! 내 발굽! 내 다리에, 내 옆구리에 갈기털이 솟아난다. 채찍처럼 휘갈긴다! 알몸이다! 날 것이다! 난 알몸이다! 난 날 것이다! 네 몸을 느낀다! 네 몸을 느껴! 네 몸을! 네 몸! 네 속에 들어가고 싶어! 네가 되고 싶어, 영원히, 영원히! 에쿠우스, 널 사랑해! 자! — 날 데려가 다오! 너와 내가 하나 되게 해 다오! 하나가 되게! 하나가 되게! 하나가! 하나가! 하-하! . . . 하-하! . . . 하-하! 하하! 하-하! 하-하! 하-하! 하하! 하! . . . 하! 하아아아! . . . 아멘!

처음부터 독백 전체를 외워서 하기는 쉽지 않을 것이다. 외운 만큼만 가지고 반복적으로 사용해서 엑서사이즈를 진행한다. 중요한 점은, 엑서사이즈를 하는 동안은 대사를 외우는 시간이 아니라는 점이다. 대사에 얽매어서는 안 된다. 엑서사이즈를 시작하기 전에 충분히 외우고, 엑서사이즈하는 동안은 그냥 떠오르는 대사들을 가지고 소리 내는 데만 열중해야 한다. 대사가 생각이 안 날 때에는 한 단어나 한 구절만 되풀이해도 아무 문제 없다. 대사의 순서가 뒤바뀌는 것도 별문제 아니다. 매번 엑서사이즈하기 전에 대본을 충실히 외우면 점점 더 많은 소리를 자유자재로 활용해서 엑서사이즈를 할 수 있을 것이다.

소리가 얼마나 자유로운가를 들어보면, 그 배우의 상상이 얼마나 자유로운가를 알 수 있다. 소리는 정직하다. 소리를 내면 낼수록, 소리를 자유롭게 내면 낼수록, 상상은 살아나고 자유롭게 떠오르게 된다. 소리를 내지 않으면, 압력이 쌓이면서 상상은 숨 막혀 죽게 된다. 훈련하는 내내, "소리가 나를 자유롭게 하리라"를 모토로 삼아야 한다.

삶에서는 소리를 낼 수 없기 때문에 몸에 힘을 주어 소리 나지 않게 참는다. 만약에 우리가 삶의 매 순간순간에 우리가 생각하고 느끼는 것을 마음껏 소리 내고 표현할 수 있다면 우리 몸에는 어떠한 힘도 들어가지 않을 것이고, 어떠한 스트레스도 우리 안에 쌓이지 않을 것이다. 하지만 소리 내어 표현할 수 없기에 우리는 몸에 힘을 주어서 생각과 상상과 느낌을 억누르고 또 억누르는 것이다. 그래서 훈련 중에 상상에 대한 반응으로 몸에 힘이 들어가는 것이 배우로 하여금 '자연스럽다'는 착각에 빠지게 한다. 하지만 몸에 힘을 주는 것과 그에 따르는 자연스러운 느낌은 표현을 막기 위한 습관의 작용일 뿐이다.

몸에 힘을 주는 데 쓰는 에너지를 모두 소리로 내보내면서 소리가 달라지게 해야 한다. 소리 내지 않기 위해서 몸에 힘을 주는 것과 더불어 우리가 흔히 갖고 있는 또 다른 습관이 있다. 바로 한숨 쉬기이다. 한숨은 우리가 소리 낼 수 없는 것들을 큰 숨을 통해서 몸 밖으로 빼내는 무의식적인 작용이다. 한숨을 쉬어버리면 소리로 만들어져야 할 에너지가 소리로 변환되지 못하고 순식간에 몸 밖으로 빠져나가 버린다. 한숨을 쉬고 내는 소리는 그래서 맥 빠진 소리로 전락하고 만다. 배우는 숨을 낭비하지 않는다. 영화 <와호장룡>에서 독침에 맞은 주인공은 마지막 남은 한 번의 숨을 마음에만 품고 평생 사랑한다는 말 한 번 해주지 못한 여인에게 "사랑한다"는 말을 고백하는 데 쓰고 숨을 거둔다. 배우에게 숨이란 그런 것이다. 좋은 배우는 절대 숨을 허비하지 않는다.

소리 내지 않고 참게 하기 위해서 하는 훈련은 없다. 참는 것은 훈련이 필요 없는 부분이다. 소리를 내지 않거나 덜 내면 소리 내지 않는, 즉 표현하지 않는 훈련이 되어버린다. 소리를 내면서 내 몸과 마음을 단단히 감싸고 있는 '갑옷'을 벗어야 진정한 표현이 가능해진다. 소리를 진정으로 냈다면, 항상 시원하거나 후련한 느낌이 따라오기 마련이다. 뭔가 소리로 다 내보내지 못하고 남아있는 느낌이 든다면, 소리를 덜 낸 것이다. 소리를 덜 내게 되면, 때때로 일깨워진 상상이 계속 자신을 쫓아다닐 수 있다. 심한 경우에는 일주일을 가는 경우도 봤다. 상상을 일깨우고 소리를 내지 않는 것은 매우 위험한 일이다. 그만큼 상상은 강력하다. 하지만 소리를 다 낸다면, 모든 상상은 훈련을 멈추는 것과 동시에 사라진다. 소리를 내는 것만이 나를 안전하게 한다.

소리를 내는 것은 듣는 사람이 내 감각의 느낌, 생각, 마음, 감정을 알 수 있게 하는 것이다. 들은 사람이 소리로 알 수 있어야만, 진정으로 표현한 소리를 낸 것이다. 그렇지 않은 소리는 감추거나 숨기는 소리에 지나지 않는다. 감추는 소리를 내는 것은 훈련의 목적에 정확히 반하는 것이다.

그리고 목으로만 소리 내는 것이 아니라 온몸으로 소리를 낼 때에만 소리를 낸 것이다. 소리는 울림이다. 제대로 된 울림은 온몸으로 숨 쉬고 온 감각과 온몸으로 상상하고 온몸으로 만들어 낼 때에만 만들어진다. 얕게 혹은 약하게만 내는 소리는 또 다른 감추는 소리에 지나지 않는다. 온전한 울림으로 만들지 않고 바람으로 더 빼내서는 안 된다.

모든 상상은 그것에 걸맞은 소리를 요구한다. 습관적으로 내던 소리만 내면서 훈련하지 말고, 한 번도 내보지 않은 소리를 내면서 낼 수 있는 소리의 폭과 깊이가 넓어지고 깊어지게 해야 하며, 소리의 색깔이 다채롭고 변화무쌍하게 변화해야 한다. 소리가 단조로운 배우는 극을 이끌어가는 역할을 할 수 없다. 단조로움으로는 **차이**를 표현할 수 없기 때문에 관객은 듣는 것으로 알 수가 없다. 그래서 단조로운 소리의 배우가 연기하면 극이 금방 지루해진다. 하던 대로만 편하게 움직이고, 내던 대로만 편하게 소리 낸다면, 변화와 발전은 없다. '편하다', '자연스럽다'는 느낌은 성장과 발전을 가로막는 습관의 기만일 뿐이다.

3. 소리내기 힘들 때가 소리내기의 진짜 시작이다

훈련을 하다 보면, 갑자기 무언가가 북받쳐서 소리를 낼 수 없을 것 같은 상태에 도달할 수 있다. 그때가 진짜 소리내기의 시작이다. 이때 소리를 내는 것이 훈련에서 가장 중요한 부분이다. 소리 내지 않기로 선택한다면 훈련은 급격하게 흔들릴 것이며, 훈련을 마친 다음에도 괴로운 상태가 지속될 것이다.

그와 같은 상태는 기억·상상과 더불어 일깨워진 강력한 에너지를 배출했을 때 자신이 어떻게 될지 모르는 두려움에서 기인하는 것이다. 혹시라도 울음이 멈추지 않을까 봐, 혹은 완전히 망가질까 봐 두려운 것이다. 무엇보다 아픈 경험이 되살아나서 다시는 겪고 싶지 않은, 다시는 생각하고 싶지도 않은 그 고통을 고스란히 다시 겪을 것 같아서 무서운 것이다. 다시 강조하지만, 소리를 내는 것이 가장 안전한 방법이다. 소리 내는 것만이 나를 자유롭게 하고 아름답게 한다. 소리 내지 않으면 또다시 도망치는 것이다.

4. 감각적 상상에만 집중한다

모든 훈련은 기본적으로 감각에 관한 것이다. 무엇이 보이나, 무엇이 들리나, 무슨 냄새가 나나, 무슨 맛이 느껴지나, 몸의 각 부분의 피부로 무엇이 느껴지나, 손으로 무엇이 만져지나, 발밑에 무엇이 밟히나, 호기심을 가지고 열심히 생각해보고 감각적 느낌을 소리로 내려고 끊임없이 시도하는 것이 모든 엑서사이즈의 출발이다.

다른 것을 성급하게 하려고 할 필요 없다. 아무것도 계획할 필요 없다. 조급하게 상황을 설정하는 데 열 올릴 필요도 없다. 무언가를 정말로 보고 듣고 냄새 맡고 맛보고 피부로 느끼게 되면, 그와 관련된 무수한 이미지들이 저절로 떠오르는 상태에 도달하게 될 것이다. 그때가 되면 저절로 기억과 상상의 시공간 속에 존재하는 자신을 만나게 될 것이다. 아무것도 떠오르지 않는다고 기겁할 필요도 없다. 차분히 기다리면서 감각적 경험에만 집중하면서 계속 소리 내는 것이 중요하다.

엑서사이즈를 하는 동안 자신 안에 일어나는 모든 것을 소리로 내보내야 한다. 어떠한 생각·기억·상상도 소리 내지 않고 억눌러서는 안 된다. 그것은 훈련에 반하는 것이다. 심지어 '모르겠다', '생각이 안 난다', '집중이 안 된다', '지루하다', '힘들다' 등과 같은 생각들조차도 모두 소리 내어야 한다. 소리 내지 않으려는 자신과 끊임없이 지지 말고 싸워야 한다.

무엇이 되었든, 느낌·생각·기억·상상 등이 선명하게 생각이 나면 날수록 더 큰 소리로 표현해야 한다. 소리의 차이─크기의 차이, 울림의 차이, 색깔의 차이, 강약의 차이, 빠르기의 변화─로 표현하지 않으면 그것은 결국 표현하지 않는 것과 같은 것이 되어버린다.

5. 시공간적 상상

모든 엑서사이즈는 특정 경험과 관련된, 특정 상상과 관련된 시공간에 대한 감각적 기억과 상상으로 시작되어야 한다. 모든 인간은 그리고 모든 인물은 모두 시공간 속에 존재하고, 그 속에서 시공간이 생각하게 하는 것을 생각하고 느끼게 하는 것을 느끼고 행동하게 하는 것을 행하기 때문이다.

우리의 경험은 시공간에 대한 정보와 함께 우리 안에 저장된다. 시공간에 대한 감각적 상상은 그 시공간과 관련된 경험들을 순식간에 떠오르게 할 것이다. 그렇게 되면 우리는 비로소 시공간 속에 존재할 수 있게 되고 그러면 그 시공간 속에서 경험을 하기 시작한다.

6. 감각훈련은 마임이나 상황극과는 다르다

감각훈련은 언뜻 보기에 마임이나 상황극과 비슷해 보일 수 있지만, 사실 다르다. 감각훈련은 마임처럼 행동의 모방이 아니다. 무엇이든 오감으로 충실하게 상상하는 데 집중해야 한다. 결과나 겉모양을 기계적으로 모방하려고 해서는 안 된다.

아울러 감각훈련은 상황극도 아니다. 감각의 이미지들이 상황을 떠오르게 하고 공간과 시간을 떠오르게 하겠지만, 상황 자체에 직접적으로 집중하지 않는다. 무엇을 하든 상황극을 하는 태도로, 연기하는 태도로 해서는 안 된다. 그저 오감의 경험을 시작으로 경험 · 재경험하는 데 중점을 두어야 한다.

7. 재경험

자신의 삶을 상상의 재료로 해서 하는 엑서사이즈들은 모두 인생의 경험을 재경험하는 일이 된다. 기억 속 경험을 재경험하는 것은 과거를 그대로 재연하는 것과는 전혀 다른 것이다. 엑서사이즈를 통해 자신의 인생에서 일어난 일을 재경험한다는 것은 과거가 아니라 **지금 현재 일어난 일인 것처럼 상상**하는 것을 말한다. 그랬을 때, 예전과 비슷한 경험이 될 수도 있지만, 전혀 다른 느낌의 경험이 될 수도 있다. 아무런 결론도 사전에 미리 내리지 말고, 아무것도 미리 결정하지 말고, 순간순간을 충실하게 경험하면서 소리 내도록 한다. 누군가에게 이야기할 때에만 소리를 내는 것이 아니라, 상대가 듣지 못하는 속생각, 속마음까지 소리로 표현해야 한다. 소리 내면서 기억과 상상이 저절로 계속 (되)살아나게 내버려 두어야 한다.

극 속 모든 순간에 일어나는 일들은 지금 현재 처음으로 일어나는 나는 일이며, 인물이 하는 모든 말과 행동도 모두 처음으로 보이는 반응이다. 재경험하는 훈련은 배우가 무엇을 하든 처음으로 하는 것처럼 보이게 하는 능력을 길러준다. 연기할 때 무언가를 백 번 연습한다면, 그것은 백 번 연습한 것처럼 보이게 하기 위해서가 아니라, 처음처럼 보이게 하기 위해서라는 것을 잊지 말자. 모든 엑서사이즈는 우리 삶처럼, **연습 없는 즉흥**이다.

8. 결과에 집착하지 않는다

다시 강조하지만, 엑서사이즈를 하는 동안 어떠한 결과에도 집착하지 않아야 한다. 생각이 나면 나는 것이고 아니면 마는 것이다. 생각이 나면 난다고 소리 내고, 생각이 나지 않으면 안 난다고 소리 내면 된다. 결과에 집착하는 것은 안전하고 편안한 방식으로 자신이 아는 대로만 엑서사이즈를 진행하고자 하는 방어기제일 뿐이다.

9. 필요한 건 오로지 호기심이다

엑서사이즈를 하는 데 가장 필요한 것은 아이 같은 **호기심**이다. 좋은 배우는 아이와 같다는 말이 있는데, 무언가를 정말로 알고 싶어 하고 궁금해하는 것이 배우에게 가장 좋고 필요한 덕목이다. 모든 독창성은 호기심에서 비롯된다. 아이들처럼 주어진 것에만 집중하고, 열중하고, 좋아하면서 엑서사이즈에 임한다면, 틀림없이 좋은 배우가 될 수 있다.

10. 최소한의 힘

몸에 힘을 주는 습관을 제거하고, 상상이 불러일으키는 에너지를 효율적이고 표현적으로 쓰기 위해서 불필요한 힘이 몸에 들어가지 않게 필요한 최소한의 힘만을 써서 훈련을 진행한다. 소리를 온전히 낼 때에만, 상상이 불러일으키는 에너지를 소리로 온전히 표현할 때에만, 몸에는 꼭 필요한 만큼의 힘만 남게 될 것이다. 힘을 줄수록 울림으로서의 소리가 죽는다. 몸에 힘이 빠져야 울림이 온전하게 살아나고 울림이 온전하게 살아야 진정한 소리라고 할 수 있다. 그런 소리만이 관객을 사로잡고 관객의 생각과 마음을 움직일 수 있다.

미간을 찌푸리지 않도록 하자. 미간에 힘이 들어가는 습관은 눈으로 말해야 할 것을 눈으로 말하지 못하는 데서 생기는 무의식적 반응이다. 배우에게는 눈이 생명이다. 상상의 창이기 때문이다. 미간에 힘을 주면 눈이 죽는다. 그것은 치명적이다. 눈을 감고 엑서사이즈를 하는 동안에는 미간을 부드럽게 하고 상상을 한다. 눈을 뜨고 엑서사이즈를 할 때는 눈으로도 함께 말하면서 미간에 힘이 들어가는 습관을 없애야 한다. 그냥 미간을 찌푸리지 않으려고만 하면 고쳐지지 않고 긴장과 자의식만을 낳는다. 눈으로 더 말하려고 할 때에만 고쳐질 수 있는 습관이다.

11. 눈 감기와 눈 뜨기

모든 엑서사이즈는 눈을 감고 시작한다. 눈을 감는 이유는 눈을 감고 보기 위함이고, 시각 이외의 다른 감각들이 살아나게 하기 위함이다. 눈을 뜨고 하면 시각에만 지나치게 의존하게 된다. 상상은 오감 모두를 통해서 이루어지는 것이다.

훈련이 진행될수록 눈을 감는 시간이 줄어들 것이다. 눈 뜨기에 대한 특별한 언급이 없다면, 다음의 원칙대로 진행하면 된다. 기본적으로는 집중이 되면 눈을 뜨고, 집중이 흐트러지면 다시 잠시 눈을 감고 훈련을 진행한다. 각 훈련의 시작은 순전히 오감의 상상과 경험에만 집중하는 단계이다. 이때는 눈을 감고 진행한다. 오감의 상상이 본격적인 상상을 일깨우는 단계에 들어서면 눈을 뜨고 상상한다. 눈을 감았을 때 보던 것들을 그대로 보려고 한다. 초점과 집중을 급격하게 연습실 환경으로 옮겨서는 안 된다. 특히 움직이고 싶은 충동에 따라 행동할 때에는 눈을 뜨고 움직여야 다치지 않는다. 함께 훈련한다면 서로를 다치게 해서는 안 된다. 소리를 내고 있다면 다른 배우들이 어디에 있는지 보지 않고도 알 수 있을 것이다.

12. 온몸으로 숨 쉬고 온몸으로 상상하기

엑서사이즈 내내 온몸으로 숨 쉬고 온몸으로 소리 내는 것이 중요하다. 촉감은 내 몸 전체를 뒤덮고 있는 모든 피부들을 통해서 이루어진다. 따라서 오감으로 기억·상상한다는 것은 온몸으로 기억·상상하는 것과 마찬가지이다. 온몸으로 숨을 들이마시는 것은 주어진 테스크 자체를 온몸으로 받아들이는 것과 같고, 온몸으로 숨을 들이마셨을 때 기억과 상상이 내 온몸과 온 마음에 영향을 주고 반응을 일으킨다. 숨을 얕게 쉬면 내 몸 전체가 영향을 받지 않는다. 억지 연기를 하는 것은 얕은 숨이 만들어내는 고질적 습관이다. 온몸으로 숨 쉬지 않으면 온몸으로 상상할 수 없고 온몸으로 온 마음을 다해 소리 낼 수 없다.

13. 선택이 곧 예술이다

예술가는 자신을 예술가로 만드는 자신만의 선택을 한다. 그 선택들은 많은 경우 위태롭고 도전적인 선택들이다. 일반적이고 평범하고 안전한 선택은 배우를 퇴보시킨다. 각각의 엑서사이즈에서 무엇을 하기로 선택하고 결정하는 것은 전적으로 자신의 몫이다. 의미 있는 선택, 솔직한 선택, 자신을 뒤흔들 선택, 가장 용기를 필요로 하는 선택을 할 수 있기를 바란다. 그리고 그 선택에 자신을 기꺼이 내맡기기를 바란다.

14. 기준 시간: 50분

모든 엑서사이즈의 훈련 기준 시간은 50분이다. 최소한 50분간은 진행해야 한다. 50분 동안 자신만의 이미지를 보고 상상하는 능력은 주연배우가 되기 위한 필요충분조건이기 때문이다. 엑서사이즈에 따라 5분에서 10분 정도 길이를 늘리는 것은 무방하겠다.

15. 결말 짓기

모든 상상은 만남이고, 만남의 끝은 이별이다. 헤어질 수 없는 사람과 헤어지는 것이 드라마이고, 떠나보낼 수 없는 대상을 떠나보내는 것이 드라마이다. 모든 엑서사이즈는 끝을 낼 때 나름의 결말을 짓고 끝내야 한다. 흐지부지 끝내서는 안 된다. 모든 경험에는 시작 중간 끝이 있다. 결말을 짓는 것이 가장 중요하다.

16. 상상과 반응 연기훈련의 최종 목표

- 감각적 이미지와 내적 비전이 몸·소리·행동으로 정밀하게 정확하게 아름답게 변화무쌍하게 드러나는 역동적 상태에 도달하기
- 생각·기억·상상과 감각·몸과 소리·말·행동이 유기적으로 상호작용하는 상태에 도달하기
- 내적인 모든 것이 몸으로 드러나고 외적인 모든 것이 내면에 영향을 주는 상태에 도달하기
- "심리적인 모든 것은 곧 신체적인 것이고 신체적인 모든 것은 곧 심리적인 것"
- 인간 영혼의 연약함과 강인함, 밝음과 어두움, 아픔과 고통, 혼란과 방황, 갈등과 의지, 비겁함과 용기 등을 모두 몸소 이해하기
- 인간의 고귀함에 대해 이해하기
- 아름다움에 대한 감각 기르기
- 자유로운 배우, 아름다운 배우, 교감하고 반응하는 배우로 거듭나기
- 모든 연기적 요소들이 배우의 몸과 소리를 통해서 드러나고 표현되고 전달되는 상태에 도달하기

17. 상상과 반응을 위한 배우의 불문율

하지 말아야 할 것	해야 할 것
한숨 쉬지 말기	온전히 소리(울림)로 다 내기
눈썹 찌푸리지 말기	눈으로 보고 상상하고 말하기
몸에 힘을 주어 참지 말기	그 힘까지 소리로 빼기
자책하지 말기	실패를 소중히 하고 다시 도전하기
상상을 검열하지 말기	모든 상상은 그 자체로 타당하다는 것을 알고 모든 상상을 소중히 여기기
습관을 자연스러운 것으로 착각하지 말기	정신적·심리적·정서적·언어적·신체적 습관과 싸우기
하던 대로만 하지 말기	다르게·새롭게 시도해보기
"어려워"를 입 밖에 내지 말기	Just do it!
"모르겠어"라고 하지 말기	호기심을 가지고 궁금해하고 알고 싶어하기
"～ 때문에 못하겠어"라고 하지 말기	"～에도 불구하고" 하고자 하기
울상으로 연기하지 말기 감정에 집중하지 말기	상상에 따라 감정이 변화하고 흘러가게 두기
기운·맥 빠진 상태로 연기하지 말기	걷잡을 수 없는 상상이 불러일으키는 걷잡을 수 없는 기운에 자신을 내맡기기
우울하게 연기하지 말기	극한 혹은 최악의 상황에서도 빛을 보기
"어떻게 해야지?"라는 생각에 빠지지 말기	"내가 무엇이 두려운 거지?"라고 묻기
결과를 상상하거나 결과에 집착하지 말기	근원·원인·출발점·시작점을 상상하고 과정에 충실하기
'연기'하지 말기	보고 듣고 상상하고 반응하며 존재하기

표 7. 상상과 반응을 위한 불문율

4 _ 훈련의 실제

1. 상상을 위한 훈련

1단계 감각훈련

인간의 모든 경험은 감각의 경험에서 시작한다. 가상의 극적 시공간 속에 살아있기 위해서 배우는 자신의 감각을 재훈련해야 한다. 인물들도 우리처럼 연습 없이 삶을 살며, 극적 시공간 속에서 보고 듣고 상상하고 반응하며 살아있다. 연기하는 배우가 아니라 극적 시공간 속에 그저 존재하고 살아있는 배우가 되기 위한 기본 훈련이다.

『메소드연기로 가는 길』에 제시되어 있는 기본 감각훈련들을 먼저 해보고 다음 훈련들을 진행한다면 더 바람직하겠다.

가급적 여기에 제시된 순서에 따라서 훈련한다. 해당 사항이 없는 경우에는, 정말로 없는 경우에는 특정 엑서사이즈는 건너뛰어도 무방하다. 모든 엑서사이즈는 과정이다. 하나하나 착실하게 해나가다 보면, 어느 순간 달라져 있는 자신을 발견하게 될 것이다.

▶ **훈련의 목표**
⇒ 인간의 모든 경험은 감각의 경험에서부터 시작된다는 것을 이해하기
⇒ 몸의 모든 부분을 의식적으로 일깨우기
   "의식적인 노력을 통해 무의식을 일깨우고, 일깨워진 무의식을 방해하지 않기"
⇒ 모든 감각과 온몸으로 생각하고 기억하고 상상하는 상태로 전환하기

⇒ 모든 감각적 느낌들을 소리로 그대로 반영함으로써 소리 내지 않으려는 나, 표현하지 않으려는 나를 소리 내는 나, 표현하는 나로 전환하기

⇒ 감각의 기억이 불러일으키는 기억의 이미지들이 자유롭게 떠오르게 내버려 두고 방해하지 않기

⇒ 이미지로부터 소리 내고 말하고 이미지로부터 움직이고 행동하기

⇒ 이미지가 곧 말과 행동의 원천임을 체득하기

⇒ 모든 존재는 시공간 속에 존재함을 알기

⇒ 공간적 상상에 소리와 몸으로 반응하기

⇒ 내가 생각하고 느끼고 움직이는 모든 것을 시공간이 선행적으로 결정하고 있음을 알기

● 해변가 그리고 다른 공간들

- 눈을 감고 자신이 좋아하는 해변에 와있다고 상상한다. 오감으로 바다를 생각해본다.

- 숨을 마실 때 바다 냄새를 기억하면서 내 온몸으로 받아들인다고 생각하고 숨을 마신 다음 바다 냄새의 느낌을 소리로 낸다.

- 바닷바람을 몸으로 생각해본다. 바닷바람이 내 온몸으로 들어오는 상상을 하면서 숨을 마신 다음 바람의 느낌을 소리로 낸다.

- 햇살을 온몸의 피부로 생각해본다. 느낌을 소리로 낸다.

- 눈을 뜨고 수평선을 바라본다. 멀리 수평선을 향해 소리 질러 본다. 소리를 수평선까지 보내려고 한다. 소리는 내가 바라보는 곳을 간다. 멀리 보면 멀리 간다.

- 예전에 이곳에 왜 왔었는지를 생각하면서, 다시 수평선을 향해 소리를

멀리 보낸다. "오갱끼데스까"처럼.

- 파도가 들락날락하는 상상을 하면서 소리 내면서 잠시 파도와 놀아본다.
- 이제 발과 발바닥을 주된 상상의 통로로 삼아서, 발밑에 느껴지는 모래의 촉감을 생각하면서 소리 낸다. 발길을 옮길 때마다 모래가 눌리고 파이는 느낌을 생각한다. 모래 위를 걸을 때 모래가 나의 걸음을 어떻게 방해하는지 생각한다. 모래에만 집중한다면 움직임은 저절로 생겨날 것이다.

- 마찬가지로 발과 발바닥에 집중해서 이어지는 여러 공간 속을 걸어본다. 각각의 공간을 순차적으로 바꾸어 가면서 소리 내고 반응한다.
- 발자국이 하나도 나 있지 않은 **새하얀 눈밭**을 걸어본다. 뽀드득뽀드득 눈 밟을 때 나는 소리와 느낌을 생각하면서 걷고 소리 낸다.
- 눈이 얼어붙어서 위태롭게 미끄러운 **빙판길** 위를 걸어본다. 미끄러져 넘어지지 않게 최선을 다한다. 하지만 그 노력이 실패할 수밖에 없는 경우까지 상상하고 반응해본다.
- **얼어붙은 강**을 걸어서 건너는 상상을 해본다. 얼음이 단단하게 언 곳으로만 걸음을 디디지 않는다면, 물에 빠져서 죽게 될 것이다.
- **잘 깎인 파란 잔디밭**을 걸어본다
- 한여름 햇빛에 달궈진 **뜨거운 아스팔트** 위를 맨발로 걷는 상상을 한다.
- 비가 온 다음 **지렁이**들이 잔뜩 올라와 있는 길 위를 걷는 상상을 해본다.
- **징검다리**를 건너는 상상을 해본다.

- **철길** 위를 균형 잡으며 걷는 상상을 해본다.
- '하늘을 걷는 남자'처럼 높은 곳에서 **외줄 위**를 걷는 상상을 해본다. 높이에 대한 공포와 바람의 저항 속에서 균형을 잃지 않으려는 노력에 대해 생각해본다.
- 새로 산 하얀 운동화를 신고 시골의 **진흙길**을 걷는 상상을 해본다.
- 예수님처럼, **가시밭길**을 맨발로 걷는 상상을 해본다. 걸을 때마다 가시가 내 발바닥 피부를 뚫고 들어오는 상상을 한다. 소리를 내면서 고통을 이겨내야 한다. 주저앉거나 포기해서는 안 된다. 예수님은 도대체 이런 길을 어떻게 걸을 수 있었을까 생각하면서 예수님의 뒤를 따라 가시밭길을 걸어간다.
- 자신이 주연한 영화의 시사회에 참석하기 위해서 혹은 연기상 시상식에 참석하기 위해서 **레드 카펫**을 밟는 상상을 해본다. 환호하는 팬들을 지나서 포토존에 도착해서 기자들을 위한 사진 포즈를 취해본다.

★ 무대는 배우의 상상을 기다리는 새하얀 도화지와 같다. 배우의 상상에 의해 빈 무대는 상상의 공간으로 바뀌고, 관객들은 배우들 몸에 일어나는 반응을 보며 함께 그 공간을 상상하게 된다. 따라서 공간적 상상력은 배우에게 가장 기본적이며 중요한 상상력이다.

★ 물리적 공간보다 중요한 것은 심리적인 공간이다. 우리 모두는, 그리고 모든 인물은 심리에 따라서 같은 공간도 다르게 인식한다.

★ 모든 인물은 어떤 길을 걸어가고 있다. 자신이 연기하는 인물이 어떤 길을 걸어가고 있는 사람인지, 어떤 길을 걸어가고자 하는 사람인지를 생각해보아야 한다. 중요한 인물들은 모두 예수님처럼 고난과 고행의 길을 걸어간 사람들이다. 그 고통을 감내하고 이겨낸 인물들이다. 배우가 상상할 수 있는 고통의 크기가 곧 배우의 크기가 된다.

• 놀이터

― 자신이 7살, 8살, 9살쯤 즐겨 놀던 놀이터를 상상해본다. 정식 놀이터처럼 생긴 놀이터일 수도 있고, 전혀 놀이터처럼 생기지 않은 공간일 수도 있다. 눈을 감고 시작한다.

― 그 놀이터에 와있다고 상상하고, 그곳에서 무엇이 보이는지, 무슨 소리가 들리는지, 무슨 냄새가 나는지, 어떤 맛이 느껴지는지, 땅바닥은 어떠한지 생각해본다. 손으로 만질 수 있는 것들은 하나씩 만져본다.

― 위와 같은 오감의 상상이 나를 기억과 상상의 놀이터로 절로 데려다줄 것이다. 그때까지 오감의 기억과 상상에 충실하자.

― 공간이 되살아나면, 그 놀이터 속에서 어려서처럼 소리 내며 놀아본다. 놀면 놀수록 몸과 마음도 그때의 나이로 되돌아가는 상상을 한다. 놀이를 시작할 때에는 눈을 뜨고 움직인다.

― 집단적으로 훈련을 하고 있다면, 다른 배우들과 같이 놀아서는 안 된다. 각 개인이 가진 놀이터에 대한 기억이 다르기 때문에 서로를 방해해서는 안 된다. 자신만의 상상에 충실하지 못하고, 다른 배우들에게 의존하려고 하는 것은 심리적 긴장의 일종이다.

― 40분간 충실히 자신만의 공간에서 자신만의 놀이를 진행하고 나면, 그 이후에 10분 정도 집단적으로 놀이를 시도해본다. 중요한 것은 아무런 협의와 계획을 하지 않고 즉흥적으로 노는 것이다. 어린아이와 같은 마음이라면 충분히 계획하지 않고 놀 수 있게 될 것이다.

― 50분의 훈련시간이 지나고 나면, 지금 현재 자신으로 돌아와서, 어려서 놀았던 놀이터를 다시 방문한 것처럼 그 공간을 다시 찾아본다. 그리고 그 공간이 불러일으키는 기억들이 떠오르게 내버려 둔다.

- 10분 정도 머문 후에, 그 공간에 어떤 식으로든 자신만의 **작별인사**를 한 후에 그 공간을 떠나는 것으로 엑서사이즈를 마친다.

> ★ 공간은 나를 살아있게 한다. 공간은 내가 무엇을 생각하고 느끼고 어떻게 소리 내고 어떻게 행동하는지를 규정해준다. 공간에 대한 상상을 충실히 한다면, 배우는 연기를 어떻게 해야 하고 어떻게 말해야 하고 어떻게 움직여야 할지 전혀 걱정할 필요가 없다. 공간에 대한 상상이 그 전부를 제공해줄 것이기 때문이다.

2단계 정서적 기억훈련

정서적 기억은 이해보다는 오해가 많은 용어이다. 여기서 말하는 정서적 기억은 스타니슬라프스키가 말한 emotional memory라기보다는 리스트라스버그가 말한 **affective memory**이다. 정서적 기억은 나의 온몸과 마음을 사로잡고 그것에 영향을 주며 영혼을 뒤흔드는 이미지들이다. 정서적 기억훈련은 바로 그런 이미지들을 떠오르게 하고 그 영향에 나를 맡기는 훈련이다. 정서적 기억은 자신의 삶의 경험을 집약하고 압축하고 정제한 기억으로, 삶 자체이며, '나'라는 존재의 정수(精髓)이다. 정서적 기억훈련은 배우의 상상력을 진정으로 해방시켜주며, 삶을 상상하고 담고 표현하기 위해 배우에게 필요한 인간적 상상력을 극대화시켜준다.

정서적 기억훈련은 여전히 감각에 관한 훈련이며, 오감의 상상에서 시작되어야 한다. 정서적 기억훈련은 풍부한, 때로는 매우 강력한 감정을 불러일으키겠지만, 어떠한 경우에도 감정 자체에는 집중하지 않아야 한다. 오로지 이미지에 집중해야 한다. 또한 기억을 기본 모태로 하지만 재연이 아니라 재경험하는 훈련이고, 재경험은 항상 상상이다.

● 꿈

– 자면서 꾸었던 꿈 중에 기억나는 꿈 하나를 고른다.

– 그 꿈이 마치 현실에서 실제로 일어나는 것처럼 재경험해본다. 재연이 아니라 **재경험**이다.

– 마찬가지로 눈을 감고 오감의 경험에 초점을 맞추어 시작하고, 꿈이 자유롭게 펼쳐지게 내버려 둔다. 꿈의 법칙은 현실의 법칙과 다르다. 현실의 법칙에 얽매이지 말고 꿈의 법칙을 따라 상상을 진행한다. 논 리적인 전개 같은 것은 잊어버려라. 집중이 되면 눈을 뜨고 이어간다.

– 만약 꿈의 길이가 짧다면, 같은 꿈을 계속 되풀이해서 꾸는 것처럼 반 복해본다. 반복하지만, 여전히 매번 새로운 재경험이어야 한다.

★ 극장은 꿈꾸는 곳이다. 연극과 영화는 꿈을 구현해놓은 것이다. 꿈은 그 자 체로 깊고도 완전한 상상이다. 기억나는 꿈들이 많지는 않겠지만, 무엇이 되

었든 엑서사이즈를 통해서 다시 경험하게 되면 깊고 풍부한 상상의 훈련이 될 것이다.

★ 꿈은 이성적 논리를 뛰어넘어 불가해한 상상의 경험이다. 꿈을 재료로 상상하는 훈련을 많이 할수록 이성적 논리의 한계에서 벗어난 연기를 할 수 있게 된다. 인간의 경험은 전혀 논리적이지 않다. 인물의 경험도 마찬가지이다.

★ 꿈을 통한 훈련은 배우의 무의식을 자극하면서 배우 안에 가장 깊숙이 놓인 것들을 일깨우고, 평소 나타나지 않는 눈빛을 드러나게 할 것이다.

★ 평소에 꿈일기 같은 것을 작성해둔다면, 좋은 상상의 재료가 될 것이다.

● 나의 박물관

― 나의 박물관이 존재한다고 믿어보자. 이 박물관에는 지금까지 살면서 내가 잃어버렸다고 생각했던 것들이 사라지지 않고 모여있는 곳이다. 여기엔 내가 잃어버린 물건들도 있고 잃어버린 사람들도 헤어질 때 당시의 모습으로 있다. 심지어 박물관의 어떤 영역에 가면 내가 잃어버린 생각도 떠오르게 된다. 그렇게 잃어버렸다고 생각했던 물건들과 사람들, 생각들을 하나씩하나씩 만나보도록 한다.

― 시작은 박물관 입구에서 시작한다. 눈을 감고 자신의 박물관에는 특별한 입구가 있고 특별한 입장 방법이 있다고 상상해보자.

― 안에 어떤 것들이 있을지 미리 정하지 말자. 자신만의 방법으로 박물관 안으로 들어가서 무엇이 있는지 차근차근 만나보도록 한다.

― 물건들은 만져도 보고 옛날처럼 다뤄본다. 잃어버린 사람들도 다시 만나 이야기 나눠보고, 잃어버렸던 생각들도 다시 해본다.

― 만남의 과정에서 나에게 일어나는 모든 일들, 생각들, 느낌들, 감정들을 충실하게 소리 낸다.

- 이 박물관에는 영화관이 있다. 훈련의 마지막 10분은 영화관에서 상영되고 있는 영화를 보도록 한다. 영화의 제목은 <내 인생의 잃어버린 순간들>이다. 스크린을 관객과 카메라가 있는 방향으로 설정하고, 영화를 보는 내내 소리를 스크린을 향해 보내야 한다. 절대 혼자 중얼거려서는 안 된다. 스크린의 크기는 공간이 허용하는 최대 크기로 상상한다.
- 박물관에 어떤 식으로든 작별인사를 하고, 들어왔던 입구로 다시 나와서 훈련을 끝낸다.

> ★ 기억 속에 존재하는 한, 나는 어떤 것도 잃어버린 것이 아니다. 그것들은 늘 나와 함께 하고 지금의 나를 있게 한 것들이다. 우리가 무엇인가를 그리고 누군가를 정말로 잃어버리는 것은 우리의 기억 속에서 완전히 지워졌을 때이다.
> ★ 잊어버렸다고 생각하는 많은 것들은 사실 기억에서 지워진 것이 아니라, 의식적으로 생각이 나지 않도록 기억의 깊은 곳에 가라앉아있는 것이다. 어떤 것들은 영원히 지워지지 않고 나와 함께 한다. 그것들은 전부 나의 일부이자 나와 다름없다.

● 처음으로 그/그녀를 만난 날

- 사랑했던 사람을 다시 만나보는 훈련을 한다. 짝사랑의 대상이었어도 좋다. 지금은 헤어진 사람이면 좋겠다. 너무 최근에 헤어진 사람은 피하도록 한다.
- 그/그녀를 처음 만났던 시간으로 되돌아간다. 그 순간들을 재경험해본다.
- 먼저 놀이터 엑서사이즈에서처럼, 눈을 감고 공간에 대한 기억에서 시

작한다. 무엇이 보이고, 무엇이 들리고, 무슨 냄새가 나는지, 어떤 맛이 느껴지는지, 어떤 옷을 입고 있는지, 날씨는 어떤지, 손으로 만질 수 있는 것들을 가만히 만져보며, 공간이 떠오르기를 기다린다.

- 그때의 시공간 속으로 들어가고 나면, 눈을 뜨고 그때처럼 그/그녀를 다시 만나본다. 지금의 관점이 자꾸 개입하려고 하겠지만, 그때 보았던 것처럼 그/그녀를 보려고 하고, 그때 자신의 눈에 무엇이 보였는지를 생각해보려고 한다.

- 생각이 안 나더라도 조급해하지 말고, 계속해서 오감으로 생각해보려고 한다. 생각하려는 노력만이 중요하다. 결과에 집착하지 않는다. 생각이 안 난다는 생각에 집중해서는 안 된다. 훈련하는 동안 자신에게 일어나는 모든 일은 소리로 낸다. 그/그녀에게 말할 때에만 소리를 내는 것이 아니라, 속으로 드는 생각들도 엑서사이즈 독백으로 소리를 낸다.

- 마찬가지 방법으로, 별개의 엑서사이즈로 다음에 이어지는 시간들로 되돌아가 본다.

● 처음으로 그/그녀와 키스한 날

- 공간에 대한 오감의 상상으로 시작한다.
- 첫 키스에 이르기까지의 순간들, 첫 키스의 순간, 첫 키스 이후의 순간들을 오감으로 생각하고 재경험한다.

● 처음으로 그/그녀와 싸운 날

- 공간에 대한 오감의 상상으로 시작한다.
- 싸움은 그날 발단이 된 일이 있었겠지만, 대개 그전부터 쌓여 온 것들이 터져 나오면서 시작되고 진행되기 마련이다.
- 싸움에 이르기 전의 순간들, 싸움의 순간들, 싸우고 나서의 순간들로 크게 구분 지어 진행해본다.

● 그/그녀를 마지막으로 만난 날

- 공간에 대한 오감의 상상으로 시작한다.
- 그/그녀와 마지막으로 함께한 순간들을 재경험해본다.

★ 연기에서 상대는 나의 전부이다. 상대가 있기에 나는 생각하고 느끼고 말하고 행동한다. 내가 하는 모든 것은 내가 결정하는 것이 아니라 상대가 결정해준다. 상대가 없었다면, 상대가 다른 인물이었다면, 인물들은 대본상에 있는 어떤 말과 행동도 하지 않았을 것이다. 내가 말하고 행동하는 것이 아니라 상대가 나에게 말하게 하고 행동하게 하는 것이다. 그래서 연기는 반응인 것이다.

★ 인물들은 자기 자신에 대해 생각하지 않는다. 인물들은 오로지 상대, 특히 자신의 마음을 빼앗아간 상대만을 생각한다. 자신의 심장을 온전히 상대에게 내주어야 한다.

★ 상대의 생각과 마음을 움직이는 것이 얼마나 어려운 것인지를, 얼마나 내 마음대로 되지 않는지 엑서사이즈를 통해서 깨달아야 한다. 대본에 적힌 대사들로부터 그 어려움을 읽어낼 수 있어야 한다. 그리고 상대인물을 그렇게 바라볼 수 있어야 한다.

• 버킷리스트(D-30)

─ 자신이 죽기 전에 꼭 해보고 싶은, 하지만 어떤 이유에서든 아직 하지
 못하고 있는, 그래서 언젠가 꼭 하고야 말 일들에 대해서 생각해보자.
 그 일들의 목록이 '버킷리스트'이다. 자신의 버킷리스트를 생각해보는
 시간은 자신이 인생에서 정말로 무엇을 원하고 필요로 하는지를 생각
 하고 알아가는 시간이다.

─ 한 번의 엑서사이즈에서 한 가지 버킷리스트를 하는 것도 가능하고,
 여러 개의 버킷리스트를 하는 것도 가능하다. 중요한 것은 50분 안에
 내가 하고 싶은 것을 정말로 해내야 한다는 것이다.

─ 시공간과 그 속에 존재하는 대상들, 사람들에 관한 오감의 상상에서
 시작한다.

─ 타임라인을 설정한다. 이제 나에게 살날이 한 달 정도 남았다고 생각
 한다. 타임라인을 정하는 이유는 더 이상 미룰 수 있는 시간적 여유가
 없게 하기 위해서이다.

> ★ 죽음에 대한 생각들이 찾아오겠지만, 그것 자체는 틀린 것이 아니고 억누를
> 필요가 없지만, 자신이 하고 싶어 하는 일을 꼭 하고자 하는 데 더 집중하도
> 록 한다. 죽음과 관련된 생각들은 떠오르는 대로 소리로 배출하도록 한다.

• 버킷리스트(D-7)

─ 마찬가지 방법으로, 이제 살날이 일주일 남은 시점이라고 상상하고 자
 신이 정말 원하는 것들을 해보려고 시도한다.

● 버킷리스트(D-1)

- 마찬가지 방법으로, 이제 자신에게 살날이 하루밖에 남지 않았다고 생각한다. "내일 지구가 멸망하더라도 나는 오늘 한 그루의 사과나무를 심겠다"는 과학자를 생각해보라. 삶의 마지막 순간에 나는 무엇을 할 것인지를 생각해보고 엑서사이즈를 통해서 실제로 해본다.

> ★ 극 속 주인공들은 희생양이나 피해자가 아니다. 감정 때문에 아무것도 못 하고 있는 상태로 전락한다면, 죽음에 대한 두려움이나 죽음으로 인한 슬픔에서 헤어나오지 못한다면, 인물이 될 수 없다. 감정이 중요하지만, 감정을 이겨내려고 하는 의지와 노력이 있을 때에만 인물이 될 수 있다. 스타니슬라프스키가 말한 대로, 배우는 어떠한 상상을 하든 능동적이어야 한다.
> ★ 인물에게 필요한 모든 것들이 자신의 버킷리스트만큼 소중하고 간절한 것이라고 상상하는 습관을 들여야 한다. 만약 작품 안에서 인물이 원하는 것이 있다면, 그것은 필시 자신의 목숨만큼 소중한 것일 것이다.

● 사춘기 + 학생시절 중1

- 사춘기와 학창시절은 예민했던 만큼 내가 가장 많은 것을 느끼고 상상하고, 혼란스러워하고 방황하고 그러면서도 꾸준히 성장했던 시간이다. 배우적 상상의 관점에서 가장 중요한 인생의 시기이다. 그 시기의 자신을 솔직하게 다시 만나보도록 한다.
- 중학교 1학년에서 시작해서 사춘기와 학생시절의 자신을 차례로 만나본다. 학교, 가정, 그리고 학교와 가정 사이에 존재했던 자신의 경험들을 재경험해보자. 인생의 시기별로 자신에게 큰 영향이나 변화를 준 사건이 있다면 반드시 다시 만나보고 재경험해보도록 한다.

– 오감으로 기억하는 것에서 시작한다. 예를 들어, 중학교 들어간다고 처음 입었던 교복의 촉감과 착용감, 냄새, 처음 등굣길 등을 생각해본다.
– 새로운 학교, 새로운 환경 속에 놓인 자신을 만나보자. 오감의 기억을 활용해 공간과 공간의 변화 위주로 상상을 한다. 학교 속 공간들, 집, 학교와 집 사이에 자신이 가거나 놀았던 공간들을 떠올리며, 그 속에서 자신이 무엇을 보고 생각하고 느끼고 했는지를 재경험해보도록 한다. 훈련이 진행되면 될수록 몸도 마음도 그때의 나이로 되돌아가는 상상을 한다.
– 짧게 짧게 생각나는 순간들은 그렇게 흘러가도록 내버려 둔다. 길게만 생각이 나야 한다고 여기면 긴장이 되어 상상이 죽는다.

● 사춘기 + 학생시절 중2

– 마찬가지 방법으로, 중학교 2학년 때의 삶의 순간들을 학교와 가정, 학교와 가정 사이의 공간 위주로 기억하고 상상한다. 자신의 인생에 일어난 사건들을 재경험해본다.

● 사춘기 + 학생시절 중3

– 마찬가지 방법으로, 중학교 3학년 때의 삶의 순간들을 학교와 가정, 학교와 가정 사이의 공간 위주로 기억하고 상상한다. 자신의 인생에 일어난 사건들을 재경험해본다.

● 사춘기 + 학생시절 고1

− 중학교에 입학했을 때처럼, 고등학교로의 진학은 자신의 삶에 일어난 큰 변화이다. 새로운 환경과 공간들, 새로운 친구들, 새로운 선생님들과의 새로운 경험을 재경험해본다.

● 사춘기 + 학생시절 고2

− 마찬가지 방법으로, 고등학교 2학년 때의 삶의 순간들을 학교와 가정, 학교와 가정 사이의 공간 위주로 기억하고 상상한다. 자신의 인생에 일어난 사건들을 재경험해본다.

● 사춘기 + 학생시절 고3

− 마지막으로, 고등학교 3학년 때의 삶의 순간들을 학교와 가정, 학교와 가정 사이의 공간 위주로 기억하고 상상한다. 자신의 인생에 일어난 사건들을 재경험해본다.

> ★ 나와 다른 존재인 인물이 되려고 하기 전에, 자신이 살아온 삶의 시간들을 자유롭게 방문할 수 있는 것은 인물이 될 수 있는 전제이다. 인생의 각기 다른 시간 속에서의 나는 여전히 나이면서 지금의 나와는 다른 나이다. 많은 다른 나를 솔직하게 만나보는 훈련의 시간이다. 자기 자신도 만나고 표현할 수 없다면 다른 존재를 만나고 표현할 수는 더더욱 없다.

● 학창시절 친구들 중 한 명이 되어서 나를 상대하기

- 중1~고3의 시간여행을 하면서 만난 친구들 중 한 명을 선택한다. 그 친구가 되어서 나를 상대하는 훈련을 해본다. 그 친구와 함께한 시간과 공간들을 중심으로 상상한다.
- 그 친구처럼 말하고 행동하려고 시도한다. 정확히 똑같이 모방하는 것이 중요한 것이 아니라, 그 친구가 되었다고 생각하고 내 몸과 마음으로 그 친구를 빚어본다.

> ★ 친구는 성장기에 나에게 가장 많은 영향을 준 존재이다. 그런 존재가 되어보는 훈련은 인물을 창조하는 능력을 기르는 과정에서 가장 중요한 훈련이다.

● 동물원/놀이동산

- 동물원이나 놀이동산과 관련된 특별한 추억이 있다면, 그 순간들을 다시 만나본다. 동물원/놀이동산이라는 특별한 공간에 대한 오감의 기억에 집중하면서, 그 속에서의 경험들을 재경험해본다.

● 아버지와의 시간들

- 아버지와 함께한 인생의 순간들을 다시 만나고 재경험해본다.

● 어머니와의 시간들

― 어머니와 함께한 인생의 순간들을 다시 만나고 재경험해본다.

> ★ 부모님은 항상 내게 가장 큰 영향을 주는 존재이다. 그리고 부모님과의 모든 순간들은 가장 많은 시간과 생각과 감정이 녹아있는 순간들이다. 그 순간들을 재경험하는 훈련은 배우가 창조하는 시간들의 밀도를 한없이 높인다.
>
> ★ 부모님과의 시간여행은 지금의 나를 있게 하고 지금의 나를 움직이는 동인, 내 존재의 근원이 얼마나 깊고 먼 것인가를 깨닫게 한다. 배우가 인물을 이해함에 있어서도 마찬가지이다. 지금 현재의 모습만을 파악하는 것은 전혀 인물을 이해하는 것이 아니다. 지금의 현재를 낳은 근원을 보지 못한다면 인물을 전혀 이해한 것이 아니다. 이 엑서사이즈를 통해서 근원을 상상할 수 있는 눈을 기른다. 시간적으로 얼마나 멀리 떨어져 있더라도 말이다.
>
> ★ 소리를 내기 어려운 순간들이 끝도 없이 찾아올 수 있다. 소리내기를 멈추지 말아야 한다.

● 누군가를 위한 이벤트

― 과거와 현재를 통틀어 내 인생에 존재하는 특별한 사람을 고른다. 그 사람을 위한 나만의 이벤트를 준비해서 엑서사이즈로 해본다. 요리가 포함될 수 있다면 더 좋겠다.

― 실제로 이벤트를 한 경험이 있다면 그 경험을 살려서 해보고, 없다면 처음으로 해보도록 한다.

• 나의 첫 탈선/일탈

— 학생시절 훈련을 할 때 이미 했다면 생략한다.
— 그렇지 않다면, 자신이 당시 기준으로 해서는 안 되는 행동을 했던 경험을 재경험해본다.

> ★ 중요 인물들은 세상이 살라는 대로, 부모님과 선생님이 살라는 대로 살기보다는 그것을 거스르는 인물들이다. 경계선을 넘어서는 인물을 이해하고 연기함에 있어서 자신이 한 탈선이나 일탈의 경험은 지렛대 역할을 할 것이다.

• 내 인생/세계관을 바꾸어놓은 사건

— 지금껏 살면서 자신의 인생을 바꾸어놓은 사건, 사람이나 세상에 대해서 자신이 가지고 있던 생각이나 관점을 송두리째 흔들고 바꾸어놓은 사건이 있다면, 그 사건을 재경험해본다. 그 사건 전의 나와 그 사건 후의 내가 어떻게 달라졌는지를 상상해본다.
— 오감의 기억에서 시작하고 어떤 경우에도 소리를 참지 않는다. 모든 것은 소리로 배출해야 한다.

> ★ 극 속 인물이 하는 경험은 그 인물의 인생을 완전히 바꾸어놓고 그 인물이 가진 세계관과 인간관, 삶의 가치들을 뿌리부터 흔들고 바꾸어놓는다.

• 내가 가장 두려워하는 것/일/사람과 마주하기

— 무엇이 되었든, 자신이 가장 두려워하는 것과 마주하는 훈련을 해본다.

그것은 어떤 사람일 수도 있고, 어떤 일이나 상황일 수도 있으며, 심지어 어떤 생각이나 상상일 수도 있다.

– 자신이 가장 두려워하는 것을 정직하게 직면하고 소리를 내는 것으로 그 두려움을 극복하려고 해본다.

> ★ 자신이 가장 두려워하는 것과 마주할 수 있을 때, 비로소 나는 진정으로 자유로워진다. 마주할 수 없다는 것은 사실 도망 다니고 있는 상태이기 때문이다. 도망의 상태에서 벗어나야 진정한 연기가 시작될 수 있다.
>
> ★ 모든 인물들도 그 인물이 가진 두려움이 있고, 그 두려움이 그 인물을 가장 크고 깊게 움직인다. 인물들은 자신의 두려움과 싸우고 있다. 인물들은 두려움과의 싸움에서 이기는 인물과 지는 인물로 구분된다. 자신의 두려움을 마주하는 일은 인물을 이해함에 있어서 가장 근본적인 작업이 된다.

● 했던 일 다르게 해보기

– 인생에 있었던 일 혹은 사건을 재경험해보면서 그때와는 다른 판단, 다른 선택, 다른 행동을 시도해본다.

> ★ 한 인물을 다른 인물과 구분 짓는 것이 가능한 것은 같은 상황에서 내리는 판단, 선택, 행동이 다르기 때문이다. 인물의 인성과 성격은 그들이 내리는 판단, 선택, 행동에 반영된다. 인물의 인성과 성격이 독자적으로 존재한다기보다 인물의 판단, 선택, 행동을 통해 입증될 뿐이며 관객은 인물들의 판단, 선택, 행동으로 그 인물을 들여다볼 수 있을 뿐이다.
>
> ★ 자신의 경험을 재료로 해서 그것에 상상을 입히는 작업은 실제 삶을 바탕으로 상상하는 습관을 갖게 해줄 것이다.

• 한 번도 해보지 않은 일 해보기

- 살면서 아직 한 번도 해보지 않은 일을 엑서사이즈로 처음 해본다. 필요한 것은 호기심과 용기이다.

> ★ 극 속에서 일어나는 일들은 전부 인물들이 처음으로 하는 경험들이다. 인물들은 전에 경험한 적이 없는 극적 상황 속에서 해본 적이 없는 말과 행동을 한다. 설사 해본 적이 있다고 하더라도 이번에는 뭔가 달라도 다르다. 연애를 해본 적이 있다고 해서 새로운 사람과의 연애가 예전 연애와 똑같은 것은 절대 아니다. 사랑을 해본 경험이 있다고 해서 사랑연기를 잘할 수 있는 것이 아니다. 왜냐하면 인물들은 특별한 상대를 만나서 완전히 다른 사랑을 하게 되기 때문이다.
>
> ★ 처음에 대한 관심, 처음에 대한 상상은 늘 배우적 상상의 출발점이다.

• 세 가지 다른 장소

- 감각적으로 완전히 다른 세 가지 장소를 상상한다. 하나는 기억 속 공간이면 좋겠고, 다른 하나는 순수한 상상의 공간, 나머지 하나는 기억과 상상이 결합한 곳이면 좋겠다.
- 그 공간에 누가/무엇이 있고 없고는 전적으로 본인의 선택이다. 중요한 것은 감각적 경험이 완전히 달라야 한다. 예를 들어 한 곳에 비가 내리면 다른 곳엔 눈이 내리고 상상의 공간에는 피가 내릴 수도 있다. 소리로 반응하며 공간에 나를 내맡긴다.
- 각각의 공간을 차례로 5분 정도 방문한다. 그러고 나서 체류시간을 1분씩 줄여간다. 즉, 4분씩 방문한 다음에는 3분, 그다음엔 2분, 그다음엔 1분, 그다음엔 30초 정도만 머문다.

★ 세 공간을 능숙하게 오갈 수 있다면, 별도의 엑서사이즈로 공간의 수를 하나씩 늘려가며 계속 훈련할 수 있다. 미친 오필리어 같은 독백을 할 수 있기 위해서는 배우가 최소 10곳의 시공간을 자유롭게 넘나들 수 있어야 한다.

★ 시간과 공간을 자유롭게 이동하는 능력은 배우의 필수적 상상력이다. 이전의 훈련들을 통해서 이미 어느 정도 시공간적 상상력이 발휘되고 있을 것이다. 그런 자신을 믿고 선택한 공간들을 오가며 자유롭게 상상한다.

● 처음으로 ~한 날 1

● 처음으로 ~한 날 2

● 처음으로 ~한 날 3

— 삶에서 중요한 경험 세 가지를 선택해서 차례로 재경험해본다.
— 그때처럼 처음으로 모든 것을 보고 들으려고 한다.

★ 모든 경험에는 처음이 있다. 인물은 지금 이 순간 모든 것을 처음으로 경험하고 있다. 배우는 극적 시간 속에서 모든 것을 처음처럼 하기 위해 연습한다.

● 내가 갖고 싶은 한 가지 인간적인 능력

— 자신이 가지고 있지 않지만 "내게도 저런 능력이 있었으면 좋겠다"라고 생각한 능력이 있다면, 그런 능력으로 무엇을 하고 싶고 할 수 있는지, 그 능력이 있었다면 예전의 삶이 어떻게 달라졌을지 등을 실험해본다.

★ 초능력이 아니라, 인간적인 능력이어야 한다. 초능력은 추후에 할 기회가 있을 것이다.

● 일기

– 일기를 쓰고 모아두었다면 옛 일기장을 뒤져서 일기로 쓴 내용을 엑서사이즈로 재경험해본다.

– 그날에 특별히 보고 듣고 생각하고 느낀 것들을 다시 재경험해보려고 한다.

★ 일기는 가장 사적인 생각과 느낌, 상상 등을 솔직하게 기록한 나와의 대화이며, 삶의 순간들을 진실하고 치열하게 살아간 나의 흔적이다. 사적일수록 표현이 어렵다. 하지만 사적인 것을 표현하지 않으면 진실은 없다.

● 전학 혹은 이사

– 전학이나 이사를 한 경험이 있다면, 기존의 애착을 가진 공간과 작별을 하고 달라진 새로운 공간과 환경 속으로 자신을 데려가 본다.

● 여행에서 생긴 일

– 여행 중에, 평소 생활공간이 아닌 곳에서 특별한 일이 일어난 경험이 있다면 그 공간과 사건 위주로 그 일을 재경험해본다. 해당 사항이 없으면 건너뛴다.

● 아르바이트 중에 생긴 일

─ 아르바이트를 하면서 우리는 다양한 인간들을 마주하게 된다. 아르바이트를 하는 와중에 예기치 않은 일이 발생한 적이 있다면, 그 사건을 다시 재경험해본다. 해당 사항이 없으면 건너뛴다.

● 추모(의식)

─ 사랑하는 사람, 가까운 사람 중에 세상을 떠난 이가 있다면, 그 사람을 자신만의 방식으로 추모해본다. 해당 사항이 없으면 건너뛴다.

    ★ 사람이 정말로 죽은 때는 이 세상을 떠났을 때가 아니라, 이 세상 어느 누구의 기억에도 남아있지 않을 때이다. 내 안에 살아있는 그 사람을 생각해본다.

● 거짓말했던 경험

─ 누구에게나 거짓말한 경험은 있다. 크고 작은 거짓말들을 한 경험을 재경험해본다.

    ★ 거짓말을 한다는 것은 정말 어떤 행동인지, 거짓말을 하는 동안 자신에게 어떤 일들이 일어나는지를 살펴본다.

● 군대에서 했던 경험

- 군대에 갔다 왔다면, 군대에서 있었던 일을 재경험해본다. 시공간에 대한 상상을 시작으로, 군대라는 특수한 공간과 상황 속에 처한 인간들이 어떠한 선택과 판단과 행동들을 하는가를 생각해본다.

> ★ 싸르트르의 〈출구없는 방〉(*No Exit*)과 같은 작품에서 알 수 있듯이, 많은 경우 극적 공간은 인물들에게는 빠져나갈 수 없는 공간이다. 체홉의 〈세 자매〉에서 모스크바로 떠나고 싶어 하는 세 자매는 결국 떠나지 못한다. 새뮤얼 베케트의 〈고도를 기다리며〉에서 디디와 고고는 "가자"라는 말만 할 뿐, 실제로는 떠나지 못한다. 이렇게 빠져나갈 수 없는 공간에 놓인 인물들은 그 공간에 감금된 것이나 마찬가지인 상태로 존재하면서, 그 폐쇄성으로 인해 다른 인격들을 갖게 된다.
>
> ★ 군대라는 폐쇄된 사회는 그와 같은 극적 공간의 특성을 여실히 체험할 수 있는 곳이다. 그 안에서 사람이 어떻게 달라지는지는 늘 흥미로운 관찰의 대상이다.

● 살아오면서 가장 감사한 일

- 살아오면서 가장 감사했던 일을 다시 재경험해본다.

● 살면서 가장 후회되는 일

- 살아오면서 가장 후회되는 일을 다시 재경험해본다.

● 재회

- 헤어진 이와 재회한 경험이 있다면, 그날의 시간과 공간을 다시 찾아
가 본다.

● 이별여행

- 누군가와 마지막 이별여행을 떠난 적이 있다면 그 시간과 공간을 다시
찾아가 본다.

● 지워지지 않는 흔적

- 레이디 맥베스의 손에 있는 지워지지 않는 피처럼, 자신의 몸에 지워
지지 않은 흔적이 있다면, 그 흔적이 어떻게 생기고 남게 되었는지 생
각해보면서, 그 흔적을 지우려고 해본다.

● 내 인생 최고의 하루(기억)

- 살면서 내게 가장 좋았던 일들이 연달아서 계속 일어나는 상상을 해본
다. 좋아서 정신을 못 차릴 정도로 계속해서 일들이 일어나게 한다.

● 내 인생 최악의 하루(기억)

- 머피의 법칙처럼, 내 인생에 안 좋았던 일들이 하루 동안에 연달아서

계속 일어나는 상상을 해본다. 다음 일은 예기치 않은 순간에 찾아와야 한다.

★ 극적 사건들은 늘 인물이 예상하지 못한 순간에 일어나고 찾아온다.

• 나에게 금지된 것들 1

• 나에게 금지된 것들 2

− 무엇이 되었든, 나에게 금지된 것, 그래서 내가 상상조차 하지 않으려고 한 것, 하고 싶어도 할 수 없었던 것을 해보는 상상을 한다.

★ 극은 항상 금기를 깨뜨리고자 한다. 그 금기가 정말로 금기가 맞는지를 실험한다.

• 봄 여름 가을 겨울

− 어떤 계절에서 시작해도 좋다. 단 계절의 흐름을 거스르지 않는다. 여름에서 시작한다면 가을 겨울을 거쳐 봄에서 끝이 나고 겨울에서 시작한다면 봄 여름을 거쳐 가을에서 끝을 낸다.
− 계절별로 자신의 인생에서 다른 시기를 설정한다. 예를 들어 17살 봄, 9살 여름, 33살 가을, 20살 겨울처럼 말이다.
− 각 계절별로 12분~13분 정도 상상한다. 계절에 따른 감각적 경험에서 시작한다.

★ 계절이 흐르듯, 삶의 시간은 흐른다. 각기 다른 시간대를 계절과 함께 여행해본다.

3단계 관찰훈련: 나를 넘어서서

이제 나의 삶을 마주하고 상상하고 표현할 수 있게 되었으니, 나를 넘어설 단계가 되었다. 세상 속에 존재하는 다양한 존재들을 관찰하고 그들을 나의 몸과 마음으로 가져와서 나를 변화시켜 본다. 자신을 표현하는 단계를 넘어서서 세상에 존재하는 다른 생명체와 사람들을 내 몸과 마음으로 가져와 상상하는 일은 자신을 새롭고 생생하고 진실한 존재로 재탄생하게 해야 하는 숙명을 가진 배우에게 필수적인 훈련과정이다.

무엇을 얼마나 보고 관찰할 수 있느냐가 훈련의 성과를 좌지우지한다. 비범한 관찰만이 비범한 상상을 가능하게 한다. 보지 못한 것은 내 몸과 마음으로 가져올 수 없다. 관찰한 대상을 통해 자신이 가진 정신적·심리적·정서적·언어적·신체적 습관에서 벗어나야 한다. 습관은 나에게 편안함과 안정감과 자연스러움을 주지만 언제나 나를 하나로 고정시킨다. 배우의 모든 훈련은 하나로 고정되기를 거부하는 훈련이다.

관찰한 존재를 자신의 몸과 마음으로 가져오는 일은 큰 책임이 따르는 일이며 매우 숭고한 일이다. 관찰훈련은 단순히 누구를 흉내 내는 시간이 아니다. 그냥 흉내 내기에 그친다면 그것은 관찰한 대상을 조롱하거나 모욕하는 일이 될 수 있다. 캐리커처를 하는 시간도 아니다. 기능적이고 단편적인 인물을 연기하기 위해 캐리커처가 필요할 때가 있지만, 관찰훈련은 관찰 대상을 **고귀한 생명체이자 복잡하고 살아있는 영혼을 가진 존재**로 보는 훈련이다. 의술을 배우기 위해 시체 해부를 하는 의학도들을 생각해보라. 의학도들에게 생명을 구할 능력을 갖게 하기 위해 자신의 몸을, 혹은 사랑하는 이의 몸을 기꺼이 내어준 고귀한 마음을 생각해보라. 경건한 몸과 감사한 마음으로 관찰훈련에 임해야 한다.

독백을 바꾼다. 관찰훈련 동안 같은 독백을 사용한다. 독백 대사로 소리 내면서 훈련을 진행하고, 각각의 엑서사이즈가 끝나고 나면 엑서사이즈를 통해 상상한 존재가 되어 그 독백을 해본다. 성급하게 독백에 맞추려고 하지 말고, 자신이 관찰을 통해 상상한 존재로서 엑서사이즈를 하면서 시도하고 발견한 행동들을 해가면서 독백을 해본다.

> **▶ 훈련의 목표**
> ⇒ 나를 표현할 수 있기에 이제 나를 확장하고 나를 넘어서기
> ⇒ 편견과 선입견 없이 모든 것을 바라보는 마음의 눈 갖기
> ⇒ 인간에 대한 따뜻한 관심과 애정으로 인간을 바라보기
> ⇒ 겉으로 본 것으로 속을 이해하기
> ⇒ 겉으로 관찰한 것을 내 몸으로 정확하게 가져오기
> → 내 몸을 변화시키기
> ⇒ 몸의 변화로부터 발생하는 내면적 변화를 인지하고 그것에 주목하기
> ⇒ 인간의 몸과 행동을 통해 인간의 영혼과 내면을 이해하기

● 동물

★ 때때로 사람들은 개나 고양이, 돼지, 토끼, 소, 말, 호랑이 등으로 비유되기도 한다. 세상에 존재하는 동물들은 어쩌면 인간에게 있을 수 있는 어떤 면들을 거울처럼 비춰줄지도 모른다.

– 네 발 동물, 특히 '포식자'들 중에 하나를 골라서 관찰한다. 나중에 다른 동물들을 추가로 관찰해서 훈련하는 것은 상관없지만, 포식자에서 시작하는 게 좋다.
– 동물훈련은 한 번으로 끝나는 것이 아니라 대략 네 번 정도에 걸쳐서 진행한다. 훈련을 거듭할수록 점점 더 정교해지도록 한다. 훈련을 마칠 때마다 자신의 관찰에서 부족한 부분들을 다시 보완하고 다음 훈련에 임한다.

> ★ 한 번도 써본 적이 없는 방식으로 자신의 몸을 쓰는 시간이며, 한 번도 내보지 않은 소리를 내보려고 시도하는 훈련이다.

– 동물의 몸을 관찰한다.
   ✓ 척추와 머리
   ✓ 무게중심
   ✓ 힘의 원천
   ✓ 근육
   ✓ 털
   ✓ 호흡
   ✓ 리듬
   ✓ 균형
   ✓ 소리
   ✓ 신체 각 부분의 움직임과 오감
   ✓ 걸음걸이
   ✓ 그리고 마지막으로 화룡점정(畵龍點睛)으로 눈빛
– 관찰한 것을 하나씩 하나씩 차례차례 차근차근 내 몸으로 가져온다.

내 몸이 가진 제약들에도 불구하고, 최대한 동물의 몸에 가까워지도록 자신의 몸을 변화시킨다. 그렇다고 자신에게 부상을 가할 정도로 무리하지 않도록 주의한다. 무릎보호대 등과 같이 자신의 몸을 보호할 수 있는 장비들을 최대한 착용하고 훈련한다.

- 동물의 몸으로 전환되고 나면, 그 몸으로 숨을 쉬고, 동물의 몸에 자유롭게 흐르는 에너지를 상상한다.
- 동물의 몸으로 숨을 쉬면서 끊임없이 동물이 내는 소리를 내면서 훈련을 진행한다.
- 동물의 걸음걸이를 연습해본다. 서둘지 말고 네 발의 연동을 확실히 익힐 때까지 아기가 걸음마 배우듯이 착실하게 걷는 법을 익힌다.
- 걸음걸이가 익혀지면, 걷는 동안 동물의 오감이 어떻게 작용하는지를 상상하면서 걷는 연습을 계속한다.
- 첫날의 훈련은 여기까지가 좋겠다.

    ★ 내가 내 몸을 쓰듯이 몸을 쓰지 않고 다른 존재로 몸을 쓰는 것이 얼마나 힘든 일인지 바로 깨닫게 될 것이다. 5분 정도만 훈련하고 나도 몸의 곳곳이 아플 것이다. 그래서 동물의 쉬는 자세를 관찰해서 틈틈이 동물의 자세로 쉬어가면서 훈련을 진행한다.
    ★ 관찰훈련은 일단 시작하면 끝날 때까지 관찰한 대상에서 절대 빠져나오면 안 된다. 캐릭터를 들락날락하는 배우는 어설픈 배우이고 아마추어이다.

- 둘째 날에는 첫날에 훈련한 것을 다시 재시도한다. 그러고 나서 점점 동물의 습성과 행동들을 차근차근 시도해본다. 예를 들어, 사냥과 먹기, 배변, 짝짓기, 수면과 휴식, 놀이, 서열 싸움, 천적에 대한 경계와 반응 등등을 관찰하고 몸으로 상상해본다. 소리적으로도 동물의 소리

에 훨씬 더 가까워지도록 시도하고 발전시켜 나간다.

- 세 번째 날에는 첫날과 두 번째 날에서 시도한 것들을 더욱 정교하게 재시도해본다. 그러고 나서 네 발과 두 발을 번갈아 오가면서 네 발 동물을 두 발 동물로 전환하는 상상을 한다. 두 발이 되더라도 네 발 상태의 기운과 리듬이 그대로 살아있어야 한다. 소리를 더욱 거침없이 내어야 한다. 그러고 나서 두 발 동물인 상태를 반인반수(半人半獸) 상태로 진화시키는 상상을 한다. 이때부터 독백으로 소리를 내기 시작한다. 하지만 쉽게 섣불리 자신의 언어적·소리적 습관으로 돌아오지 않게 주의한다. 여전히 동물의 몸으로 숨을 쉬면서 동물이 내는 소리의 울림과 크기와 리듬을 유지하면서 소리 내려고 한다. 아직 발음이 완전하지 않아도 된다. 동물의 소리를 잃어버리지 않으면서 어떻게 말을 배울 것인가가 관건이다.

- 네 번째 날에는 첫날과 둘째 날의 훈련을 빠르게 재시도하고, 세 번째 날에 시도한 반인반수의 상태로 옮겨간다. 반인반수의 상태가 완성이 되면, 이제 점차 인간으로 진화하는 상상을 한다. 동물적 힘과 리듬과 감각과 습성을 잃지 않으면서 인간으로서 말하고 행동하는 상상의 훈련을 한다. 훈련을 마치기 전에, 이렇게 태어난 새로운 존재 혹은 새로운 나로서 독백을 해본다. 독백에 자신을 맞추려고 하지 말고 새로운 존재에 독백을 맞춰서 해본다.

> ★ 나와 관찰한 대상을 하나로 결합해서 새로운 존재를 태어나게 하는 훈련이다. 편한 대로, 습관대로 하는 부분이 없어야 한다. 내 몸이 바뀌고 나니 내 안에서 일어나는 모든 변화들을 방해하지 않고 내버려 두어야 한다.
>
> ★ 제대로 한다면, 동물훈련은 배우로 하여금 자신 안에 있는 **원초적 야생 에너지**를 회복시켜줄 것이다. 그 에너지가 회복되고 나면, 배우는 비교를 거부하

는 존재감을 가진 존재가 될 것이다. 현대 문명사회 속에서 작아지고 나약해져 있는 자신을 **자연적 인간**으로 되돌려줄 것이다.

★ 동물훈련에서 적용한 원리와 방법은 이후의 관찰훈련에 그대로 적용된다.

● 가족

– 가족 중의 한 명을 선택해서 관찰한다. 가급적 성별은 바꾸지 않으면 좋겠고, 부모님보다는 형제자매 중에서 선택하도록 한다. 외동이라면, 아버지나 어머니를 선택해서 관찰한다.

– 동물훈련을 했던 것처럼, 먼저 관찰한 대상의 몸을 내 몸으로 가져와서 내 몸을 변화시키고, 숨쉬기를 변화시키고, 내 소리를 변화시킨다.

– 독백 대사로 소리를 내면서 훈련한다. 독백 대사 중간중간에 실제로 관찰한 대상이 삶에서 내는 소리와 하는 말을 섞어서 소리 내본다.

– 관찰한 대상의 오감이 어떻게 작용하는지 상상해본다.

– 관찰한 대상이 하는 행동들을 시도해본다. 나에게 하는 행동들, 다른 가족들에게 하는 행동들을 차례차례 시도해본다.

– 훈련하는 동안, 혹시라도 감정적이 된다면, 당황하지 말고 억누르려고 하지 말고, 관찰한 대상이 감정을 감당하는 방식으로 감정을 처리하려고 한다.

– 훈련을 끝마치면서 관찰한 대상으로서 독백을 처음부터 끝까지 해본다. 대상을 독백에 맞추려고 하지 말고 독백을 대상에 맞춘다.

★ 사람의 몸이라고 어설프게 흉내 내려고 하지 말고, 동물훈련을 했을 때처럼 정교하게 상상한다. 가족은 나에게 가장 큰 영향을 주는 존재이다. 그 존재가 되어 그 존재를 이해해보려고 한다.

• 친구

— 학창시절 훈련하면서 한 번 한 적이 있지만, 이번에는 지금 현재 가장 가까운 친구를 관찰해서 그 친구의 몸을 내 몸으로 가져온다.

— 그냥 친구가 되었다고만 생각해서 쉽게 움직이지 말고, 친구의 몸을 착실히 상상하고 친구의 몸의 움직임과 행동이 내 것이 될 때까지 되풀이해서 시도해본다. 몸의 사용, 호흡과 리듬, 신체적 습관 등을 정확히 구현해본다.

— 친구의 음성, 음색, 말투, 리듬, 언어적 습관, 자주 하는 표현들을 세밀히 관찰하고 정확히 구사할 수 있도록 시도해본다. 친구가 실제 쓰는 말을 독백에 섞어서 소리 낸다.

— 훈련을 끝마치면서 관찰한 친구로서 독백을 처음부터 끝까지 해본다. 친구를 독백에 맞추려고 하지 말고 독백을 친구에게 맞춘다.

> ★ 가족 다음으로 나에게 영향을 많이 주는 존재가 친구이다. 어쩌면 친구는 또 다른 나일지도 모른다. 친구가 되는 훈련을 통해 나에게 가장 가까운 사람부터 이해하려는 시도를 해본다. 한 인간에 대한 이해는 결코 쉬운 일이 아니며, 인물에 대한 이해도 마찬가지이다.

• 선망의 대상/이상형

— 자신이 생각하기에 이상적인 모습을 한, 혹은 평소 선망의 대상이었던 사람을 관찰한다.

— 관찰이 한정적일 수도 있지만, 최대한 관찰한 것을 가지고 훈련에 임한다.

- 자신의 몸을 선망의 대상이나 이상형의 몸으로 바꾸어 간다.
- 몸가짐과 몸의 사용, 소리와 언어의 사용, 타인을 대하는 태도, 내가 닮고 싶은 부분, 나에게 없다고 생각되는 면 등을 유심히 관찰하고 차근차근 내 몸으로 가져온다.
- 훈련을 끝마치면서 관찰한 대상으로서 독백을 처음부터 끝까지 해본다. 대상을 독백에 맞추려고 하지 말고 독백을 대상에 맞춘다.

> ★ 선망의 대상은 내가 꿈꾸는 나의 모습과 닮았을지도 모른다. 선망의 대상을 통해 자신이 누군가의 선망의 대상이 될 수도 있는 상태를 찾고 구현해본다.
> ★ 배우는 궁극적으로 많은 이들에게 선망의 대상이 되어야 한다. 보통의 사람들은 도달하지 못한 자유로움으로 충만하며, 아름다움, 멋, 포스, 아우라, 우아함이 풍겨나오는 존재가 되어야 한다.

● 낯선 사람

- 버스나 지하철, 혹은 길거리에서 눈길을 끄는 사람을 가만히 관찰해본다. 낯선 대상이 어떤 몸을 가졌고 자신의 몸을 어떻게 사용하고 주변에 어떻게 반응하는지를 살펴본다. 대상에 따라 많은 것을 관찰할 수도 있지만, 극히 사소하고 작은 부분만을 관찰하게 되더라도 상관없다. 어떤 이유에서든 눈길을 끄는 사람이면 되겠다.
- 관찰한 것을 자신의 몸으로 가져오고 관찰한 대상이 했던 행동들을 그대로 해본다. 짧은 동작이나 행동이면 계속해서 되풀이한다. 마치 그것이 자신의 몸짓인 것처럼 느껴질 정도까지 되풀이한다.
- 관찰한 대상과 똑같이 몸을 쓰면서, 안으로 어떤 일이 벌어지는지에 주목한다. 몸을 달리 쓰는 것이 자신이 생각하고 느끼는 데 어떻게 영

향을 주는지, 주변 환경과의 상호작용을 어떻게 다르게 하는지를 찾아
간다.

- 소리와 말을 관찰했다면, 그 소리와 말을 그대로 내보려고 한다. 그리
고 독백과 섞어서 소리 낸다.
- 관찰한 대상의 모든 것을 온전히 내 몸으로 가져오면, 그것을 기본으
로 해서 관찰하지 않은 몸의 사용과 동작과 행동들을 상상하며 시도해
본다. 중간 중간에 계속해서 관찰한 기본 동작으로 되돌아왔다가 상상
의 동작과 행동들을 계속 찾아본다. 관찰한 몸의 특성을 잃어버리지
않으면서 상상해야 한다.
- 훈련을 끝마치면서 관찰한 대상으로서 독백을 처음부터 끝까지 해본
다. 대상을 독백에 맞추려고 하지 말고 독백을 대상에 맞춘다.

> ★ 세상에 존재하는 모든 사람들은 배우들의 교과서이다. 배우는 오로지 그들
> 을 밖에서 관찰해서 보는 만큼만 알 수 있다. 편견 없는 눈으로 애정을 가지
> 고 사람들을 보고 들어야 한다.
> ★ 많은 동작들을 해서 자연스러워 보이는 것보다 때로는 몇 가지 선명한 동작
> 만으로 절제하는 것이 인물을 뚜렷하고 생생하고 강렬한 인상을 가진 존재
> 로 만들어준다.

● 괴짜

- 아는 사람이든, 모르는 사람이든 평범함에서 벗어나 있는 괴짜를 관찰
해서 자신의 몸으로 가져와 본다.
- 훈련을 끝마치면서 관찰한 대상으로서 독백을 처음부터 끝까지 해본
다. 대상을 독백에 맞추려고 하지 말고 독백을 대상에 맞춘다.

★ 인물들은 규범에서 벗어난 경우들이 많다. 인물들은 많은 경우 평범함을 거부한다. 삶 속에서 특별한 존재감과 비범한 특성을 가진 사람들은 항상 중요하고 흥미로운 관심과 관찰의 대상이다.

● 신체장애를 가진 사람

- 신체장애를 가진 사람을 관찰한다. 직접 관찰할 수 없다면 다큐멘터리 등을 참고하고 필요한 조사도 한다.
- 신체장애가 호흡과 발성 및 다른 신체의 사용에 어떻게 영향을 주는가를 관찰한다. 몸쓰기를 세밀하게 관찰하고 자신의 몸으로 가져온다.
- 신체장애를 가진 상태에서 각종 행동과 일상생활을 위해 필요한 행동들을 시도해본다.
- 관찰한 대상이 어떻게 신체장애를 딛고 살아갈 수 있는지를 몸소 체험하면서 깨달아간다.
- 신체장애를 몸소 체험하면서 신체장애가 관찰한 대상의 내면에 어떤 작용을 하는지 주목한다.
- 훈련을 끝마치면서 관찰한 대상으로서 독백을 처음부터 끝까지 해본다. 대상을 독백에 맞추려고 하지 말고 독백을 대상에 맞춘다.

★ 모든 인물은 각기 다르지만, 어느 정도 신체적 제약을 가지고 살아간다. 꼭 장애가 있는 경우에만 신체적 제약이 있는 것이 아니다. 신체장애를 가진 인물을 연기할 때 도움이 되는 훈련이지만, 그렇지 않은 인물을 연기함에 있어서도 인물이 가진 신체적 제약을 상상하는 데 도움을 주는 훈련이다.

• 정신장애를 가진 사람

- 정신장애를 가진 사람을 관찰한다. 그들이 몸을 어떻게 쓰는지를 관찰하고 그들의 행동을 관찰한다. 필요한 조사 연구를 병행한다.
- 정신장애 자체에 집중하지 말고 몸과 지각과 외적 행동의 특성들을 관찰해서 몸으로 가져온다.
- 오로지 몸을 통해서만 그들의 내면을 들여다볼 수 있을 뿐이다. 다른 몸을 통해 다른 정신 상태에 도달해 보려고 한다.
- 훈련을 끝마치면서 관찰한 대상으로서 독백을 처음부터 끝까지 해본다. 대상을 독백에 맞추려고 하지 말고 독백을 대상에 맞춘다.

> ★ 세상 모든 사람들은, 정상적인 사람이라고 할지라도, 모두 정신 상태에 따라서 다르게 보고 다르게 생각하고 다르게 행동할 때가 있다. 인물들도 마찬가지이다.

• 아이돌(idol)

- 무대 위에 있는 그리고 가능하다면 무대 밖에 있는 아이돌의 모습을 모두 관찰할 수 있으면 좋겠다.
- 노래와 춤을 포함해서 관찰한 모든 것들을 시도해본다. 엄청난 훈련의 결과인 아이돌들의 노래와 춤을 그대로 따라 할 수는 없겠지만, 최대한 시도한다.
- 훈련을 끝마치면서 관찰한 대상으로서 독백을 처음부터 끝까지 해본다. 대상을 독백에 맞추려고 하지 말고 독백을 대상에 맞춘다.

★ 아이돌의 존재감, 그들이 수천, 수만 명의 관중들을 상대하는 자신감과 당당함, 그들의 도발적 · 유혹적 시선과 거침없고 군더더기 없는 몸짓, 스타일, 팬들을 상대하는 태도 등을 배우도록 한다. 아이돌만이 아니라 배우에게 꼭 필요한 자질이다.

● 모델

– 패션 모델 중 한 명을 선택해서 그들을 관찰한다. 런웨이를 걷는 그들의 모습을 관찰하고 자신의 몸으로 직접 해본다.
– 무수히 다른 옷들을 갈아입고 사뭇 다른 캐릭터나 태도를 취하는 그들의 변화를 관찰하고 직접 해본다.
– 그들의 워킹을 그대로 해보면서 몸을 그렇게 쓰는 것이 자신의 내면에 어떤 변화를 가져오는지 주목한다.
– 모델들의 포즈를 그대로 해보면서 각각의 포즈가 가진 조형성과 내면의 느낌을 생각해본다.
– 훈련을 끝마치면서 관찰한 대상으로서 독백을 처음부터 끝까지 해본다. 대상을 독백에 맞추려고 하지 말고 독백을 대상에 맞춘다.

★ 사람들 앞에서 몸을 가장 길고 아름답고 당당하게 사용하는 모델들로부터 그들이 나와 어떻게 몸을 다르게 쓰는지를 깨달아간다.

● 아르바이트 중에 만난 사람

– 아르바이트를 하다가 만난 사람(손님 혹은 주인이나 직원) 중에 기억에 남는 사람이 있다면, 그 사람이 되어서 행동해본다.

- 아르바이트했던 공간에 대한 감각적 상상으로 시작해서 그 공간 안에서 그 사람이 어떻게 행동하고 나와 다른 사람들을 어떻게 대했는지를 기억하고 상상해본다.
- 훈련을 끝마치면서 관찰한 대상으로서 독백을 처음부터 끝까지 해본다. 대상을 독백에 맞추려고 하지 말고 독백을 대상에 맞춘다.

> ★ 아르바이트의 공간은 많은 사람들이 오가는 삶의 현장이다. 거기서 온갖 사람들을 만난 경험은 배우로서 매우 소중한 경험이다.

● 가장 비인간적인 삶을 살아가는 사람들

- "어떻게 저러고 살 수 있지?" 싶을 정도로 가장 비참하고 비인간적인 삶을 살아가는 사람을 찾아서 관찰한다. 삶의 공간 속에서 찾을 수 없다면 다큐멘터리를 활용한다. 하지만 절대 극영화 속 인물을 흉내 내서는 안 된다.
- 최악의 생존 조건 속에서 인간이 어떻게 생존해가는지를 상상하고 경험해본다.
- 훈련을 끝마치면서 관찰한 대상으로서 독백을 처음부터 끝까지 해본다. 대상을 독백에 맞추려고 하지 말고 독백을 대상에 맞춘다.

> ★ 〈레미제라블〉이라는 유명한 작품의 제목 그대로, 극 속에서 사람들의 삶은 비참하고 차마 인간으로서 살아갈 수 없는 조건 속에 놓여있는 경우가 많다. 인간 자체가 비참한 것이 아니라, 삶의 조건이 비참하다는 것을 이해하고 그 속에서 인간의 생존의 노력을 이해해본다.

사진 26. 연극집단 반 제작. 〈이혈-21세기 살인자〉(2018). 박장렬 연출. 대학로예술극장 소극장. 배우 권남희 권기대 김준삼 원종철(왼쪽부터). 사진 김명집(사진 제공 연극집단 반).

● 가장 잔인한/비열한 인간

- 삶 속에서 잔인하고 비열한 사람을 만난 적이 있다면 그 사람을 자신의 몸과 마음으로 가져와 본다.
- 훈련을 끝마치면서 관찰한 대상으로서 독백을 처음부터 끝까지 해본다. 대상을 독백에 맞추려고 하지 말고 독백을 대상에 맞춘다.

   ★ 가장 잔인하고 비열한 인간조차도 자신의 관점에서는 자신이 옳고 자신의 행동이 타당하다고 생각한다. 이해할 수 없는 사람의 입장에서 그 사람을 이해하려고 해보자. 연기는 자신이 이해할 수 있는 인물만을 연기하게 되지 않는다. 가장 이해할 수 없는 사람이야말로 배우에게 진정한 도전의 대상이 된다.

4단계 상상훈련

이제 자신을 표현할 수 있는 단계에서 자신을 넘어서서 다른 존재를 자신의 몸과 마음에 가져올 수 있는 단계에 이르렀으니, 다음 단계로 더욱 나아가보자. 이 단계가 상상하고 반응하는 배우가 되고 인물이 되기 위한 훈련의 최종단계이다.

무(無)에서 상상할 수 없다. 효과적인 엑서사이즈가 되기 위해서는 상상의 재료를 마련하기 위한 조사 및 연구가 선행되어야 한다. 막연한 상상을 하는 것은 배우가 되기 위해 반드시 버려야 할 태도이다. 상상의 재료들이 나의 상상을 자극할 때 상상은 살아나고 활발해진다.

상상의 변화에 따라 몸과 소리가 바뀌어야 한다. 앞선 관찰훈련들도 그 자체로서 의미가 있지만, 결국 배우가 상상에 따라 저절로 몸과 소리를 바꿀 수 있기 위한 것이다. 몸과 소리의 차이로 구현되지 않는 상상은 불완전하다.

훈련용 독백을 바꾼다. 앞선 훈련들과 마찬가지로 하나의 독백을 다양한 인물로서 소리 내어야 한다. 절대 독백을 연기하려고 하지 않아야 한다. 매번 훈련을 끝마치기 전에 자신이 상상한 존재가 되어 독백을 처음부터 끝까지 해본다.

▶ **훈련의 목표**
⇒ 위대한 연극적 · 문화적 · 예술적 역사와 유산들에 등장하는 인간 · 인물들의 경험을 탐구하기
⇒ 인간이 처할 수 있는 모든 가상의 상황들과 극단적 상황들 속에 자신을 내던짐으로써 인물들이 진정 어떤 경험을 하고 어떤 판단 · 선택 · 행동을 하며, 그 과정에서 인물의 영혼에 어떤 일이 일어나는지를 온몸과 마음을 다해 탐구하기

● 동화 속 인물로 살아보기

- 좋아하는 동화, 어려서 듣고 읽고 상상했던 동화를 하나 선택해서 동화 속 인물이 되어 동화 속 시공간에서 살아본다.
- 동화 속에서 일어나는 일들을 동화 속 인물로서 경험해본다.

> ★ 우리는 동화를 들으며, 그리고 조금 더 자란 후에는 동화를 읽으며 상상력을 키워왔다. 동화는 가장 아름답고 순수한 상상의 산물이면서, 때로는 인간의 삶과 경험에 대한 원형적 메타포가 되기도 한다.

● 동화의 재해석

- 같은 동화를 자신만의 시각에서 재해석한 다음 인물로서 다시 살아본다.
- 동화의 세계와 시공간을 자신만의 상상으로 재상상하고 자신만의 이야기를 이끌어간다.

> ★ 모든 이야기, 모든 상상의 세계, 모든 인물은 어떤 시각에서 상상하느냐에 따라 모두 다른 이야기, 다른 세계, 다른 인물이 된다.

● 전설 속 인물로 살아보기

- 동화와 마찬가지로 전설을 하나 골라서 그 속에 나오는 인물로 살아본다.
- 전설의 세계와 시공간에 대한 자신만의 상상을 하고, 전설 속 상황들

을 경험해본다.

● 신화 속 인물로 살아보기

— 마찬가지로 신화(神話)를 하나 골라서 신화 속 인물이 되어 살아본다.
— 신화 속 인물은 인간을 뛰어넘는 큰 존재이다. 큰 존재가 되어본다.

> ★ 극 속 인물들은 대개 실제 삶의 인간보다는 더 큰 존재이다(larger than life). 이와 같은 훈련은 배우의 존재감을 다른 차원으로 끌고 갈 것이다.

● 종교적 인물로 살아보기

— 종교 경전에 나오는 인물, 혹은 성인(聖人)이 되어서 그 인물의 삶을 살아본다.

> ★ 신이나 조물주와 인간의 관계는 인간 존재에 대한 근원적 물음을 던진다. 이 성과 논리를 뛰어넘어 종교적 믿음이 인간을 어떻게 변모시키고 행동을 변화시키는지 체험해본다.

● 만화 속 인물로 살아보기

— 좋아하는 만화를 하나 골라서 만화 속 인물이 되어 살아본다.
— 논리와 타당성에 얽매이지 말고 만화의 법칙에 따라서 순발력 있게 움직이며 상상한다.

★ 만화는 하나의 컷만으로 인물과 상황과 이야기를 생생하게 전해준다. 그 비법을 터득해보고, 만화 속 인물처럼 자유로워지는 훈련을 해본다.

● 소설 속 인물로 살아보기

- 좋아하는 소설을 하나 골라 소설 속 주인공이 되어 소설 속 세상을 살아가며 소설 속 이야기를 체험해본다.

★ 소설은 많은 영화로 만들어지는 것에서 알 수 있듯이, 배우에게 항상 좋은 상상의 재료이다.

● 치명적 매력을 가진 존재 되어보기

- "팜므 파탈", "옴므 파탈"과 같은 표현이 있다. 인물들 중에는 치명적인 매력인 가진 인물들이 많다. 뱀파이어처럼 치명적 매력을 가진 존재가 되어본다.

● 악동/짓궂은 장난

- 악동이 되어서 짓궂은 장난을 쳐본다.

★ 아이는 옳고 그름의 판단을 벗어나 있다. 아이에게는 세상 모든 것이 놀이일 뿐이다. 연기도 놀이(play)이다. 자유롭게 마음껏 장난을 쳐본다. 배우는 자신이 연기하는 인물에게 옳고 그름의 잣대를 들이대어서는 안 된다. 모든 인물은 자신이 옳고 맞다고 생각한다.

● 내가 갖고 싶은 한 가지 초능력

- 만약 내가 한 가지 초능력을 가질 수 있다면 그 초능력은 어떤 능력이 었으면 좋겠는가? 그 한 가지 초능력을 발휘해보는 상상을 한다.

> ★ 어떤 면에서 모든 인물은 초인적 존재이다. 그들은 극적 상황 속에서 초능력 과 맞먹는 능력을 발휘하게 된다.

● 머피의 법칙: 인생 최악의 하루(상상)

- 머피의 법칙처럼, 나에게 일어날 수 있는 최악의 상황과 사건들이 하루 안에 연달아 일어나는 생각을 해본다. 실제로 일어난 일들이 아니라 아직 일어나지 않은 가상의 상황과 사건들을 상상한다.

> ★ 극적 사건들은 인물들이 예상할 수 없을 때 일어나고, 정신을 차릴 수 없을 정도로 연달아 일어나는 경우가 많다. 그 예기치 않은 사건들은 인물들의 하루를 최악으로 만든다.

● 인생 최고의 날(상상)

- 반대로, 나에게 일어날 수 있는 최고의 상황과 좋은 일들이 하루 안에 연달아 일어나는 생각을 해본다. 실제로 일어난 일들이 아닌 가상의 상황과 일들을 상상한다.

● 범죄

– 삶 속에서는 무수한 범죄가 끊임없이 일어난다. 실제 사례를 조사해서
  범죄를 저지른 사람이 되어 그 사람의 삶을 살아본다.
– 범죄를 저지르기까지의 과정, 범죄의 순간, 범죄를 저지르고 난 이후의
  시간에 대해 중점적으로 상상한다.

> ★ 극 속의 많은 인물들은 마음의 죄를 포함해서 죄를 짓는다. 그리고 인물들은
>   그 죄에 대한 책임을 지려는 자와 회피하려는 자, 죗값을 치르려는 자와 숨
>   기거나 뒤집어씌우려는 자로 나뉜다. 모든 죄 뒤에는 그 죄를 낳은 삶이 있
>   기 마련이다. 배우는 죄 자체보다는 죄를 낳은 삶에 관심을 가져야 한다.

● 살인

– 마찬가지로 삶 속에는 사람이 다른 사람을 죽음으로 몰고 가는 끔찍한
  일들이 계속 일어난다. 실제 사례를 조사해서 살인을 저지른 사람의
  삶을 살아본다.
– 살인에 이르기까지의 과정, 살인의 순간, 살인 이후의 시간들에 대해
  중점적으로 상상한다.

● 연쇄살인범

– 실제로 연쇄살인을 저지른 사례를 조사해서 연쇄살인범의 삶을 살아본
  다.
– 무엇이 그로 하여금 계속해서 살인을 저지르게 하는지를 알아본다.

− 타겟의 선정, 살인의 준비, 살인의 실행, 살인 후 수습 등을 중점으로 상상해본다.

● 자해

− 삶 속에는 다양한 이유로 자신에게 자해를 가하는 사람들이 있다. 실제 사례들을 조사해서 자해하는 사람의 삶을 살아본다. 다양한 자해의 방법들에 대해서도 조사한다.
− 자해에 이르기까지의 과정, 자해의 순간, 자해 이후의 시간들을 중점으로 상상한다.

● 자살

− 가장 살아가기 힘든 나라에서 살다 보니 삶 속에는 스스로 목숨을 끊는 안타까운 일들이 계속해서 일어난다. 그들의 자살동기만 궁금해할 뿐, 우리는 그들의 삶과 그들이 삶 속에서 겪었던 문제들에 무관심하다. 김의석 감독의 영화 <죄 많은 소녀>는 그런 우리들을 고발하고 있다.
− 자살의 실제 사례들을 조사해서 자살한 이의 삶을 살아본다.
− 자살에 이르기까지의 과정들을 중점으로 상상하고 자살의 순간으로 훈련을 마무리한다.

● 다른 이의 생명 구하기

─ 세상에는 다른 사람들이 생명을 구하는 고귀한 노력이나 희생을 하는
  사람들이 있다. 실제 사례를 조사해서 다른 사람의 목숨을 구하기 위
  해서 살거나 혹은 죽어간 귀인(貴人)이나 의인(義人)의 삶을 살아본
  다.

● 전쟁(의 체험)

─ 전쟁에 군인으로 참전했거나 민간인으로서 전쟁을 체험해보는 상상을
  한다.

> ★ 전쟁은 인간의 모든 가치를 파괴하고 모든 것을 카오스 상태에 빠뜨린다. 죽
> 음에 대한 공포와 생존 본능이 난무하는 전쟁터에서 집단적 광기에 둘러싸
> 인 인물을 상상해본다.

● 중독 1

● 중독 2

● 중독 3

─ 현대를 살아가는 우리들은 모두 무엇인가에 어느 정도 중독되어 있다.
  정도의 차이는 있지만, 인물들도 많은 경우 무엇인가에 중독되어 있다.

- 다양한 중독의 사례들을 조사 연구해서 세 가지를 골라서 차례로 훈련해본다.
- 중독의 증상, 금단현상 등 오감과 신체적 경험으로서의 중독에 먼저 집중한다.
- 훈련을 하면서 무엇이 사람을 중독으로 몰고 가고 왜 중독에서 헤어나올 수 없게 하는지를 이해해간다.

● 천당

- 자신이 생각하는 천당에 가보는 상상을 한다.

● 지옥

- 자신이 생각하는 지옥에 가보는 상상을 한다.

> ★ 어쩌면 우리가 사는 세상이 천당 혹은 지옥일지도 모른다. 인물들이 살아가는 극적 세계도 마찬가지일 것이다. 인물들은 극 속 상황들을 거치면서 심리적으로 천당과 지옥을 오가는 기분일 것이다.

● 무인도

- 아무도 없는 무인도에서의 삶을 상상해본다.
- 어떻게 생존의 방법을 터득해가고 외로움을 상대하고 감당하는 방법을 찾게 되는지 궁금해한다.

• 극한 상황에서의 생존

– 무인도처럼 극한적인 상황이나 존재조건을 상상하고, 그 속에서 인간
  이 어떻게 생존할 수 있는지를 상상해본다. 무너진 터널 안에서 여러
  날을 버티며 생존한 사람들이 쉬운 예가 될 것이다.

> ★ 극 속 상황들은 모두 인물에게 극한적인 상황이거나 존재조건이다.

• 이상한 나라의 나

– <이상한 나라의 앨리스>처럼 친숙하지 않은 세계, 낯선 세계, 이상하
  고 기이한 세계, 현실과는 너무나 다른 세계 속에 자신을 던져놓고 그
  곳에서 살아가는 상상을 해본다.
– 자신만의 세계를 상상하고 이상한 시공간에서 낯선 사람들 혹은 생명
  체들을 상대한다.

> ★ 인물들은 많은 경우 친숙한 세계가 낯설어지거나, 실제로 낯선 공간에 내던
> 져진다. 낯섦과 이상함에 인간이 어떻게 반응하는가는 극의 주요한 주제 중
> 하나이다.

• 영화 속 상황과 인물 1

• 영화 속 상황과 인물 2

• 영화 속 상황과 인물 3

- 이제 세 편의 영화를 골라서 영화 속 주인공이 되어 영화 속 상황들을
  경험하는 상상을 해본다.
- 영화 속 인물들은 모두 배우에 의해 창조된 인물이다. 영화 속 배우의
  연기를 따라 하려고 하지 말고, 영화 속 상황들에 자신만의 상상으로
  대처해본다.
- "같은 영화를 내가 주인공이 되어서 재촬영한다면 나는 어떻게 했을
  까?"란 관점에서 상상해본다.
- 영화의 대사를 간간이 섞어서 소리 내는 것은 상관없지만, 기본적으로
  엑서사이즈 독백으로 소리 낸다.

> ★ 영화에서 본 인물들은 항상 배우에 의해서 창조된 인물이다. 다른 배우가 창
> 조한다면, 다른 인물이 태어나게 된다. 많은 배우들이 영화배우가 되기를 꿈
> 꾸지만, 영화 속 배우의 연기를 그대로 모방하는 것은 창조 행위가 아니다.
> 배우는 독보적이어야 한다. 아류가 되어서는 안 된다.
>
> ★ 오디션에서 영화 독백을 사용하게 되면, 심사위원의 머릿속에 기존 배우가
> 한 연기가 선명하게 떠오르는 경우, 매우 불리한 입장에서 오디션을 보게
> 된다. 그럴 경우, 기존 배우의 연기보다 더 낮거나 색다른 연기를 하지 않는
> 이상 오디션은 실패할 가능성이 높다.

• 악의 화신

- 악의 화신이 되어본다. 악은 선보다 더 매력적이기에 치명적이다. 자신
  이 가진 도덕률에 사로잡히지 말고 절대악이 되어본다.

★ 악역을 상상하고 연기하는 것은 배우를 자유롭게 한다. 악역은 항상 우리를 가로막는 선을 넘어선 생각과 행동을 하기 때문이다. 선과 벽에 갇히지 않은 채로 상상한다.

● 변신 1

● 변신 2

● 변신 3

− 자고 나니 주인공의 몸이 벌레가 되어버린 카프카의 <변신>에서처럼, 자신의 몸이 완전히 달라진 상태에서 자신의 삶을 살아보는 상상을 해본다.
− 자신만의 상상에 의해 자신의 몸을 자유롭게 바꾸어본다.

● 감각의 상실

− 감각의 상실은 우리가 가지고 있는 근원적 공포이다. 헬렌 켈러처럼 감각을 상실한 채로 삶을 살아가는 상상을 해본다. 시각과 청각을 잃어버려 보고 들을 수 없다거나, <올모스트 메인>의 인물처럼 촉감을 잃어버려서 통증을 느낄 수 없는 것과 같은 식으로 상상해볼 수 있다.

★ 감각의 상실은 감각의 소중함으로 일깨워줄 것이고, 다른 감각을 더욱 예민하게 해줄 것이다.

• 가상의 지워지지 않는 흔적

- 자신의 몸과 마음에 가상의 지워지지 않는 흔적이 있다고 상상해본다. 그 흔적을 지우기 위해 필사적인 노력을 기울여본다.

• 극한 직업

- 극한 직업을 가진 사람들의 삶을 조사 연구해서 살아보는 훈련을 한다. 그들이 감당해내야 하는 것은 무엇이며, 극한을 이겨내며 살아가게 하는 원동력은 무엇인지를 생각해본다.

• 수퍼히어로

- 많은 수퍼히어로들 중에 하나를 골라서 수퍼히어로의 삶을 살아본다.

   ★ 비극의 주인공을 영웅(hero)이라고 부른다. 영웅이란 무엇인지에 대해서 생각해보는 시간이 되었으면 한다.

• 원시부족

- 원시부족의 삶을 담은 다큐멘터리들을 통해 원시부족의 삶을 관찰하고 부족원이 되어서 삶을 살아보는 상상을 해본다.

   ★ 문화인류학이라는 학문이 있는 것에서 알 수 있듯이, 원시부족의 삶에는 인간 삶의 원형(原形)이 담겨있을지도 모른다.

● 성전환

- 자신의 성별이 바뀌는 상상을 해본다. 영화나 드라마에서 남녀 간의 몸이 뒤바뀐 코믹한 상황을 쉽게 접할 수 있지만, 정말로 자신의 몸이 다른 성별의 몸으로 바뀌는 상상은 생각보다 훨씬 어렵고 고난도이다. 바뀐 성으로, 바뀐 몸으로 삶을 살아가니 무엇이 달라지는지를 상상해 본다.

  > ★ 남녀가 서로를 영원히 이해할 수 없는 것은 서로의 몸이 다르기 때문이다. 인간이 모두 같은 몸을 가지고 있다면 세상에는 이해하지 못할 것이 없을 것이다. 나와 타인이 다른 것은 감각과 몸이 다르기 때문이다. 서로의 감각과 몸을 이해하지 못하기에 우리는 서로를 극히 제한적으로밖에 이해할 수 없다.

● 여자/남자들만 있는 세상

- 자신이 남자들만 있는 세상 혹은 여자들만 있는 세상에 놓인 상상을 해본다. 천당일 수도 지옥일 수도 있다.

● 성적 판타지

- 자신이 가진 성적 판타지를 엑서사이즈를 통해서 표현해본다. 성은 가장 강력한 상상을 불러일으키지만 가장 표현하기 어렵다. 강한 거부감을 느낀다면 생략하는 것이 바람직하다. 어느 누구도 강요할 수 없는 훈련이다.

★ 성은 인간과 인물을 무의식적으로 움직이는 가장 강력한 동력이며 풍부한
　상상을 낳는다.

● 훔쳐보기

― 누군가를 훔쳐보는 상상을 해본다. 실제 사례를 조사해서 참고할 수
있다. 훔쳐보기의 대상을 정하고 훔쳐보기의 방법을 고안한다. 훔쳐보
기를 통해 인물이 정말로 보고 있는 것은 무엇이며, 훔쳐보는 행동이
어떠한 심리적 작용의 결과인지를 알아본다.

● 스토킹

― 누군가를 스토킹하는 사람 혹은 스토킹을 당하는 사람의 삶을 상상하
고 살아본다. 상상에 필요한 조사 연구를 진행한다.

★ 우린 모두 무언가를 쫓거나 무언가에 쫓기며 삶을 살아간다.

사진 27. 메소드연기워크샵에서 상상과 반응훈련 중인 배우들

• 이중생활

– 드니 빌뇌브 감독의 영화 <에너미>처럼 이중생활을 하는 인물의 삶을 상상해본다. 마치 다른 사람인 것처럼 두 개의 삶을 살면서 다르게 생각하고 행동하고 다른 관계를 맺고 있는 사람의 삶을 살아본다.

★ 인간은 이중적이다. 인물도 이중적이다.

• 7대 죄악: 경계선을 넘어선 사람들, 두려움과 죄의식

– 마지막으로 성서에서 말하는 7가지 대죄를 저지른 사람들의 삶을 상상해본다. 각각의 죄는 우리가 사는 은하와 관련이 있다고 믿는 사람이 있을 정도인데, 인간에게 작용하는 어떤 힘이 인간으로 하여금 대죄를 짓게 하는 것일까? 각각의 죄가 대죄가 되려면 인간이 어느 정도까지 그 죄를 행하기 때문일까? 죄의 끝에 살인이 있기 때문일까? 자신의 상상을 초월하는 대죄가 되기 위해서는 무엇이 필요할까? 이와 같은 질문들을 해가면서 훈련을 준비한다. 필요한 조사 연구도 진행한다.
– 각각의 죄를 하나의 엑서사이즈로 해서 그 죄를 지은 사람의 삶을 상상하고 살아본다. 훈련방법은 이전에 범죄나 살인 엑서사이즈와 동일하다.
– 오만(pride, 태양)
– 시기(envy, 수성)
– 분노(wrath, 목성)
– 나태(sloth, 화성)

- 탐욕(greed, 토성)
- 식탐(gluttony, 금성)
- 색욕(lust, 달)

2. 연결·교감·반응을 위한 훈련

자유롭게 상상하는 존재로서 이제 상대 배우에게 반응하는 훈련을 시작하자. 배우의 모든 연기는 연결된 상태에서 진행된다. 자신만의 이미지와 연결된 상태, 그리고 상대 역할을 포함해서 주변의 환경과 연결된 상태에서 배우는 자신이 보고 듣는 것과 교감하며 끊임없이 반응한다. 보이지 않는 '끊어지지 않는 선'이 배우와 이미지 사이에, 배우와 공간 사이에, 배우와 상대배우 사이에, 배우와 관객 사이에 존재하는 것이다. 어느 것이든 그 연결이 끊어진 상태로 하는 연기는 인위적인 연기, 과잉연기가 된다. 그런 상태는 배우의 고립감만을 낳고 억지스러운 세찬 방해기류로 극을 비틀거리고 휘청거리게 만든다.

이상적인 상황이라면, 즉 훈련을 잘 받은 배우들이 연기하는 상황이라면, 연기의 모든 순간에는 두 배우 사이의 연결과 교감, 그리고 연쇄반응처럼 일어나는 자유로운 반응만이 있을 뿐이다. 어떠한 것도 억지로 시도되지 않는다. 극적 순간들은 물 흐르듯 흘러간다.

연결을 통한 교감과 공감, 그것은 배우가 가장 궁극적으로 지향하는 바이다. 말론 브란도는 "연기는 공감(compassion)이다"라고 정의하면서 공감을 통한 "인간성의 확장(amplification of humanity)"(Cohen xi)이 연기가 지향해야 하는 바이고, 리 스트라스버그와 스텔라 애들러를 포함한 모든 위대한 연기 선생들이 공통적으로 채택하고 지지하고 강조하는 연기의 원리라고 하였다. 상상도 행동도 모든 연기적 테크닉도 오로지 그것을

사진 28. 블루바이씨클프러덕션 제작. 〈스탑 키스〉(2015). 김준상 연출. 아름다운극장.
　　　배우 주예린 최윤희.

위해 필요할 뿐이다.

　　연결·교감·공감·반응훈련은 감각훈련과 병행해서 진행하는 것이 좋다. 훈련의 초기 단계에서부터 지속적으로 훈련해야 한다. 궁극적으로 연기는 곧 반응이기 때문이다. 상상과 관련된 모든 훈련들도 결국엔 배우가 그저 제대로 반응할 수 있게 하기 위함이다.

●●● 침묵과 정지, 대비와 차이

　　두 배우·인물이 아무런 소리도 내지 않고 있는 상태를 **침묵**이라고 부른다. 두 배우·인물이 소리뿐만 아니라 아무런 움직임도 보이지 않는 상태를 **정지**라고 부른다.

　　소리와 몸의 사용에 있어서 가장 중요한 원리는 **대비**이다. 오로지 대비를 통해서만 관객은 차이를 보고 들을 수 있게 되고 그에 따라 무엇인가를 선명하게 인식하고 알게 된다. 모든 소리와 움직임을 같은 정도로만 표현한다면 모든 것이 똑같은 것으로 여겨지기 때문에 관객은 아무것도 알지 못할 것이다.

　　배우는 **소리와 침묵, 정지와 움직임의 대비**를 기본으로 해서 연기한다. 그리고 소리와 움직임의 **변화**, 그를 통한 **차이**를 연기의 주된 언어로 해서 모든 것을 표현한다. 차이로 표현하지 않으면 아무것도 표현하지 못한 것이 된다. **차이에 대한 감각, 차이를 보고 듣고 알 수 있는 것**, 그것이 연기적 상상력의 기본 토대이며, 아마추어와 프로를 구분 짓는 중요한 잣대이다.

●●● 신체 언어

말의 언어와 신체언어는 기본적으로는 상호보완적이다. 각 언어가 가진 제한성과 한계를 서로가 보완해준다. 그러면서도 말의 언어와 신체언어는 생각보다 자주 상호배반적이다. 예를 들어, 입은 거짓말을 하지만 몸은 진실을 말하는 것처럼 말이다.

관객은 배우의 몸을 통해서 인물을 이해하고 배우와 배우의 몸의 관계를 통해서 인물관계와 극적 행동을 이해한다. 배우는 말의 어휘만큼이나 많은 신체언어의 어휘를 갖기 위해 노력해야 한다. 차이로 표현하고 연기해야 하는 배우에게 신체언어가 제한적 언어만을 가지고 있다면 차이를 온전하게 표현할 수 없기 때문이다. 어떠한 인물의 심리도 생각도 상상도 감정도 신체언어의 차이로 표현되지 않는다면 관객은 볼 수 없기에 알 수 없다. 특히나 서브텍스트가 들어있는 모든 대본은 완전한 진실의 순간을 제외하고는 인물이 자신의 진심, 속마음, 진짜 생각을 말로 다 표현하지 않는다. 상당한 대사들은 사실 거짓말이나 다름없다. 완전한 진실을 말하지 않기 때문이다. 하지만 인물의 몸은 거짓말을 하지 않는다. 진실의 언어로서, 관객으로 하여금 극과 인물을 이해할 수 있게 하는 궁극적 언어로서 신체언어의 풍부함과 다양함은 연기의 근간이다. 배우가 불분명한 신체언어로 연기를 하면 관객은 극과 인물을 이해하기는커녕 오히려 오해하고 혼란스러워하게 된다.

신체언어의 어휘는 삶에서 어느 정도 길러지기는 하지만, 제한적이다. 몸을 함부로 놀리면서 사는 것은 바람직하지 않은 것으로 여겨지기 때문이다. 아주 어려서부터 우리는 교육을 통해 우리의 몸을 제한적으로 사용하는 법을 익히게 되고 그것에 익숙해져 있다.

제한적인 신체언어는 우리의 상상 자체를 억누른다. 자유로운 상상은 자유로운 신체의 사용과 불가분의 관계에 있기 때문이다. 이어지는 훈련들을 통해서 자신의 신체언어를 발견하고 개발하고 발전시키는 최선의 노력을 기울이도록 한다.

> ▶ **훈련의 목표**
> ★ 대상과의 연결
> ⇒ 만남: 과거와 현재를 통틀어 내게 가장 중요한 존재, 가장 영향을 많이 주는 존재, 가장 사랑하는 존재로서 대상(상대인물 · 상대배우) 인지하기
> ⇒ 대상의 몸과 겉모습을 통해 대상의 내면을 들여다보기
> ⇒ 눈을 통해서 서로의 영혼을 들여다보기
> ⇒ 눈과 눈이 연결됨으로써 서로의 영혼이 연결되게 하고 보이지 않는 끊어지지 않는 선 형성하기
> ⇒ 숨을 들이마실 때 상대를 온몸과 마음으로 받아들이고 숨을 내쉴 때 나의 모든 것을 상대에게 주기
> ⇒ 나 자신이 아니라 상대를 더 소중하게 여기고, 나 자신에 집중하는 것이 아니라 상대에게 집중하기
> ⇒ 인물들은 자신보다 상대인물에만 집중해 있음을 알기(대본 분석)
> ⇒ 그렇게 대상과 온전히 만나는 상태, 진정 함께하고, 영향을 주고받고, 그럼으로써 저절로 반응하는 상태에 도달하기

⇒ 몸의 언어(정지와 움직임, 거리, 템포와 리듬, 높낮이, 각도, 시선, 터치와 컨택트, 포스터, 제스처, 걸음걸이 등)들과 소리로 반응하기

★ 공간과의 연결
⇒ 항상 대상과 공간부터 먼저 생각하고 상상하는 태도 기르기
⇒ "공간에 있기에 나는 존재한다. 네가 있기에 나는 존재한다. 공간 속에 너와 함께 있기에 우리는 존재한다."

• "너 거기 있고, 나 여기 있어"

이 훈련은 한 번씩만 했다고 했을 때 총 7회 동안 진행된다. 둘째 날부터는 전날 한 훈련을 가볍게 복습한 후에 다음 훈련을 진행한다. 훈련 시간은 1시간 정도 소요된다.

●●● 1일 차
○ 눈으로 연결 = 영혼의 연결
- 파트너와 1미터 정도 거리를 두고 마주 보고 선다. 이 거리를 **기본 거리**로 해서 훈련을 진행한다. 팔은 힘을 빼고 옆으로 떨어뜨린다. 앞짐이나 뒷짐을 지지 않는다.
- **몸의 거리는 마음의 거리**이다. 마음이 멀수록 몸이 멀다. 무대 상의 인물들 간의 몸의 거리와 거리의 변화를 보면, 장면 안에서 어떤 일들이 진행되는가를 알 수 있다.
- 기본 거리보다 두 사람의 몸의 거리가 가까워지면, **사적인 친밀한 관계**로 바뀐다. 친밀한 관계가 아닌 사람이 기본 거리를 침범하고 들어

오면 그것은 **폭력**이 된다. 당분간 기본 거리 이상으로는 가까워지지 않고 훈련하게 될 것이다.

- 서로의 눈을 들여다보는 것으로 서로를 연결한다. 지금부터 **서로에게서 절대 눈을 떼지 않고 훈련을 진행한다.** 눈을 떼는 것은 상대배우를 무시하고 자기 자신만 중요하게 여기는 태도이다. 프로배우라면 상대배우의 눈을 바로 들여다볼 수 있어야 한다.

- 상대의 **오른쪽 눈**을 본다. 우뇌와 연결된 눈이기 때문이다. 두 눈을 동시에 보려고 하면 초점이 흔들릴 수밖에 없다. 실제 연기 상황이라면 객석과 카메라에 가까운 쪽 눈을 보아야 하지만, 훈련을 하는 동안에는 상대의 오른쪽 눈을 본다.

- 웃음이 나면, 웃음이 나게 내버려 둔다. 하지만 절대 눈을 떼지 않는다. 연결된 상태에서 자신에게 일어나는 모든 일들이 일어나게 내버려두어야 한다. 억압하는 것은 훈련에 반하는 것이다.

- 이제 곧 주어질 대사를 통해서만 소리 내고 말할 수 있다. 다른 어떤 말도 해서는 안 된다. 배우는 자신의 말로 연기하지 않는다. 오로지 주어진 대사에 자신의 모든 것을 담아야 한다.

- 눈을 통해서 두 사람의 **영혼**이 연결된다는 상상을 하면서 상대의 눈을 깊이 들여다본다. 상대의 영혼이 나를 보고 있는 것을 볼 수 있을 것처럼 깊이 들여다본다.

- 숨을 마실 때, 상대에게서 전해져오는 모든 기운을 내 몸 가장 깊숙한 곳까지 받아들이는 상상을 하면서 들이마신다.

- 숨을 내뱉을 때 나의 모든 것을 상대에게 주는 상상을 하면서 내쉰다.

- 상대를 자신을 제외하고 지금 **세상에 존재하는 유일한 사람**이라고 생각한다.

- 상대의 눈을 깊이 들여다본다. 지금 내 앞에 있는 존재는 **살아있는 생명체이며, 연약한 영혼을 가진 존재**이다. 그 영혼을 볼 수 있을 때까지 깊이 들여다본다.
- 상대의 눈을 들여다보면서 이제부터 던져지는 질문에 답을 생각하고 찾아본다. 말을 해서는 안 된다.
- 세상 모든 사람에게는 그 사람만의 **장점**과 **매력**이 있다. 지금 내 앞에 있는, 살아 숨 쉬는 연약한 영혼을 가진 존재가 가진 장점과 매력은 무엇인지 찾아본다. 그리고 그것에 대해서 생각한다.
- 지도하는 선생님이나 훈련의 리더가 있다면, 선생님/리더가 "**지금**"이라고 신호를 해주면, 서로에게 장점과 매력에 대해서 다음 대사로 말해준다. "**멋지다.**" 오로지 "멋지다"라는 말에 모든 것을 담아서 상대에게 전해야 한다. 지도해주시는 선생님이 없다면, 각자 장점과 단점을 다 찾은 다음에 상대에게 "멋지다"라고 말해준다.
- 다시 서로의 눈을 깊이 들여다본다. 상대의 영혼을 볼 수 있을 때까지. 그 영혼이 나를 보고 있는 것을 볼 수 있을 때까지.
- 마찬가지로, 세상 모든 사람에게는 그 사람만의 **단점** 혹은 **약점**이 있다. 지금 내 앞에 있는, 살아 숨 쉬는 연약한 영혼을 가진 존재가 가진 단점과 약점은 무엇인지 찾아본다. 그리고 그것에 대해서 생각한다.
- 역시, "**지금**"이라고 신호를 해주면, 서로에게 단점과 약점에 대해서 다음 대사로 말해준다. "**괜찮아.**" 오로지 "괜찮아"라는 말에 모든 것을 담아서 상대에게 전해야 한다. "단점과 약점이 있어도 너는 여전히 소중해"라는 의미로 "괜찮아"라고 말해준다.
- 다시 서로의 눈을 깊이 들여다본다. 상대의 영혼을 볼 수 있을 때까지. 그 영혼이 나를 보고 있는 것을 볼 수 있을 때까지.

- 마찬가지로, 세상 모든 사람에게는 그 사람만의 **꿈**이 있다. 지금 내 앞에 있는, 살아 숨 쉬는 연약한 영혼을 가진 존재가 열망하는 꿈을 찾고 생각해본다.

- 역시, "지금"이라고 신호를 해주면, 서로의 꿈에 대해서 다음 대사로 말해준다. **"화이팅!"** 오로지 "화이팅"이라는 말에 모든 것을 담아서 상대에게 전해야 한다. 상대의 꿈이 꼭 이루어졌으면 하는 바람과 응원을 담아서 "화이팅!"이라고 말해준다.

- 다시 서로의 눈을 깊이 들여다본다. 상대의 영혼을 볼 수 있을 때까지. 그 영혼이 나를 보고 있는 것을 볼 수 있을 때까지.

- 마찬가지로, 세상 모든 사람에게는 그 사람만이 가진 **두려움**이 있다. 그 두려움은 꿈을 좌절시킬지도 모른다. 지금 내 앞에 있는, 살아 숨 쉬는 연약한 영혼을 가진 존재가 두려워하는 것은 무엇인지 찾고 생각해본다.

- 역시, "지금"이라고 신호를 해주면, 상대가 가진 두려움에 대해서 다음 대사로 말해준다. **"두려워하지 마."** 오로지 "두려워하지 마"라는 말에 모든 것을 담아서 상대에게 전해야 한다. "너만 두려운 게 아니다. 나도 두려워. 두려워해도 괜찮아. 내가 있잖아"라는 의미와 마음을 담아서 "두려워하지 마"라고 말해준다.

★ 우리는 오로지 몸을 통해서만 서로를 들여다보고 상상할 수 있을 뿐이다. 정말로 보고 듣는 것 말고 상대를 알 수 있는 다른 방법은 없다.

★ 연기의 상황도 마찬가지이다. 배우들이 대본의 내용을 알고 있다는 이유로 상대배우를 제대로 보지 않는 데서 상당한 문제가 발생한다. 상대를 볼 때 우리는 과연 무엇을 보는 것일까? 그리고 그것으로부터 무슨 생각을 하게 될까? 상대인물을 미리 안다고 생각해서는 안 된다. 오로지 내가 보고 듣는 만큼만 알 수 있을 뿐이다.

○ 인사: "너 거기 있고, 나 여기 있어"

— 이제 서로의 눈을 보면서 주어진 대사만으로 간단한 인사를 주고받는 다. 대사는 "너 거기 있고, 나 여기 있어"이다. 항상 "너"부터 이야기 하고 그다음에 "나"를 말한다. 나보다 상대가 더 중요하기 때문이다. 너는 나에게서 거리가 떨어진 채로 "거기"에 있다. 내가 있는 곳은 "여기"이다. **너와 나 사이에는 항상 거리가 존재한다.** 거리가 완전히 사라지는 상태는 가장 사랑하는 사람들이 사랑을 나눌 때뿐이다.

> ★ 이 대사로 훈련을 하는 이유는 "너 거기 있고 나 여기 있어"라는 말이 작품 에서 거의 모든 대사들의 속뜻이기 때문이고, 드라마의 본질을 담고 있기 때문이다.

○ **거리와 속도의 변화**

— 이제 눈으로 연결된 상태에서 움직임을 가미해보자. 움직임을 통해 다 양한 신체언어를 찾고 발견하고 경험해보자. 움직임의 차이가 어떤 내 면적 변화를 가져오는지를 알아보자.

— "너 거기 있고 나 여기 있어"를 계속 주고받으면서 훈련을 진행한다. 거리의 변화가 생기면 소리가 그것에 맞춰서 변화해야 한다.

> ★ <u>모든 소리는 방향과 도달하고자 하는 지점이 있다.</u> 대상에 도달하지 않게 소 리 내는 것은 사실 소리 내지 않은 것이나 다름없다. 거리가 멀어지면 소리 가 더 멀리 가게끔 소리를 보내야 한다. 소리 속에는 항상 거리감이 포함되 어 있다. 소리만 듣고도 거리를 알 수 있어야 한다.

> ★ <u>소리와 말은 물리적인 몸의 거리, 심리적인 거리를 좁히려고 한다.</u> 영화 〈러 브 레터〉의 "오갱끼데스까"가 그렇게 유명한 대사가 된 이유는 이승과 저승 사이의 거리를 좁히고자 하는 인물의 간절한 마음이 담겨있기 때문이다. 인 물은 자신의 소리가 저승에 있는 사랑하는 사람에게 도달하지 못할 것이란

생각은 하지도 않는다. 그저 저세상에 있는 연인이 자신의 소리를 듣기를 바라는 간절한 마음뿐이다.

- 서로에게서 눈을 떼지 않고, "너 거기 있고 나 여기 있어"를 주고받으면서 두 사람이 동시에 같은 템포로 천천히 서로에게서 멀어진다. 멈추지 않고 같은 템포로 꾸준히 뒷걸음질 친다. 거리가 멀어짐에 따라 소리를 상대에게로 더 멀리 보낸다.
- 공간이 허용하는 가장 먼 거리에 도착하면 멈춘다. 즉, 상대가 뒷면 벽에 가까워지면 멈춘다. 서로를 정말로 보고 있다면 내가 멈추면 상대도 멈출 것이기 때문이다. 파트너가 어디에 부딪히거나 다치면 그것은 항상 내 책임이다.
- 가장 먼 거리에 멈춰 서서 서로를 향해 멀리 소리를 보내고 난 다음, 다시 서로를 향해서 천천히 같은 템포로 다가간다. 기본 거리에 도달하면 멈춘다.
- 같은 템포로 세 차례 정도 반복해본다.
- 거리적으로 봤을 때, 가장 단순하게 나눴을 때, 최소 7단계가 있다. 가장 가까이(기본 거리), 아주 가까이, 가까이, 보통, 멀리, 아주 멀리, 가장 멀리. 물론 거리에 대한 감각이 뛰어날수록 배우는 훨씬 더 세분화된 거리를 활용하지만, 최소 7단계는 자유자재로 활용할 수 있어야 한다.

- 이제 같은 움직임에 **템포, 속도, 시간**의 변화를 준다. 멀어지고 가까워짐을 반복할 때마다 두 사람이 미리 정하지 않고 서로를 바라보는 것만으로 템포의 변화가 일어나게 한다. 두 사람은 서로 같은 템포로 움직여야 한다.

— 거리와 마찬가지로, 템포도 최소 7단계로 구분된다. 가장 느리게, 아주 느리게, 느리게, 보통, 빠르게, 아주 빠르게, 가장 빠르게.

— 이어서 한 사람은 제자리에 멈춰있고, 나머지 한 사람만 혼자서 상대에게서 멀어졌다가 끝에 도달해 멈춘 다음, 다시 기본 거리까지 상대에게 가까이 다가간다. 도착하면 교대해서 움직였던 사람이 멈춰있고, 서 있던 사람이 멀어졌다가 끝에 도착해서 멈춘 다음, 다시 상대를 향해 기본 거리까지 다가온다.

— 앞에서 한 것을 다시 템포의 변화를 주면서 되풀이해 본다. 한 번의 멀어짐과 가까워짐은 같은 템포여야 한다. 반복될 때 템포의 변화를 주면서 다양한 템포를 시도해본다.

— 이제 두 사람이 **같이** 기본 거리를 유지하면서 눈을 떼지 않고 한 방향으로 움직였다가, 공간의 끝에 도달하게 되면, 다시 반대 방향으로 움직인다. 같은 템포를 유지한다.

— 마찬가지로 같은 움직임을 템포의 변화를 주면서 반복해본다. 어떤 경우에도 두 사람이 미리 협의하거나 "너 거기 있고 나 여기 있어" 외에 다른 말을 해서는 안 된다.

— 앞서의 훈련은 직선적인 움직임이었다. 이제 곡선적인 움직임을 시도해보자.

— 두 사람이 기본 거리를 유지하면서 반원을 그리며 돈다. 이때 눈과 고개는 서로를 향해야 하고 몸은 가는 방향을 향해야 한다. 상대가 서 있던 곳에 도착하면 멈춰 서서 상대를 정면으로 바라본다. 이제 반대

방향으로 다시 반원을 그리면서 돈다. 같은 템포를 유지한다.

- 앞의 동작을 되풀이하면서, 마찬가지로 템포의 변화를 준다. 한 번의 반원을 그리는 움직임 동안에 두 사람은 같은 템포, 하나의 템포로 움직여야 한다.

- 반원을 그리면서 템포의 변화를 주는 훈련을 몇 차례 반복하고 나서, 이제는 반원을 그릴 때마다 몸의 거리가 조금씩 조금씩 더 멀어지게 한다. 즉, 돌 때마다 반원의 크기가 점점 더 커지게 한다. 마찬가지로 반원을 그릴 때마다 템포의 변화가 생겨야 한다.

- 공간이 허용하는 최대 크기까지 커지고 나면, 다시 반원을 그릴 때마다 거리가 조금씩 좁혀지게 한다. 기본 거리가 될 때까지 차근차근 거리를 좁힌다. 기본 거리가 되면 멈춰 서서 정면으로 서로를 바라본다.

- 마지막으로, 두 배우가 서로에게서 눈을 떼지 않고 공간 속을 자유롭게 움직이면서 거리와 속도에 다양한 변화를 가해본다. 거리와 속도가 달라짐에 따라 무엇이 달라지는지 몸으로 느끼도록 한다. 나는 멈춰서 있을 수도 있고 움직일 수도 있다. 움직인다면 나는 상대에게서 멀어질 수도 있고 다가갈 수도 있고 원을 그리며 돌 수도 있다. 나는 직선적으로 움직일 수도 있고 곡선적으로 움직일 수도 있다. 상대와 같은 움직임을 할 수도 있고 다른 움직임을 할 수도 있으면 상대와 같은 템포로 움직일 수도 있고 다른 템포로 움직일 수 있다.

● ● ● **2일 차**

○ **시선의 변화**

- 이제 시선의 변화를 연습할 시간이다.

— 배우가 연기하는 동안 절대 한순간도 끊어지지 않아야 하는 것이 시선이다. 하지만 대본에는 인물이 매 순간 어디를 어떻게 보고 있는지 나와 있지 않다. 전적으로 배우의 몫인 것이다.

— 마주 보고 선다. 한 배우는 계속 상대배우의 눈을 들여다본다. 다른 배우는 고개를 살짝 옆으로 돌려서 상대의 눈을 직접 보지 않고 상대를 본다. 위나 아래를 절대 보지 말고 상대 눈을 봤을 때의 눈높이를 유지한 채로 고개를 돌린다.

  ★ 눈높이를 낮추거나 높이는 것은 자신의 눈이 관객과 카메라에게 보이지 않게 하는 좋지 않은 습관을 들게 만들 수 있다. 특히 어떤 경우에도 목뼈가 꺾일 정도로 고개를 들거나 숙여서는 절대 안 된다. 배우의 눈은, 연출이 특별한 요구를 하는 경우를 제외하고는, 상대배우에게는 안 보일 수 있지만 관객과 카메라에게는 항상 보여야 한다. 관객과 카메라에 자신의 눈을 숨기는 것은 표현이 아니다. 상대배우가 보지 못하는 것을 관객과 카메라가 보아야 인물을 이해할 수 있다.

  ★ 시선을 돌렸지만, 상대를 보지 않는 것이 아니라, 직접 보지 않고 보는 것이다. 그래서 눈만이 아니라 온몸으로 상대를 보고 들으려고 해야 한다. 장면 안에서 한 인물이 다른 인물을 직접 보고 있지 않더라도 그것은 안 보는 것이 아니라 다른 방식으로 더욱 강렬하게 보는 것이다.

— 한 사람이 시선을 외면한 상태로 공간 속을 자유롭게 움직이면서 거리와 속도의 변화를 준다. 시선을 외면한 사람은 상대배우가 절대 시선에서 벗어나지 않게 하고, 상대의 눈을 보는 배우는 끝까지 상대의 눈에서 시선을 떼지 않아야 한다. 시선의 차이가 무엇을 달라지게 하는지 몸으로 느껴본다.

— 멈춰선다. 시선을 돌렸던 배우가 천천히 시선을 돌려서 상대와 다시 눈이 마주치도록 한다. **눈이 마주치는 순간 무조건 5초간 얼음 같은**

정지상태를 유지한다. 시선이 떨어졌다가 다시 마주쳤을 때 5초간 정지하는 것은 이후의 모든 훈련에 예외 없이 적용되는 규칙이다.

> ★ 인물들의 시선이 떨어졌다가 다시 마주치는 순간은 항상 중요하며 인물들이 처음으로 눈이 마주치는 순간은 첫 키스의 순간만큼 중요하다.

- 이제 교대해서 시선을 외면했던 배우는 상대의 눈을 계속 바라보고, 상대에게서 눈을 떼지 않았던 배우가 고개를 돌려서 상대를 외면한다. 직접 보지 않고 더 잘 보아야 한다.
- 마찬가지로 공간 속을 자유롭게 움직이면서 거리의 변화와 속도의 변화를 실험해본다.
- 멈춰선다. 시선을 돌렸던 배우가 천천히 시선을 돌려서 상대와 다시 눈이 마주치도록 한다. 눈이 마주치는 순간 5초간 정지한다.

- 이제 정지와 움직임, 거리와 속도의 변화, 시선의 변화 모두를 활용한 훈련을 진행해 본다. 나는 상대를 계속 볼 수도 있고 외면할 수도 있다. 눈이 다시 마주치는 바로 그 순간 소리도 움직임도 즉시 정지해야 하고 5초간 정지상태를 유지한다.

● ● ● **3일 차**

○ **"너 거기 있고/없고, 나 여기 있어/없어(?)"**
- 이제 대사를 늘려야 할 시간이다. 원래의 대사 "너 거기 있고 나 여기 있어"에서 "있고"는 "없고"로 바꾸어 말할 수 있다. "있어"는 "없어"라고 바꾸어 말할 수 있다. 네 개의 조합이 생긴다.

"너 거기 있고 나 여기 있어"

"너 거기 없고 나 여기 있어"

"너 거기 있고 나 여기 없어"

"너 거기 없고 나 여기 없어"

네 개의 대사는 모두 묻는 말로 쓸 수 있다.

> ★ 드라마의 본질을 담고 있는 대사이다. 〈갈매기〉 2막에서 뜨레쁠레프가 니나에게 묻는 "혼자 있는 거야?"라는 말은 사실 "너 거기 있고 나 여기 있어" 혹은 "너 거기 없고 나 여기 있어" 또는 "너 거기 있고 나 여기 없어"란 뜻이다. 이어서 니나가 하는 대답, "혼자야"도 마찬가지 뜻일 것이다.

– 서로 마주 보고 서서 눈으로 연결한 다음 정지상태에서 네 대사만으로 대화를 나눈다. 앞으로는 네 대사들을 모두 활용해서 훈련에 임한다.

○ 높낮이의 변화

– 이제 몸의 높낮이(레벨)에 변화를 주어보자. 몸의 높낮이도 최소한 7단계로 나뉠 수 있다. 가장 낮게, 아주 낮게, 낮게, 보통, 높게, 아주 높게, 가장 높게. 가장 낮은 단계는 바닥에 엎드리거나 누운 상태일 것이며, 가장 높은 단계는 공간의 구조물을 활용해 자신의 키를 최대한 높인 상태일 것이다. 어디에 올라설 때는 안전에 꼭 유의한다. 배우는 자신을 그리고 상대를 절대 다치게 해서는 안 된다.

– 다양한 높낮이와 그에 따른 몸의 관계에 일어나는 변화를 실험해본다. 나는 상대와 같은 높낮이를 취할 수도 있고 다른 높낮이를 취할 수도 있다.

- 처음에는 시선을 떼지 않고 높낮이에만 집중해본다. 구조물에 올라설 때는 안전을 위해 잠시 눈을 떼도 무방하겠다.

- 높낮이에 대한 탐색이 끝나고 나면, 이제 공간을 자유롭게 움직이면서 정지와 움직임, 거리와 속도의 변화, 시선의 변화, 높낮이의 변화, 모두를 실험해본다. 시선은 상대를 보고 있는 동안에는 상대의 높낮이에 따라 고개를 들 수도 숙일 수도 있다. 그러나 상대를 보지 않을 때에는 반드시 눈높이로만 시선을 외면한다.
- 높낮이의 변화는 두 사람의 관계에 다이나믹한 변화를 가져다줄 것이다.

● ● ● **4일 차**
○ **각도의 변화**

> ★ <u>연기는 각도의 예술이다.</u> 뛰어난 배우는 각도의 사용에 있어서 남다른 감각을 가지고 있다. 눈과 시선, 고개, 몸의 각도에 있어서 미세하고도 다양한 변화와 차이는 배우가 인물을 표현함에 있어서 가장 중요한 신체언어이다.

- 객석이 있는 방향을 정한다. 객석 방향과 수평이 되게 등을 맞대고 앉는다. 눈이 아니라 등으로 연결된 상태이다. 등을 통해서 서로의 호흡을 몸으로 느껴본다. 기본 시선은 눈높이로 몸의 정면을 향한다. "너 거기 있고/없고 나 여기 있어/없어"로 말을 나눠본다. 몸이 정면을 향하고 있는 동안은 상대가 가장 먼 거리에 있는 것처럼 소리를 멀리 보낸다. 그 소리가 공간을 한 바퀴 돌아서 상대에게 전해지는 상상을 한다.

- 객석 쪽으로 파트너가 있는 방향으로 고개만 돌려본다. 몸의 정면과 파트너 쪽 객석 방향 사이에 90° 각도가 존재한다. 그 각도들을 세분화해본다. 가장 기본적인 단위로는 15°, 30°, 45°, 60°, 75°, 90°의 각도가 존재한다. 고개를 다양한 각도로 움직여보며 파트너와 대사로 대화를 나눈다. 각도에 따라 어떤 차이가 생기는지 몸으로 느껴본다.
- **모든 소리에는 방향이 있다.** 상대가 어떤 각도로 나에게 이야기하고 있는지 소리만으로 가늠해보려고 한다.

- 몸을 객석 정면으로 향하게 돌아앉는다. 시선은 눈높이로 정면을 바라본다. 고개를 파트너가 있는 방향으로 90° 돌려본다. 객석 쪽 정면과 파트너 사이에 존재하는 다양한 각도들을 활용해서 대화를 나눈다. 마찬가지로, 나와 파트너 사이에는 15°, 30°, 45°, 60°, 75°, 90°의 기본 각도가 존재한다. 기본 각도부터 연습하고 훈련이 진행됨에 따라 더욱 세분화해보려고 시도한다.
- 시선이 정면으로 향했을 때 파트너가 가장 먼 거리에 있다고 생각하고 소리를 멀리 보낸다.
- 상대와 눈이 마주치는 순간이 찾아오면 바로 5초간 정지한다.

- 그대로 정면을 보고 일어선다. 몸을 정면으로 한 채로, 고개만을 사용해서 정면과 파트너 사이의 90° 각도를 활용해서 대화를 나눈다.
- 마찬가지로, 시선이 정면으로 향했을 때 파트너가 가장 먼 거리에 있다고 생각하고 소리를 멀리 보낸다.
- 상대와 눈이 마주치는 순간이 찾아오면 바로 5초간 정지한다.

- 마찬가지 방법으로, 이번에는 고개만이 아니라 상체까지 같이 움직이며 다양한 각도들을 실험해본다. 고개만 움직였을 때와 어떤 차이가 있는지 몸으로 느껴본다. 객석 쪽으로 시선을 향했을 때가 상대가 가장 멀리 있다고 생각하고 소리를 멀리 보낸다. 상대와 눈이 마주치는 순간이 찾아오면 바로 5초간 정지한다.

- 마찬가지 방법으로, 이번에는 고개와 상체를 포함해서 다리까지 같이 움직이며 다양한 각도들을 실험해본다. 고개와 상체만 움직였을 때와 어떤 차이가 있는지 몸으로 느껴본다. 객석 쪽으로 시선을 향했을 때가 상대가 가장 멀리 있다고 생각하고 소리를 멀리 보낸다. 상대와 눈이 마주치는 순간이 찾아오면 바로 5초간 정지한다.

- 이번에는 파트너와 45° 각도로 선다.

  ★ 무대와 카메라 연기에서 45°가 기본 각도가 되는 것은 45°로 섰을 때 배우의 몸이 상대배우와 관객에게 공평하게 보이기 때문이다. 객석을 향할수록 파트너와의 연결이 약해지며 상대배우를 향할수록 관객과의 연결이 약해진다.

- 고개만 활용해서, 나와 객석 쪽 45°, 나와 파트너 쪽 45° 사이의 다양한 각도들을 실험하면서 대화를 나눈다. 정면을 향했을 때와 무엇이 달라지는지 몸으로 느껴본다. 객석 쪽으로 시선을 향했을 때가 상대가 가장 멀리 있다고 생각하고 소리를 멀리 보낸다. 상대와 눈이 마주치는 순간이 찾아오면 바로 5초간 정지한다.

— 마찬가지 방법으로, 이번에는 고개만이 아니라 상체까지 같이 움직이며 나와 객석 쪽 45°, 나와 파트너 쪽 45° 사이의 다양한 각도들을 실험해본다. 고개만 움직였을 때와 어떤 차이가 있는지 몸으로 느껴본다. 객석 쪽으로 시선을 향했을 때가 상대가 가장 멀리 있다고 생각하고 소리를 멀리 보낸다. 상대와 눈이 마주치는 순간이 찾아오면 바로 5초간 정지한다.

— 마찬가지 방법으로, 이번에는 고개와 상체를 포함해서 다리까지 같이 움직이며 나와 객석 쪽 45°, 나와 파트너 쪽 45° 사이의 다양한 각도들을 실험해본다. 고개와 상체만 움직였을 때와 어떤 차이가 있는지 몸으로 느껴본다. 객석 쪽으로 시선을 향했을 때가 상대가 가장 멀리 있다고 생각하고 소리를 멀리 보낸다. 상대와 눈이 마주치는 순간이 찾아오면 바로 5초간 정지한다.

— 이제 제자리에서 높낮이의 변화를 추가해서 여러 각도를 실험해본다. 제일 낮은 단계는 엎드리거나 누워있는 것일 것이며 제일 높은 단계는 서 있는 것이 될 것이다. 시선은 상대방의 눈을 볼 때는 낮아지거나 높아질 수 있다. 그 외에는 눈높이로만 보아야 한다. 객석 쪽으로 시선을 향했을 때가 상대가 가장 멀리 있다고 생각하고 소리를 멀리 보낸다. 상대와 눈이 마주치는 순간이 찾아오면 바로 5초간 정지한다.

★ 내 몸과 상대배우 사이의 각도가 90°를 넘어가는 각도는 사용하지 않는다. 연기적으로 연출과 감독이 요구할 때를 제외하고 배우는 파트너를 항상 90° 각도 안에 두고 연기하여야 한다. 그 이상의 각도는 서로를 완전히 등지는 결별·단절·이별의 순간이 아니면 필요하지 않다. 간혹 몸의 각도는 90°를

넘어가더라도 절대 고개의 각도는 90°보다 더 벌어져서는 안 된다.

●●●○ 5일 차
○ 한 수 한 수 응수하기
- 이제 정지와 움직임, 거리와 속도의 변화, 시선의 변화, 높낮이의 변화, 각도의 변화, 모두를 활용해서 대화하는 훈련의 시간을 갖는다. 단, 이번에는 마치 바둑에서 기사들이 한 수 한 수 자신의 수를 두고 상대방의 수에 응수하듯이, 두 배우가 동시에 움직이는 것이 아니라 한 명이 수를 두고 그동안 다른 배우는 지켜보는 식으로 진행한다.
- 먼저 소리 없이 한 배우가 자신의 수를 먼저 둔다. 정지와 움직임, 거리와 속도, 시선, 높낮이, 각도를 활용한 어떤 수도 좋다. 몇 가지 요소가 결합된 수이어도 좋다. 단, 선명한 수이어야 한다. 지저분하고 어지럽게 몸을 쓰지 않고 선명하게 몸을 쓰는 훈련이다. 자신의 수가 선명하게 상대에게 영향을 줄 수 있게 하는 것이 좋다. 배우의 수가 선명하지 않으면 상대배우도 관객도 혼란스러워질 뿐이다. 자신의 몸을 통해서 표현되는 모든 것이 매우 중요하고 의미 있는 것이 되게 한다.
- 수를 두고 나면, 자신이 수를 다 두었다는 것을 "너 거기 있고/없고 나 여기 있어/없어"를 말해주는 것으로 알린다. 항상 움직임(수)이 먼저이고 움직임이 끝났을 때 대사를 한다.
- 상대가 수를 두는 동안에는 다른 배우는 전혀 움직일 수 없다. 자신의 온 감각을 동원하여 상대배우의 몸을 예의주시하여야 한다. 상대의 몸을 예민하게 보고 듣는 훈련이다. 상대배우의 몸을 통해서 전해지는 모든 것을 매우 중요하고 의미 있게 여겨야 한다. 시선이 끊어지기를 원치 않을 경우에 한해서 시선은 상태를 쫓아갈 수 있다. 이 경우 고

개만 사용하여야 한다.

- 눈이 다시 마주치는 순간 5초간 정지한다.
- 한 수 한 수 응수하면서 정지와 움직임, 거리와 속도, 시선, 높낮이, 각도가 빚어내는 다양한 몸의 관계를 찾고 발견하고 인지한다.

○ 터치와 컨택트

★ 이제 기본 거리를 좁힐 시간이다. 배우＋인물들의 몸은 다양한 접촉에 의해서 서로 연결될 수 있다. 몸이 서로 어떻게 연결되는가는 두 인물 간의 관계를 보여준다. 모든 관계는 그 관계에 걸맞는 특별한 신체적 언어를 가지고 있다. <u>몸과 몸의 연결은 기본적으로는 마음과 마음의 연결에 대한 갈망을</u> 나타낸다. 역사상 가장 유명한 접촉은 영화 〈E.T.〉에 나오는 소년과 외계인이 서로의 손가락 끝이 닿게 하려는 움직임이다. 몸의 가장 작은 부분이 닿게 하는 것일 뿐인데도 그렇게 유명한 장면이 된 것은 어떻게든 마음과 마음이 닿으려는 <u>진실함</u>과 <u>간절함</u>이 가득 배어 있기 때문일 것이다.

★ 다음으로 유명한 접촉이 로미오와 줄리엣이 서로의 손바닥을 마주한 접촉일 것이다. 손바닥과 손바닥이 닿은 순간 두 인물은 사랑에 빠진다. <u>손바닥은</u> <u>심장이 어딘가에 가 닿고 싶어서 뻗어 나간 것이다.</u> 손바닥은 항상 심장인 것처럼 대해야 한다.

- 서로 마주 보고 선다. 한 배우가 먼저 자신의 몸과 다른 배우의 몸이 닿게 한다. 상대배우는 그 접촉을 이어서 연결해 발전시킬 수도 있고, 자신만의 새로운 접촉을 시도할 수도 있다. 어떠한 경우에도 상대배우에게 물리적인 힘을 가해서 억지로 움직이게 해서는 안 된다. 상대배우의 몸을 움직일 필요가 있는 경우, 상대배우가 자신의 유도대로 따라올 수 있게 리드하는 것이 필요하고 중요하다.
- 앞서 응수하기 훈련에서처럼 터치가 끝나면 자신의 수가 끝났다는 것

을 "너 거기 있고/없고 나 여기 있어/없어" 대사로 알린다.

− 서로의 몸이 어떻게 연결될 수 있는지 가능한 모든 방법을 찾아본다.
몸을 통해 서로의 마음이 연결되기를 시도한다.

− 연결의 종류에 따라 불가피하게 시선이 끊어질 수밖에 없는 경우가 생
기기 마련이다. 다시 눈이 연결되었을 때에 5초간 정지한다.

★ 터치와 컨택트훈련을 위해서는 배우들 사이의 <u>신뢰</u>가 가장 중요하다. 이미
앞선 훈련들을 통해서 어느 정도 구축되기는 했지만, 이 훈련을 하는 동안
에는 특히나 상대를 존중한다. 어떠한 접촉도 장난이나 희롱이 되어서는 안
된다.

★ 터치와 컨택트의 신체언어들은 삶에서 잘 개발되지 않는 언어들이다. 훈련
을 통해서 나의 몸과 상대배우의 몸이 어떻게 연결될 수 있고 각각의 연결
이 어떤 의미와 <u>아름다움</u>을 가질 수 있는지를 찾아야 한다.

●●● **6일 차**

○ **포스처와 제스처**

★ 포스처는 신체 전체를 사용해서 만들어내는 자세를 말한다. 제스처는 신체
의 일부분만을 이용한 동작이다. 제스처가 지나치게 많아지면 지저분한 연
기가 된다. 그래서 지금까지 제스처를 배제하고 신체언어를 찾는 훈련을 진
행한 것이다. 제스처 없이 깨끗하게 표현할 수 있는 훈련을 거친 다음에 제
스처를 활용하는 능력을 키워야 한다.

"쓸데없는 제스처를 잡다하게 늘어놓는 배우의 연기는 지저분한 종이와
같네. 배우는 인물의 외형적 창조 즉, 신체적 해석을 하기 전에 또 역의
내적 삶을 구체적으로 형상화하기 전에 자신에게 남아 있는 쓸데없는 제
스처를 모두 없애야 하네. 그래야만 역의 신체적 구현을 위한 윤곽을 정확

하게 잡을 수 있다고 배우 자신은 절제되지 않은 움직임을 자연스럽게 느낄지 모르지만 그런 움직임은 배역을 구축하는 데 장애물이 되고 결국 불분명하고, 단조롭고, 통제되지 않는 연기를 하게 할 뿐이네." (스타니슬라프스키 『성격구축』 86)

— 먼저 포스처, 자세 대결부터 시작한다. 한 배우가 먼저 어떤 자세를 짓고 정지한다. 그리고 상대배우에게 "너 거기 있고/없고 나 여기 있어/없어"를 말한다. 상대배우가 그것에 응수해서 자신의 포스처를 취하고 멈춘 다음 대사를 말한다. 이런 식으로 포스처에서 포스처로 이어지게 한다. 각각의 포스처는 몸 전체를 활용한 것이어야 하고 조각처럼 선명한 것이어야 한다.

— 이제 제스처로 넘어가자. 제스처는 정지된 동작일 수도 있고 움직이는 동작일 수도 있다. 따라서 제스처를 취하고 반드시 멈추어야 하는 것은 아니다. 적절한 시점에 자신이 수를 다 두었다는 것을 상대에게 대사로 알리고 상대는 그것에 응수한다.
— 신체 각 부분을 나누어서 차례로 연습한다. 다음의 순서로 진행한다.
— 먼저 **고갯짓**만 주고받는다. 고개를 움직여서 할 수 있는 모든 동작들을 찾아서 주고받는다.
— 이어서 **눈짓**을 주고받는다. 눈으로 할 수 있는 모든 동작들을 찾아서 주고받는다.
— 이어서 **콧짓**을 주고받는다. 코로 할 수 있는 모든 동작들을 찾아서 주고받는다.
— 이어서 **입**으로 지을 수 있는 제스처들을 찾아서 주고받는다.
— 다음으로 **어깻짓**으로 넘어간다. 한쪽 어깨만을 써도 되고 두 어깨를

모두 다 써도 된다. 어깨로 지을 수 있는 모든 몸짓들을 찾아서 주고 받는다.

- 이어서 **가슴**으로 넘어간다. 가슴으로 할 수 있는 모든 몸짓들을 찾아서 주고받는다.
- 이어서 **배**로 넘어간다. 배로 할 수 있는 모든 몸짓들을 찾아서 주고받는다.
- 이어서 **엉덩이**로 넘어간다. 엉덩이로 할 수 있는 모든 몸짓들을 찾아서 주고받는다.
- 다음에는 **팔**로 넘어간다. 한 팔만을 써도 좋고 두 팔을 모두 사용할 수도 있다. 손은 팔이 가는 대로 쫓아가게 내버려 두지만 손 자체는 활용하지 않는다. 팔로 할 수 있는 모든 몸짓들을 찾아서 주고받는다.
- 이어서 **손**으로 넘어간다. 손으로 할 수 있는 모든 몸짓들을 찾아서 주고받는다. 팔은 손을 쫓아가게끔 내버려 둔다.
- 다음에는 **다리**로 넘어간다. 한쪽 다리만 써도 되고 두 다리를 모두 쓸 수 있다. 발은 쫓아가게 내버려 두지만 발 자체는 활용하지 않는다. 다리로 할 수 있는 모든 몸짓들을 찾아서 주고받는다.
- 이어서 **발**로 넘어간다. 발로 할 수 있는 모든 몸짓들을 찾아서 주고받는다. 다리는 쫓아가게 내버려 둔다.

- 이제 신체의 한 부분을 자유자재로 활용해서 제스처를 주고받으며 대화를 나눈다.

    ★ 우리는 사는 동안 우리의 신체를 극히 제한적으로 사용한다. 무의식적으로 몸을 묶어놓고 점잖고 얌전하게만 사용한다. 몸이 자유롭지 못하면 상상도 소리도 반응도 표현도 자유로울 수 없다. 신체 각 부분을 자유롭게 움직이

는 훈련을 통해서 몸을 자유롭게 하고 몸의 모든 부분이 자유롭게 자신만의 표현을 할 수 있게 한다. 특히 코미디를 할 때에는 신체의 자유로운 사용이 필수적이다. 평소 움직이는 범위를 벗어난 움직임을 하는 것만으로도 코미디가 될 수 있다.

●●● 7일 차

○ 걸음걸이, 점프, 달리기

— 이제 다양한 걸음걸이를 찾아본다. 서로 다양한 걸음걸이로 걸으면서 "너 거기 있고/없고 나 여기 있어/없어"를 주고받는다. 서로에게 영향을 주면서 찾을 수 있는 모든 걸음걸이를 시도해본다.

— 걸음걸이를 충분히 실험하고 나면, 점프와 달리기를 포함해서 이어가본다.

> ★ 배우는 다양한 걸음걸이를 걸을 수 있어야 한다. 인물에 따라, 인물의 상태에 따라 각기 다른 걸음걸이를 구사할 수 있어야 한다. 걸음걸이가 불안정하면 런웨이에서 비틀거리는 모델처럼 배우의 연기는 불안정하게 된다. 모든 인물은 땅을 딛고 있고 자신만의 걸음걸이를 통해 땅을 이동한다.

— 마지막으로, 지금까지의 모든 요소들, 정지와 움직임, 거리와 속도, 시선, 높낮이, 각도, 터치와 컨택트, 포스처와 제스처, 걸음걸이, 점프, 달리기의 모든 요소들을 결합해서 대화를 진행해본다. 상대가 움직이는 동안 나도 움직일 수도 있고 움직이지 않고 예의주시할 수도 있다. 신체언어가 얼마나 풍부해졌는지, 신체언어가 얼마나 다양하게 결합할 수 있는지, 서로의 몸이 얼마나 아름답게 연결될 수 있는지를 찾아가고 발견하고 몸으로 느껴본다.

★ 여기까지의 훈련을 마치고 나면, 배우는 비로소 장면연기를 시작할 준비가 되었다고 할 수 있다. 장면연기에서도 반응훈련에서처럼 상대배우를 보고 듣고 반응하는 데에 집중해야 한다. 아무것도 계획하지 않아도 서로가 연결되고 서로가 정말로 상대를 보고 듣는다면 반응으로서의 연기는 저절로 일어날 것이다. 장면연기가 제대로 되지 않는 대부분의 경우는, 배우가 상대배우를 제대로 보고 듣지 않은 상태에서 자신이 하려고 하는 것에 집중해 있기 때문이다. <u>인물은 상대에게 집중해있다. 상대인물에 집중해있어야 인물이 될 수 있다. 자기 자신에게 집중해 있는 상태는 인물이 된 상태가 아니다.</u>

● 비밀 말하기

- 독백을 하나 정한다.
- 마주 보고 앉는다. 서로의 눈을 마주 본다. 한 배우가 독백만을 이용해서 자신의 비밀을 상대배우에게 이야기해준다. 아무에게도 이야기하지 않은 비밀이라면 더욱 좋겠다.
- 비밀과 관련된 이미지들을 떠올리고 그 이미지들을 독백 대사에 담아서 상대에게 이야기한다.
- 비밀을 말하는 배우는 간간히 생각을 하느라 상대배우의 눈을 보지 않아도 되긴 하지만, 어떠한 경우에도 자신의 눈을 상대배우에게 감추지 않는다. 가급적 최대한 상대의 눈에 대고 이야기하고 상대가 내 이야기를 어떻게 듣고 있는지 본다.
- 비밀을 듣는 배우는 상대배우의 눈을 계속 들여다보며 가만히 듣는다. 말하는 배우의 몸에서 일어나는 모든 미묘한 변화들을 보고 듣는다.
- 한 배우가 비밀을 말하는 것이 끝나면 교대한다.

★ 비밀을 이야기하는 것은 어렵다. 내가 이야기하기로 선택하고 자신의 비밀을 정말로 생각하고 실제로 독백을 통해 상대에게 이야기하려는 결심과 노력만이 중요하다.

★ 한 인물이 다른 인물에게 하는 중요한 말들은 사실 처음으로 입 밖으로 꺼내는 것들이고, 말하기 쉬운 것을 말하기보다는 말하기 어려운 것을 말하려고 최선의 노력을 하고 있는 것이다. 대본에 적혀있어서 인물들이 아무런 어려움 없이 말을 한다고 생각해서는 안 된다. 가장 말하기 힘든 비밀을 상대배우에게 이야기해보는 것은 진정 인물로서 말하기 위한 연습이자 상대배우와 연결되고 하나가 되는 연습이다.

● 심장으로 말하기

— 비밀 말하기에서와 같은 독백을 활용한다. 마주 보고 앉는다. 무릎이 닿을 정도로 가까이 앉는다. 듣는 사람이 말하는 사람의 심장에 손바닥을 댄다. 말하는 사람은 자신의 손을 자신의 심장에 놓인 상대배우 위에 가만히 포갠다. 가만히 눈을 감는다.

— 또 다른 비밀이어도 좋고, 자신의 인생에서 중요한 사건이어도 좋고, 자신의 고민이어도 좋고, 자신이 사랑한 사람에 관한 것이어도 좋다. 무엇이 되었든 자신에게 중요한 혹은 영향을 많이 주는 일 혹은 사람에 관한 이야기이어야 한다. 독백을 활용해서 상대에게 이야기를 한다. 연결된 심장과 손으로도 이야기를 전하려고 한다. 마음으로 이야기한다.

★ 이심전심(以心傳心), 마음과 마음의 연결은 인물들이 말을 하는 가장 근본적인 동기이다. 마음의 소리로 상대의 마음에 전달되게 이야기를 할 때에만 관객의 마음에도 와닿게 된다.

● 눈싸움: 집단적 상상(앙상블)을 위한 반응훈련

- 흔히들 공연팀에서는 팀워크를 위해 컵차기를 많이 하지만, 배우들의 상상과 반응을 일깨우기 위한 앙상블훈련이 필요하다. 눈싸움은 컵차기의 좋은 대안이 될 것이다.
- 실제로 눈이 없는 상태에서 하는 눈싸움이기 때문에 한 가지 규칙이 필요하다. 항상 규칙이 분명할수록 훈련은 더 효과적이다.
- 상대가 내가 눈을 던진다는 것을 보고 있을 때에만 공격할 수 있다. 보고 있지 않다면 아무리 눈을 던져봤자 아무 소용이 없다. 눈이 날아오면, 눈에 맞으면 반드시 반응해야 한다.
- 상대가 나를 보고 있지 않으면 그것을 틈타 상대에게 근접해서 눈을 옷 속에 넣거나 먹일 수 있다.
- "너 거기 있고 나 여기 있어"로 계속 소리를 내면서, 소리로 반응하면서 눈싸움을 진행한다.

"배우는 자신을 사로잡고 뒤흔드는 이미지를 찾는 예술가이다."
— 스타니슬라프스키

1. 귤
2. 바닷가
3. 거울
4. 햇빛/햇빛샤워
5. 냄새
6. 찰흙 조각상
7. 엄마의 밥상
8. 통증/두통/치통/근육통/관절염/담
9. 물
10. 바람
11. 비/비바람/태풍
12. 눈/눈싸움
13. 간지럼/가려움/저림
14. 배고픔/메스꺼움/체함/소화불량
15. 생리증후군
16. 술
17. 더위
18. 추위
19. 샤워
20. 목욕
21. 감기/몸살/쑤심/재채기/기침/열
22. 피로/졸림
23. 불
24. 사진

25. 놀이터

26. 꿈/악몽

27. 환상

28. 비밀의 정원/나의 아지트

29. 나의 박물관/내가 잃어버린 것들

30. 그(그녀)를 처음으로 만난 날

31. 그(그녀)와 처음 키스한 날

32. 그(그녀)와 처음 싸운 날

33. 그(그녀)를 마지막으로 만난 날

34. bucket list(D-30)

35. bucket list(D-7)

36. bucket list + 유언/작별인사(D-1)

37. 부활

38. 사춘기/학창시절(중1)

39. 사춘기/학창시절(중2)

40. 사춘기/학창시절(중3)

41. 사춘기/학창시절(고1)

42. 사춘기/학창시절(고2)

43. 사춘기/학창시절(고3)

44. 학창시절 친구가 되어 나를 만나기

45. 뱉은 말 주워 담기

46. 동물원/놀이동산

47. 어머니에 대한 기억

48. 아버지에 대한 기억

49. 누군가를 위한 이벤트

50. 누군가를 위해 요리하기

51. 나의 첫 탈선/일탈

52. 내 인생/세계관을 바꾸어놓은 사건

53. 내가 가장 두려워하는 것/일/사람

54. 했던 일 다르게 해보기

55. 한 번도 해보지 않은 일 해보기

56. 세 가지 다른 장소(+ 날씨 + 대상)

57. 처음으로 ~을 했던 날 1

58. 처음으로 ~을 했던 날 2

59. 처음으로 ~을 했던 날 3

60. 내가 갖고 싶은 한 가지 인간적 능력

61. 일기

62. 전학 혹은 이사

63. 여행에서 생긴 일

64. 아르바이트 중에 생긴 일

65. 추모(의식)

66. 거짓말했던 경험

67. 군대에서 했던 경험

68. 살아오면서 가장 감사했던 일

69. 가장 친한 친구와 함께 했던 시간

70. 살면서 가장 후회되는 일

71. 재회/이별여행

72. 지워지지 않는 흔적

73. 내 인생 최고의 하루(기억)

74. 내 인생 최악의 하루(기억)

75. 나에게 금지된 것들 1

76. 나에게 금지된 것들 2

77. 봄 여름 가을 겨울

78. 혼자만의 시간(집에 와서 잠들 때까지)

79. 혼자만의 시간 + 전신감각

80. 자신의 인생 전체 집약하기

●●●◉ 상상훈련 · 관찰훈련 순서 정리

> "삶/생명이 있는 곳에 행동이 있고, 행동이 있는 곳에 움직임이 있고,
> 움직임이 있는 곳에 템포가, 템포가 있는 곳에 리듬이 있다."
> ― 스타니슬라프스키

1. 동물훈련
2. 가족
3. 친구
4. 선망의 대상/이상형
5. 낯선 사람
6. 괴짜
7. 장애(신체)를 가진 사람
8. 장애(정신)를 가진 사람
9. 지하철/버스에서 만난 사람
10. 아이돌
11. 모델
12. 아르바이트 중에 만난 사람
13. 엄마/아빠로서 하루 살아보기
14. 가장 비인간적인 삶을 살아가는 사람들
15. 기형(freak)
16. 가장 잔인한/야비한 인간
17. 사진/그림 속 인물
18. 동화 속 인물의 삶을 살아보기
19. 동화의 재해석
20. 전설 속 인물의 삶을 살아보기
21. 신화 속 인물의 삶을 살아보기
22. 종교적 인물의 삶을 살아보기

23. 만화의 인물의 삶을 살아보기

24. 치명적 유혹을 가진 존재

25. 소설 속 주인공의 삶 살아보기

26. 악동/짓궂은 장난

27. 내가 갖고 싶은 한 가지 초능력

28. 머피의 법칙/인생 최악의 날(상상)

29. 인생 최고의 날(상상)

30. 범죄

31. 마음의 죄

32. 살인

33. 연쇄살인범

34. 자해

35. 자살

36. 다른 이의 생명을 구하기

37. 전쟁(의 체험)

38. 영화 <300> 속 전사 되기

39. 중독 1

40. 중독 2

41. 중독 3

42. 클레오파트라의 목욕

43. 천당/paradise/지옥

44. 무인도

45. 극한 상황에서의 생존

46. 이상한 나라의 나

47. 영화 속 상황과 인물 1

48. 영화 속 상황과 인물 2

49. 영화 속 상황과 인물 3

50. 마녀/악의 화신

51. 변신 1

참고문헌 _

● 1차 문헌

김훈. <개>. 파주: 푸른숲. 2005.

와일드, 오스카. <살로메>. 『오스카 와일드 희곡선집』. 오경심 옮김. 이화여자대학
　　　교출판부. 2010.

이강백. <동지섣달 꽃 본 듯이>. 『이강백 희곡전집 6』. 평민사. 1992.

셰익스피어, 윌리엄. <맥베드>. 신정옥 옮김. 전예원. 1991.

_____. <리어왕>. 최종철 옮김. 민음사. 2005.

_____. <리처드 3세>. 신정옥 옮김. 전예원. 1996.

_____. <한여름 밤의 꿈>. 최종철 옮김. 민음사. 2008.

_____. <햄릿>. 신정옥 옮김. 전예원. 2007.

_____. <햄릿>. 강태경 옮김. 새문사. 2013.

셰퍼, 피터. <에쿠우스>. 강태경 옮김. 지식을만드는지식. 2016.

체홉, 안톤. <갈매기>. 이주영 옮김. 『체호프 희곡 전집 II』. 연극과인간. 2000.

Williams, Tennessee. *Four Plays*. New York: Signet Classic. 1976.

● 2차 문헌

강태경. 『연출적 상상력으로 읽는 밤으로의 긴 여로』. 경문사. 2010.

김미혜. 『대본분석—이론과 실제: 텍스트에서 공연까지』. 연극과인간. 2008.

김수기. 「바람직한 연기자 상, 바람직한 연기교육」. 한국예술종합학교 연극원 심포
　　　지엄 자료집. 2018.

김준삼. 『메소드연기로 가는 길』. 동인. 2008.

남상식. 「'보기'의 실험, '시선'의 공연」. 『한국연극학』 제55호. 91-122. 한국연극
　　　학회. 2015.

도넬란, 데클란. 『배우와 목표점』. 허순자·지민주 옮김. 연극과인간. 2012.

링크레이터, 크리스틴. 『자유로운 음성을 위하여』. 김혜리 옮김. 동인. 2009.

루트번스타인, 로버트/미셸. 『생각의 탄생』. 박종성 옮김. 에코의 서재. 2007.

미첼, 케이티. 『연출가의 기술』. 최영주 옮김. 태학사. 2009.

바튼, 존. 『셰익스피어 연기하기』. 김동욱 옮김. 성균관대학교 출판부. 2005.

박상하. 『배우예술: 자신으로 행동하는 자연인』. 동인. 2017.

블룸, 마이클. 『연출가처럼 생각하기』. 김석만 옮김. 연극과인간. 2001.

스타니슬라프스키. 『배우수업』. 신겸수 옮김. 예니. 2001.

_____. 『성격구축』. 이대영 옮김. 예니. 2001.

안치운. 「기억의 시학을 통해 본 한국 현대연극의 글쓰기」. 『한국연극학』 제29호. 185-223. 한국연극학회. 2006.

여석기. 『나의 햄릿 강의』. 생각의나무. 2008.

애들러, 스텔라. 『입센, 스트린드베리, 체홉에 대하여』. 정윤경 옮김. 연극과 인간. 2013.

양경미. 「연기교육에 있어서 대본분석의 중요성과 대본분석 방법에 관한 연구」. 『영화연구』 제52호. 237-54. 한국영화학회. 2012.

이경미. 「현대 연극의 반-연극적 지형－부재와 직조의 미학」. 『한국연극학』 제40호. 277-305. 한국연극학회. 2010.

이재민. 「뜨거운 배우와 차가운 배우」. 『한국연극학』 제54호. 241-78. 한국연극학회. 2014.

체홉, 미하일. 『배우에게』. 김선·문혜인 옮김. 동인. 2015.

최영주. 『드라마투르기란 무엇인가』. 태학사. 2013.

한국드라마학회 편. 『장면 구성과 인물 창조를 위한 희곡 읽기』. 태학사. 2014.

한진수. 『메소드연기의 이해』. 연극과인간. 2004.

Adler, Stella. *Stella Adler on America's Master Playwrights*. Ed. Barry Paris. New York: Vintage Books. 2013.

Bogart, Anne. *A Director Prepares: Seven Essays on Art and Theatre*. New York: Routledge. 2001.

Charest, Rémy. *Robert LePage: Connecting Flights*. Trans. Wanda Romer Taylor. New York: TCG. 1998.

Cohen, Lola. *The Method Acting Exercise Handbook*. New York: Routledge. 2017.

Donnellan, Declan. *The Actor and the Target*. New York: TCG. 2006.

Easty, Edward Dwight. *On Method Acting*. New York: Ballantine Books. 1981.

Hall, Peter. *Shakespeare's Advice to the Players*. London: Oberon Books. 2004.

Hull, S. Loraine. *Strasberg' Method as Taught by Lorrie Hull*. Woodbridge: Ox Bow Publishing. 1985.

Kott, Jan. *Shakespeare Our Contemporary*. Trans. Boleslaw Taborski. New York: W. W. Norton & Company. 1964.

Krasner, David. "I Hate Strasberg." *Method Acting Reconsidered: Theory, Practice, Future*. Ed. David Krasner. New York: St. Martin's. 2000.

Oida, Yoshi and Lorna Marshall. *The Invisible Actor*. New York: Routledge. 1997.

Sater, Steven. "Preface to Spring Awakening." *Spring Awakening*. New York: TCG. 2007.

Stanislavski, Constantin. *An Actors Prepares*. Trans. Elizabeth Reynolds Hapgood. New York: Routledge. 1989.

_____. *Building a Character*. Trans. Elizabeth Reynolds Hapgood. New York: Routledge. 1989.

Strasberg, Lee. *A Dream of Passion: the Development of the Method*. Ed. Evangeline Morphos. New York: Penguin. 1987.

_____. *Strasberg at the Actors Studio: Tape-Recorded Sessions*. Ed. Robert H. Hethmon. New York: TCG. 1965.

지은이 **김준삼**

배우, 연출가, 연기코치.
고려대학교 영어영문학과 및 동대학원 졸업 (문학석사)
뉴욕 액터스스튜디오드라마스쿨 졸업 (연기전공 예술학석사)
뉴욕 리스트라스버그연극영화학교 메소드연기과정 수료
극단 블루바이씨클프러덕션 대표 겸 예술감독
경희대학교 연극영화학과 객원교수, 국민대학교 연극영화학과 강사
서강대학교 영상대학원 겸임교수, 성균관대학교 연기예술학과 겸임교수
세종대학교 영화예술학과 겸임교수, 한국예술종합학교 연극원 연기과 강사
고려대학교 영어영문학과 강사, 한양대학교 영어영문학과 겸임교수 역임
2012 한국연극학회 신진우수논문상 수상:「이미지, 상상, 그리고 반응」
2014 제3회 셰익스피어 어워즈 연기상 수상

출연작 〈이혈〉, 〈벤트〉, 〈비극의 일인자〉, 〈햄릿, 여자의 아들〉, 〈거짓말게임〉, 〈크라프의 마지막 테
잎〉, 〈실비아〉, 〈유형지〉, 〈정화된 자들〉 외
연출작 〈5필리어〉, 〈스탑 키스〉, 〈엄마집에 도둑이〉, 〈꽃샘추위〉, 〈실비아〉, 〈나처럼 해봐〉 외
저 서 『메소드연기로 가는 길』, 『배우적 상상력으로 희곡 읽기』

배우, 시간여행자

초판1쇄 발행일 ● 2019년 7월 15일
지은이 ● 김준삼 / 발행인 ● 이성모 / 발행처 ● 도서출판 동인
주소 ● 서울시 종로구 혜화로3길 5 118호 / 등록 ● 제1-1599호
Tel ● (02) 765-7145~55 / Fax ● (02) 765-7165 / E-mail ● dongin60@chol.com

ISBN 978-89-5506-806-1   정가 16,000원